111 Gründe, Segeln zu gehen

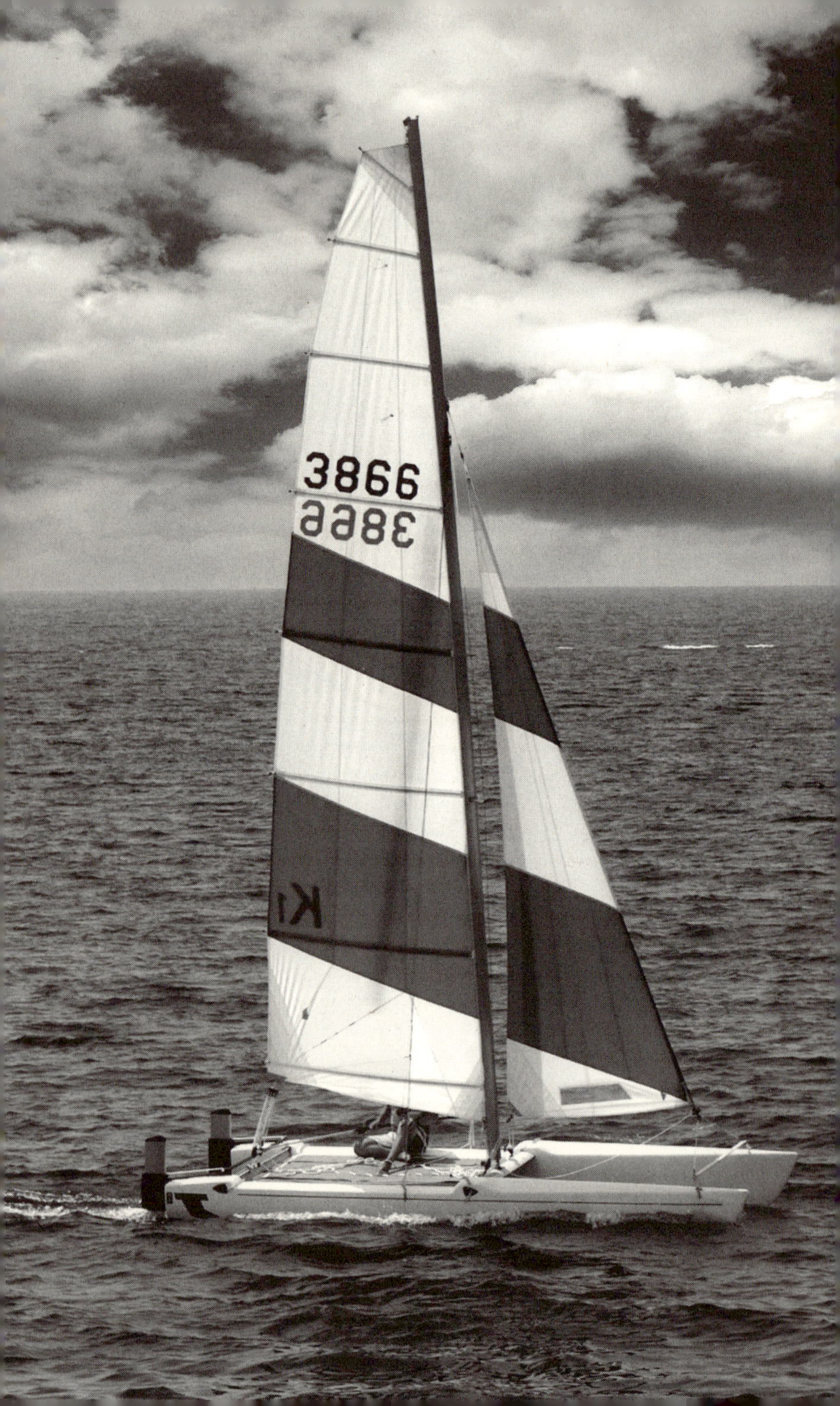
3866

Klaus Freund

111 GRÜNDE, SEGELN ZU GEHEN

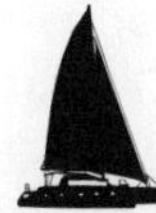

Eine Liebeserklärung
an Wind und Wellen

~

Erweiterte Neuausgabe
mit elf Bonusgründen
und zwei Farbteilen

SCHWARZKOPF & SCHWARZKOPF

Inhalt

Für meine Geliebte Ima

Vorwort

Segler duzen sich. Deshalb erlaube mir, dich als gestandenen oder zukünftigen Segler ebenfalls zu duzen. Falls du weiblich bist: Einige der besten Segler und Skipper, die ich kenne, sind Frauen. Wenn ich im Folgenden das Wort »Skipper« benutze, meine ich es nicht geschlechtsspezifisch, aber ich weise auch nicht an jeder Textstelle darauf hin. Bitte sieh mir das nach.

Ich segele seit frühester Kindheit. Nicht ununterbrochen, aber immer wieder. Ich besaß eine Zeit lang eine motorlose Wanderjolle, mit der ich Fahrten auf Elbe und im Watt unternahm. Ich segelte oft auf anderen Booten mit und kaufte vor etwa 5 Jahren ein altes Segelboot, mit dem Ima, meine Freundin, und ich ausgedehnte Fahrten auf Nord- und Ostsee unternahmen. Von Hause aus Drehbuchautor, lag es für mich nahe, einen Segelblog zu schreiben, der von vielen Seglern sehr geschätzt wird. Fahrtenseglers-Glück.de oder: Wie man seine Frau (zum Segeln) verführt.

Letzten Winter traten Schwarzkopf & Schwarzkopf an mich heran. Sie hatten meinen Blog gelesen und fragten mich, ob ich nicht Lust hätte, ein Buch über die Liebe zum Segeln zu schreiben. Dieses Buch liegt jetzt in deinen Händen.

Die größte Herausforderung war dabei die Seemannssprache.

(Noch-)Nicht-Segler wissen meist nicht, was ein Fall ist, und Seglern sträuben sich die Nackenhaare, wenn sie »Segelhochziehleine« lesen. Deshalb habe ich die gängigen Begrifflichkeiten benutzt, aber Begriffe und Zusammenhänge immer wieder in Klammern erklärt. Eines der ersten Kapitel ist der Seemannssprache selbst gewidmet.

Neben sachlichen Gründen waren mir atmosphärische Passagen und Geschichten wichtig. Du sollst nicht nur verstandesmäßig erklärt bekommen, warum Segeln toll ist, sondern es auch ein Stück weit nachfühlen können. Selbst als (Noch-) Nicht-Segler.

Ich hoffe, dir macht das Lesen des Buchs genauso viel Freude, wie mir das Schreiben gemacht hat.

Klaus Freund
Hamburg, Mai 2016

Vorwort zur aktualisierten und erweiterten Neuausgabe

Ich freue mich, dass das Buch in seiner dritten Auflage neu verlegt wird, und hoffe, dass es noch viele Menschen inspiriert. Für die Neuauflage schreibe ich ein zusätzliches Kapitel: »Das Meer und die Frauen«.

Ich wünsche Euch viel Spaß beim Lesen!
Klaus

PROLOG

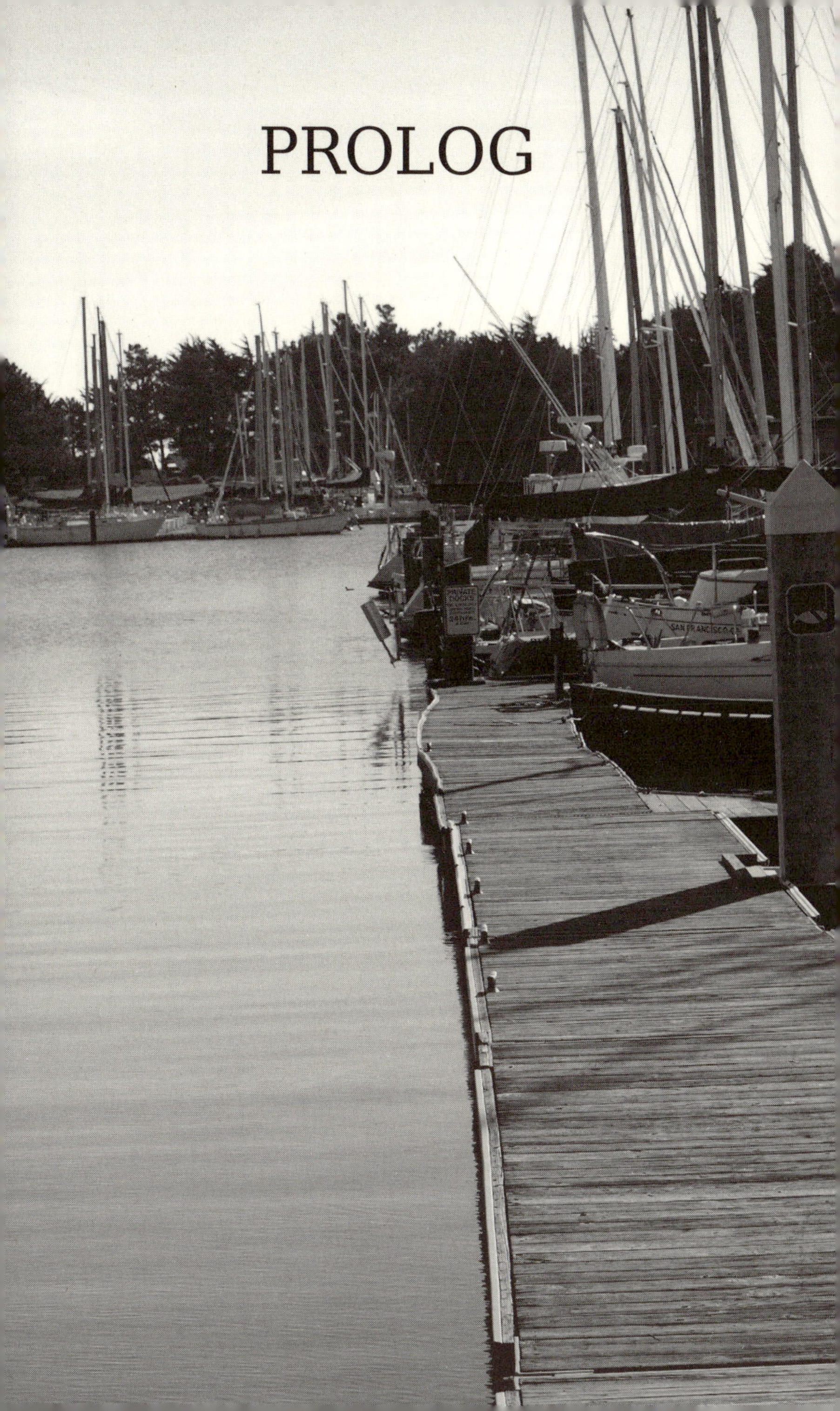

1. GRUND

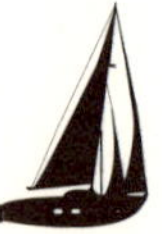

Weil Segler Träumer sind

Es ist spätabends. Das Licht der Schreibtischlampe fällt warm auf die Schreibtischplatte. Ich bin hundemüde. Habe Sehnsucht nach der See. Gebe »Segeln« und »Blog« in die Suchmaschine ein. Die ersten Ergebnisse kenne ich schon lange, aber da gibt es einen neuen Eintrag. Kommt mir unbekannt vor. Schnell mal gucken. Ich lese mich fest. Betrachte die Bilder. Schären. Dort einmal mit Néfertiti segeln. Fange an zu träumen.

Ja, wir Segler sind Träumer. Wenn wir kein Boot haben, träumen wir vom eigenen Boot. Wir durchforsten Gebrauchtbootbörsen, besuchen Bootsausstellungen, lungern in Häfen herum. Immer auf der Suche nach neuem Stoff für unsere Träume. Besitzen wir ein Boot, träumen wir von fernen Gestaden.

Träumern gehört die Welt. Denn sie sind es, die die Welt verändern. Mal im Kleinen und mal im Großen. Mal für sich und mal für die ganze Menschheit. Aber egal, wie groß der Traum ist; bevor sie die Welt verändern, müssen Träumer eine Hürde überwinden: Sie müssen aufhören zu träumen und ihre Träume verwirklichen! Immer gibt es einen Moment zu überwinden, auf den es ankommt. Den Moment der Verwirklichung. Den Moment, das Boot zu kaufen und nicht nur immer davon zu träumen. Den Moment, die Leinen loszuwerfen, sonst erreicht man die fernen Gestade nie.

Wir Segler sind auf das Wetter angewiesen. Auf den Sommer. Deshalb segeln die meisten in unseren Breiten auch nur von etwa April/Mai bis September/Oktober. Viele Yachthäfen schließen ihre Anlagen am 31. Oktober. Unsere Boote stehen dann an Land und schlafen unter einer dicken Schneeschicht.

Was machen Segler in solcher Zeit? Wir träumen vom Segeln. Da werden Segelblogs verschlungen und Videos geschaut. Da werden

Segelbücher gekauft und Ausrüstungskataloge gewälzt. Wir hören in melancholischer Stimmung den Seewetterbericht, obwohl das Boot hoch und trocken im Winterlager steht. Handbücher werden durchgeblättert, Seekarten studiert und mögliche Sommertörns geplant. Wer das Glück hat, für ein paar Wochen in den Süden flüchten zu können, findet sich plötzlich in Yachthäfen wieder. Immer auf der Suche nach Nahrung für den Traum, denn Wintertag für Wintertag treibt uns die Sehnsucht um, bis die ersten warmen Tage des neuen Jahres anbrechen.

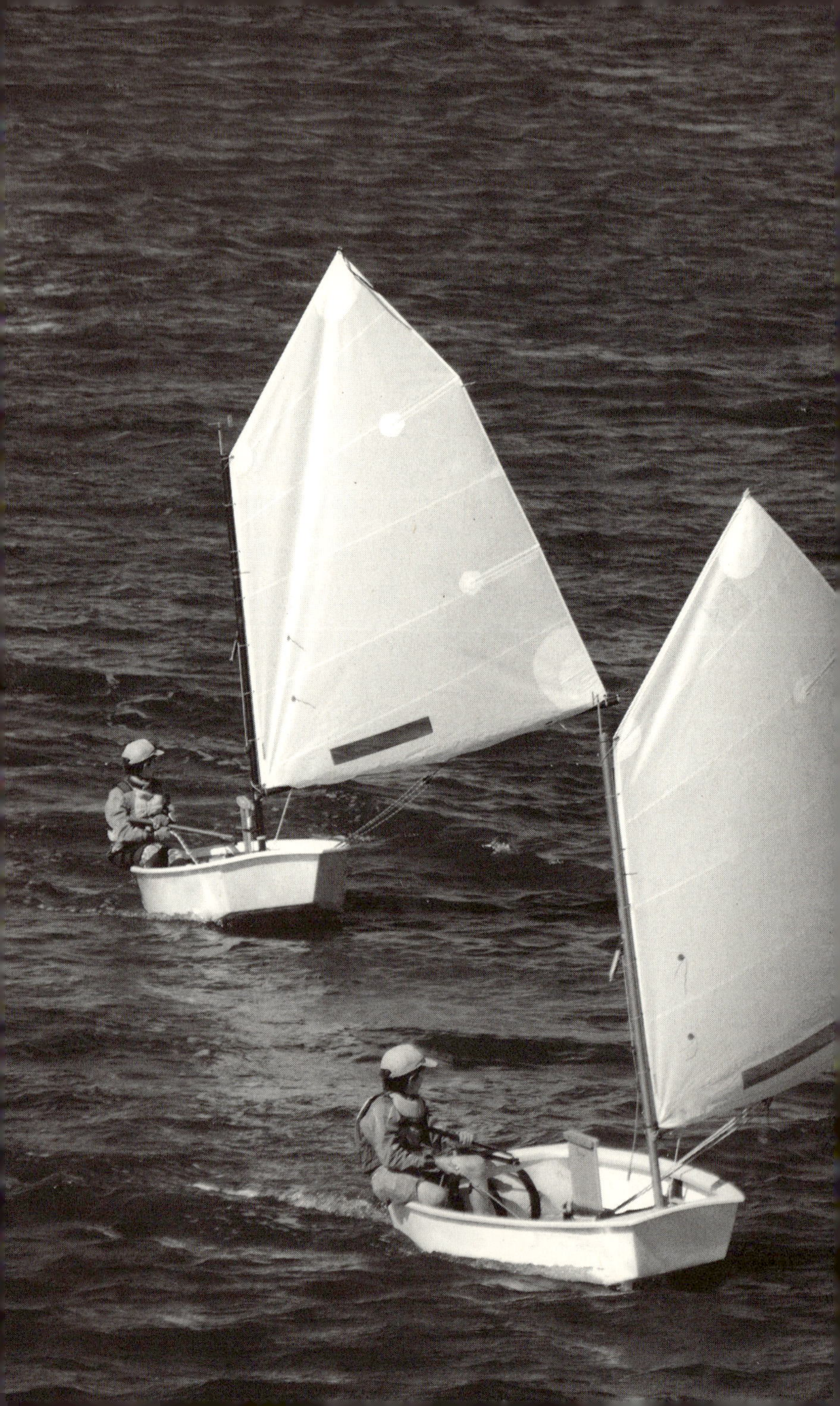

KAPITEL 1

VORBEREITUNGEN

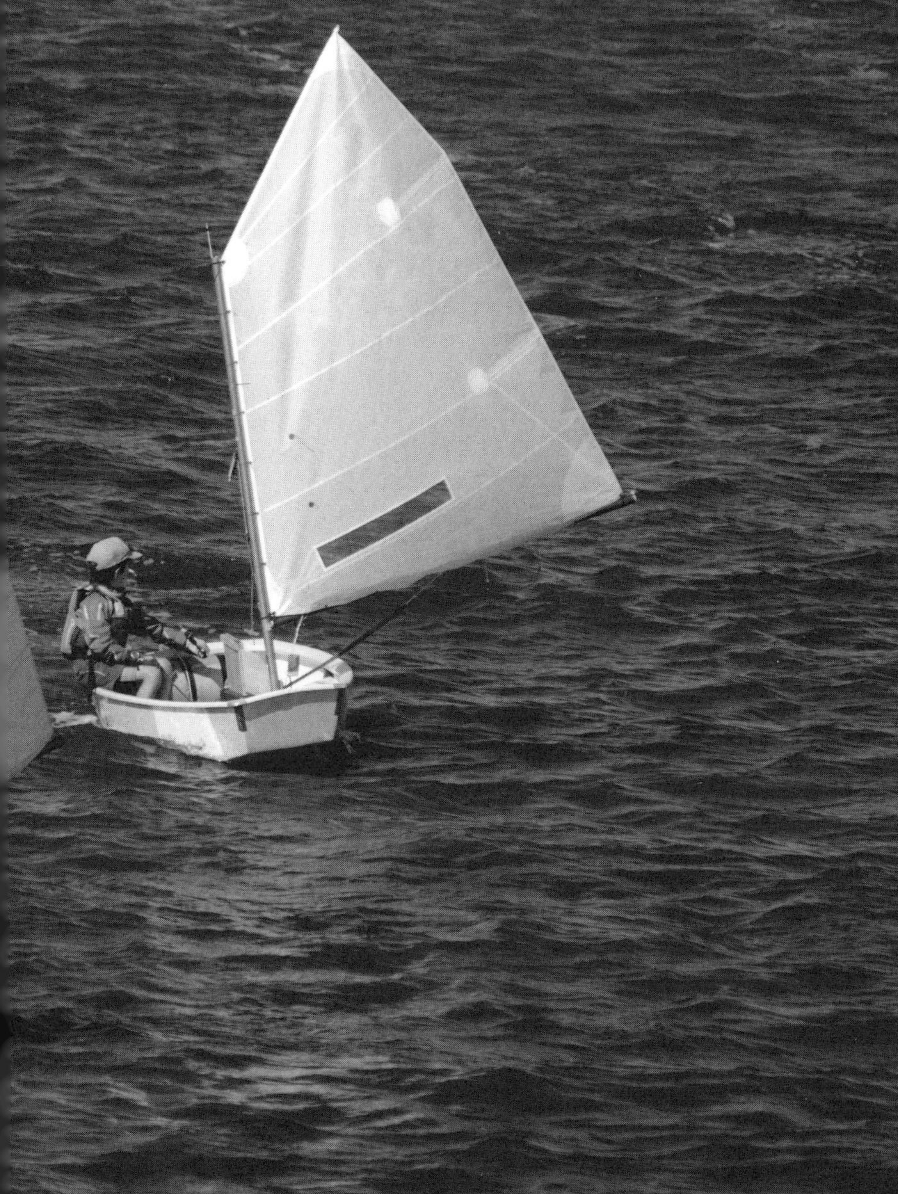

2. GRUND

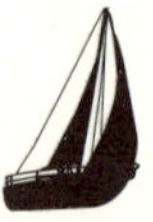

Weil es Bäume gibt, die keine sind

Du bist (noch) kein Segler, und Seemannssprache ist für dich ein Buch mit sieben Siegeln? Kein Problem. Ich werde hier die allerallerwichtigsten Begriffe übersetzen und auch im weiteren Verlauf des Buches immer mal wieder eine Anmerkung in Klammern einfließen lassen.

Die Seemannssprache, die zugegebenermaßen für viele erst einmal einen Hemmschuh darstellt, dient einem wichtigen Ziel: klarer Kommunikation. Stell dir ein altes Segelschiff vor. Der Kapitän ruft: »Löse die Leine!« Der Matrose ruft zurück: »Welche Leine?«

»Na die da!« Der Kapitän zeigt auf die Takelage, und der Matrose ist keinen Deut schlauer. Solche Gespräche kommen auch heute in Häfen immer wieder vor, wenn sich die Beteiligten nicht die Mühe gemacht haben, auch nur die wichtigsten Begriffe zu lernen. Vielleicht tröstet es ja: Auf einem kleinen Segelboot sind es viel weniger Begriffe als auf einem dieser alten Segelschiffe. Trotzdem können sie einen Neuling erst einmal verwirren.

Luv bedeutet die dem Wind zugewandte Seite, anluven das Boot mehr Richtung Luv zu steuern. **Lee** ist die dem Wind abgewandte Seite, und abfallen bedeutet das Boot mehr Richtung Lee zu steuern.

Schwoien meint das Schwingen eines Schiffs vor Anker, **schamfielen** ist eine Schande. Es heißt scheuern und kann dazu führen, dass z.B. eine Leine irgendwann reißt.

Die wichtigsten Segelnamen sind: **Fock**. Das ist das kleine dreieckige Segel vor dem Mast. Die **Genua** ist im Prinzip eine größere Fock. Das **Groß** ist das große Hauptsegel hinter dem Mast. **Spinnaker** und

Genaker sind etwas unterschiedlich geschnittene Leichtwindsegel. Oft bunt und schön anzusehen.

Fallen sind die Leinen, mit denen man ein Segel am Mast hochzieht, und mit den **Schoten** wird die Segelstellung beeinflusst. Beide werden genauer durch das dazugehörige Segel bezeichnet. Z.B. Fockfall oder Großschot. **Dichtholen** meint, die Schot dichter zu ziehen, während **auffieren** bedeutet, die Schot auszulassen.

Winschen sind Winden, die beim Dichtholen der Schoten oder dem Durchsetzen der Fallen helfen.

Festmacher sind Leinen, die dem Festmachen des Bootes am Steg dienen. Es gibt eine Vorleine (vorne) und eine Achterleine (hinten). Beim Festmachen eines Bootes muss man auch dafür sorgen, dass sich das Boot nicht nach vorne oder hinten bewegen kann. Dafür gibt es noch eine **Vorspring** und eine **Achterspring**.

Fender sind die aufgeblasenen Gummiballons, die als Stoßdämpfer verhindern, dass Steg oder Pier dem Lack der Bordwand zu nahe kommen.

Ein **Baum** ist bei Seglern nicht die senkrechte Stange (die wir Mast nennen), sondern die waagerechte, welche die untere Seite des Großsegels hält.

Die Drähte, die den Mast abstützen, heißen vorne und hinten (achtern) **Stage** (Vor- und Achterstag) und an den Seiten **Wanten**.

Die Verkleinerung der Segelfläche heißt **reffen**. **Ausreffen** stellt die ursprüngliche Segelfläche wieder her.

Mit einem **Log** (auch die Logge) misst man die Fahrtgeschwindigkeit des Bootes und mit einem (Echo-)**Lot** die Wassertiefe.

Das **Schwert** hilft einem kleinen Segelboot beim Kämpfen. Es ist ein Brett, das ins Wasser gelassen wird, damit das Boot nicht so leicht zur Seite hin abgetrieben wird. Größere Boote haben anstelle eines Schwertes einen **Kiel**. Am tiefsten Punkt eines Kiels ist so viel Gewicht konzentriert, dass sich ein Boot von alleine wieder aufrichten kann. Das Prinzip ist das gleiche wie beim Stehaufmännchen.

Ohne Kiel oder Schwert wäre **Kreuzen** unmöglich, bei dem man zickzack in möglichst spitzem Winkel zum Wind segelt, um Raum nach Luv zu machen, denn man kann nicht genau gegen den Wind segeln. Wenn wir das machen, fangen die Segel (je nach Windstärke) wild zu schlagen an, und das Boot verliert Fahrt. Gelegentlich steuern wir absichtlich genau gegen den Wind, um zu bremsen. Dieses Manöver nennen wir einen **Aufschießer** fahren oder aufschießen. Unter Motor heißt das Anhalten **aufstoppen**. (Nicht das Ausmachen der Maschine, wie meine Freundin einmal dachte.)

Halsen und **Wenden** sind Segelmanöver. Bei der Wende dreht der Bug durch den Wind und bei der Halse das Heck.

Die **Pütz** ist ein Eimer.

Das Umkippen eines Bootes nennen wir **Kentern**. Und das Schrägliegen eines Segelbootes unter Winddruck heißt: **Krängen**.

Backbord meint, vom Heck zum Bug gesehen, die linke Schiffsseite und **Steuerbord** die rechte.

Die **Bilge** ist der Keller des Bootes. Nicht immer sinkt ein Boot, wenn sich in der Bilge Wasser sammelt. Oft ist es nur Schwitzwasser.

Das Steuer heißt an Bord **Ruder**. Manche Boote werden mit einem Steuerrad gesteuert und andere mit einer Stange, die **Pinne** genannt wird. **Ruder gehen** meint nichts anderes als steuern. Ein Steuermann kann auch der Inhaber eines Steuermannspatentes sein, während der **Rudergänger** augenblicklich am Ruder steht (oder sitzt).

(Das, was man an Land Ruder nennt, heißt auf See übrigens Riemen. Da wir alle an Land aufgewachsen sind, wird man aber immer verstehen, was du meinst, wenn du mal einen Riemen Ruder nennst …)

Natürlich gibt es viel, viel mehr Seemannsbegriffe. Aber wenn du bei deinem ersten Törn diese Begriffe hier kennst, solltest du zurechtkommen.

3. GRUND

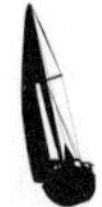

Weil Kentern nicht schlimm ist

»Du Papi …!«

»Was ist?«

Ich war noch ein Kind. Machte meine ersten Schritte mit dem Segeln. Mein Vater und ich dümpelten mit seiner Jolle auf einer unbewegten Wasserfläche. Es war sommerlich heiß, und wir kamen bei der Flaute kaum von der Stelle.

»Ich würde gerne mal kentern.«

»Was?! Jetzt?!«

»Ja.« Dabei ging es mir gar nicht um die Erfrischung: »Ich will sehen, ob ich das Boot alleine wieder aufrichten kann.«

Nach kurzer Überlegung war mein Vater einverstanden. Er stand auf, griff nach dem Mast und ließ sich nach hinten fallen. Schon lagen wir im Bach. Ich schwamm um das Boot herum und zog mich auf das Schwert hoch. Schon spürte ich, wie das Boot nachgab. Erst langsam, dann schneller. Schnell fand ich mich wieder im Wasser, aber das

Boot schwamm aufrecht neben mir. Ich zog mich an Bord und grinste meinen Vater klitschnass, aber stolz an.

Seitdem durfte ich auch alleine mit der Jolle segeln. Plötzlich hatten heftige Böen und starke Krängung ihren Schrecken verloren. Ich wusste, dass ich das Boot alleine wieder aufrichten konnte. Von dem Tag an hat mir Segeln Spaß gemacht.

Später habe ich das Kentern zur Kunst erhoben. Konnte das Boot kentern lassen, oben über die Bordkante auf das Schwert klettern, im richtigen Moment wieder zurück und weitersegeln, ohne nass geworden zu sein. Glaube nicht, dass irgendeines der Mädchen, die ich damit beeindrucken wollte, das je mitbekommen hat, aber ich kam mir ganz toll vor …

4. GRUND

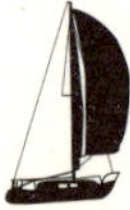

Weil man auf Jollen nicht nur lernen kann

Auflandiger Wind. Ich habe mir die Sunfish meines Vaters ausgeliehen. Eine Einmannjolle mit einem Lateinersegel. Flach wie eine lang gezogene Flunder. Das Segel flattert wild im Wind. Ich ziehe das Boot hinter mir her vom Strand ins Wasser. Durch die Brandung hindurch. Als die Brandungslinie hinter mir und meinem Boot liegt, klettere ich an Bord. Mit einem Griff ist das Schwert unten. Sichern. Das Ruderblatt ins Wasser lassen. Der Wind versetzt uns schnell rückwärts auf die Brandungslinie zu. Ich lege Ruder, und der Winkel des killenden Segels verändert sich. Jetzt hole ich die Schot dicht. Ziehen, im Mund festklemmen, ziehen, mit den Zähnen halten, ziehen … Der Wind fasst ins Segel, und die Jolle nimmt blitzschnell Fahrt auf. Anluven. Ziehen, mit den Zähnen halten, ziehen … Als Jollensegler könnte man einen dritten Arm gebrauchen. Ausreiten. Hoch am Wind gewinnen wir Raum zur Brandungslinie. Eine Bö fällt ein. Die Jolle krängt. Ich hänge meinen Oberkörper weit hinaus. Spüre das fragile Gleichgewicht zwischen Segeldruck und Körpergewicht. Die Bö legt noch zu, das Boot legt sich weiter auf s Ohr. Wusch. Gischt spritzt warm in mein Gesicht. Ich spüre, dass ich Leichtgewicht das Boot nicht halten kann. In zwei Sekunden kentern werde. Das Boot neigt sich tiefer … Ich luve an, kneife Höhe, der Winddruck nimmt ab, obwohl die Bö unvermindert weiter bläst, das Boot richtet sich etwas auf und wird langsamer. Ich falle ab, das Boot krängt sofort wieder stärker. Wir rauschen in hoher Fahrt durch das Wellental und werden von der nächsten Welle angehoben. Ich falle weiter ab und fiere die Schot. Wir werden schneller, das Boot surft die Meereswelle hinab, klettert auf seine eigene Bugwelle und legt noch einmal deutlich an Geschwindigkeit zu: Wir surfen. Ich hole das Segel etwas dichter, um die Gleitfahrt zu verlängern. Das Schwert vibriert, und das ganze Boot brummt. Volle Gleitfahrt. 100 Meter, 200 Meter. Mit aberwitziger Geschwindigkeit surfen wir auf die Brandungslinie zu. Begeisterung rast durch mein Innerstes.

»Waaaaaaaaaow!« Ich schreie mein Glück raus. Dann ist der Ritt vorbei. Das Boot rutscht wieder hinter die eigene Bugwelle, und ich habe das Gefühl, stehen zu bleiben …

Ich bin 13 und noch nie auf einer Yacht gesegelt. Auch nie eine Segelschule besucht. Später wird mein Vater mich noch einmal zu einer Segelschule schicken, damit ich Segeln von der Pike auf lerne. Da habe ich auch wirklich viele nützliche Dinge gelernt, den ganzen wichtigen theoretischen Teil, aber Jollen konnte ich auch vorher segeln! Damit will ich klarmachen: Du kannst das auch.

Willst du segeln lernen? Im Sinne von ein Gefühl für Boot, Wind und Wellen entwickeln? Dann lerne die Ausweichregeln und schnapp dir eine Jolle! Am besten setzt du nur ein Segel, auch wenn das Boot mehrere haben sollte. Das ist anfangs leichter. Und dann: Fahr los!

Die Jolle wird dir alles andere beibringen! Sie reagiert innerhalb einer Sekunde. Sie zeigt dir jeden Fehler sofort auf. Sozusagen ein Segelboot mit intuitiver Bedienoberfläche …

Aber die Jolle ist nicht nur fürs Lernen gut. Jollensegeln ist sportlich. Man ist viel dichter am Geschehen. Sitzt mit dem Hintern ein paar Zentimeter über dem Wasser. Es macht tierischen Spaß! Segeln pur.

Ich habe mit einer Jolle auch lange Fahrtentörns unternommen. Ich bin wochenlang mit einer offenen Schwertjolle durch das Watt gesegelt. Wegen des geringen Tiefgangs geht das sogar besser als mit den meisten Yachten. Manche Jollen sind dafür natürlich besser geeignet als andere. Es ist schon gut, wenn man die Beine ausstrecken kann und unter der Persenning (eine Art Zelt, das man über das Boot spannt) schlafen kann. Wenn das nicht geht, muss man halt wie die Kanuten sein Zelt an Land aufschlagen. Wegen des geringen Tiefgangs kommt man überallhin. Das ist ein echter Vorteil gegenüber Kielbooten. Der Nachteil ist: Die Jolle kann kentern.

Eine Jolle ist verletzlicher. Das muss man bei der Revierwahl berücksichtigen. Außerdem sollte man stets einen wachsamen Blick auf die Wetterentwicklung haben. Andererseits kann man mit der Jolle zur Not auf den Strand ausweichen und ist dann aller seemännischer Sorgen ledig. Ein Luxus, um den uns mancher Dickschiffer auf seiner großen Yacht mitunter beneiden wird. Eine Jolle ist billiger zu unterhalten und leichter zu reparieren. Für den Sportlichen also eine echte Alternative zur Yacht.

5. GRUND

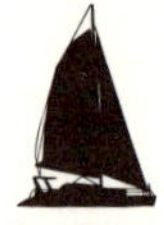

Weil Segeln so einfach ist, dass man keinen Führerschein braucht

Was?! Keinen Führerschein?! Ja. Man braucht auf See keinen Führerschein für ein Segelboot. Unter einer Voraussetzung: Das Boot darf keinen Motor haben, der über mehr als 11,03 kW (15 PS) verfügt. Der deutsche Gesetzgeber geht davon aus, dass man erst ab höheren Geschwindigkeiten (mit stärkeren Motoren) eine Gefahr für sich und andere werden könnte. Dabei erleichtert der Motor die Segelei ungemein. Hafenmanöver unter Segeln stellen je nach Größe des Bootes hohe Anforderungen an das Können des Seglers.

Bevor du dich jetzt mit dem nächsten Segelboot auf den nächsten See begibst: Auf Binnengewässern wird das teilweise anders gehandhabt. Du solltest dich unbedingt kundig machen, welche Vorschriften bei dir vor Ort herrschen. Wegen der umfangreicheren gesetzlichen Regelungen ist der Stoff für Sportbootführerschein Binnen übrigens auch umfangreicher als der Stoff des Sportbootführerscheins See.

Bei den großen Seefahrernationen in unserer Nachbarschaft geht man davon aus, dass die Seefahrt den Landsleuten im Blut liegt. Holländer oder Engländer brauchen überhaupt keinen Führerschein. Auch die Nachkommen der Wikinger sind diesbezüglich bevorteilt. Man vertraut auf den gesunden Menschenverstand. Darauf, dass man sich nicht vollkommen unvorbereitet auf See hinaus traut. Dass man erst einmal bei erfahrenen Seglern mitsegelt und dabei nicht nur die Grundlagen des Segelns lernt, sondern auch etwas von der allgemeinen Seemannschaft aufschnappt.

Wer sich führerscheinfrei auf das Wasser wagt, ist nicht befreit vom Lernen der Vorschriften. Unwissenheit kann lebensgefährlich sein und schützt auch bekanntermaßen vor Strafe nicht.

Wer nur einen Nachmittag mit der Jolle segeln will, sollte unbedingt die Ausweichregeln kennen. Ich vermute, dass ein normal begabter Mensch zehn Minuten braucht, um sie theoretisch zu lernen. Bis sie in Fleisch und Blut übergegangen sind, muss man sie natürlich anwenden und üben. Im Zweifel weicht man frühzeitig aus. Ausweichmanöver müssen frühzeitig, durchgreifend und für den anderen klar erkennbar sein. Ein Schlenker auf den letzten Metern reicht nicht!

Wer mit einem kleinen Kajütboot auf einen mehrtägigen Törn geht, muss sich auch mit Navigation auskennen, mit Lichterführung (auch wenn er nur am Tage segeln will) und den Wetterregeln. Er sollte die grundlegenden Gesetzestexte kennen und sich mit den besonderen Gegebenheiten seines Reviers beschäftigt haben. Anders als auf der Jolle ist es an Bord eines Kajütbootes ja unproblematisch, ein Lehrbuch mitzunehmen und bei Bedarf noch einmal nachzulesen, wenn man sich nicht mehr ganz sicher ist.

Ich selbst bin 30 Jahre ohne amtlichen Segelschein gesegelt. Erst als ich mein Boot Néfertiti erwarb, musste ich den Sportbootführerschein See machen, denn der Motor Néfertitis verfügte über 16 PS. Knapp vorbei!

Falls du dich für das Segeln erwärmst, möchte ich dir eines auf den Weg mitgeben: Sei bereit zu lernen! Manche lernen autodidaktisch. Andere besuchen lieber einen Segelkurs. Auch wenn du zu Letzteren gehörst: Sei sicher, dass das Lernen nach dem Segelkurs nicht aufhört! Es ist ein Paradoxon: Wenn du bereit bist zu lernen, brauchst du auch keinen Führerschein. Andererseits wird dir dann das Machen des Führerscheins leichtfallen. (Außerdem wird dir bei einem Unfall vor Gericht jeder Schein als Erfahrung ausgelegt. Das Fehlen des Scheines hingegen …)

6. GRUND

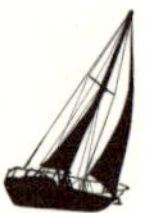

Weil zu wenig Frauen am Ruder stehen

Bei der Vorbereitung lohnt es sich auch, über Rollenmuster nachzudenken.

Auf unserem ersten gemeinsamen Törn mit unserem Segelboot Néfertiti, wenige Meter hinter der Hafenausfahrt, fragte ich Ima, meine Freundin, ob sie das Steuer übernehmen wolle. Sie zögert eigentlich nie, Neues auszuprobieren, sah mich aber überrascht an und brauchte einen Moment, bevor sie Ja sagte. Nach wenigen Minuten hatte sie den Bogen heraus. Sie, die noch nie vorher gesegelt war, steuerte das Boot trotz des heftigen Berufsschiffsverkehrs, als hätte sie nie etwas anderes getan.

Frauen erleben es oft, dass Männer leichter anderen Männern vertrauen, wenn es um wichtigere Aufgaben an Bord geht.

Dabei haben Frauen ihre Fähigkeiten längst unter Beweis gestellt. Ellen McArthur umsegelte die Welt nonstop und solo (2005), Denise Caffari sogar zweimal: Einmal entgegen der vorherrschenden Windrichtung (2006) und einmal als Teilnehmerin der Vendée Globe mit der vorherrschenden Windrichtung (2009). Dabei erreichte sie Platz 6 von 29 gestarteten Teilnehmern. Und auch »der« jüngste Nonstop-Solo-Weltumsegler ist eine Frau: Jessica Watson. Sie war 16, als sie die gefährlichsten Seegebiete der Erde durchsegelte (2010).

7. GRUND

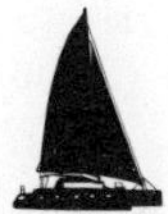

Weil man nicht an die Küste fahren muss, um den Sportbootführerschein See zu machen

Wer sich entscheidet, den Sportbootführerschein See zu machen, um beispielsweise im Urlaub ein Boot an der Küste chartern zu können, fragt sich mitunter, ob er extra dafür an die Küste reisen muss. Die Führerscheinprüfung besteht aus zwei Teilen. Dass man für die Theorie überall in Deutschland büffeln kann, wird niemanden erstaunen. Mehr schon, dass selbst für die praktische Prüfung der sprichwörtliche Baggersee reicht. Es muss also niemand große Reisen in Kauf nehmen, um den Schein zu machen. Irgendwo in deiner Nähe gibt es sicher eine Möglichkeit. Frage einmal im nächsten Segelverein oder gleich beim DSV nach. Auch wenn du kein Mitglied bist, wird man dir gerne weiterhelfen.

Du ahnst es durch die Erwähnung des Baggersees schon: Die praktische Ausbildung ist einfacher, als man gemeinhin denkt. Es geht nur darum, die grundlegenden Manöver auf einem kleinen Boot vorführen zu können: Aufstoppen, Steuern eines Kompasskurses, Wenden auf engem Raum, Mann-über-Bord-Manöver, An- und Ablegen, Peilen einer Landmarke. Der Stoff ist überschaubar, und so dauert die Ausbildungsfahrt insgesamt etwa zwei bis drei Stunden. Wenn man bedenkt, dass drei, vier Aspiranten die Ausbildungsfahrt gemeinsam unternehmen, bleiben für jeden etwa ½ bis ¾ Stunde am Ruder. Da man bei den anderen sozusagen passiv mitlernt, reicht die scheinbar knapp bemessene Zeit den meisten auch aus.

Damit man das Gelernte nicht wieder vergisst, macht es Sinn die Ausbildungsfahrt erst kurz vor der Prüfung zu absolvieren. Dann ist alles noch frisch im Gedächtnis.

Wer schon Vorkenntnisse hat und knapp bei Kasse ist, kann bei den meisten Segelschulen auch nur die praktische Ausbildung machen und die Theorie eigenständig lernen. Da in den Führerscheinkursen oft mehr als nur der eigentliche Prüfungsstoff vermittelt wird, muss man das abwägen.

Die Prüfung wird auf dem Boot abgelegt, auf dem man auch die Ausbildung gemacht hat. Von daher würde ich dir die praktische Ausbildung auch ans Herz legen, wenn du ein kleines Motorboot bereits beherrschst, denn du kannst dich während der Ausbildungsfahrt mit den speziellen Eigenschaften des Prüfungsbootes vertraut machen.

8. GRUND

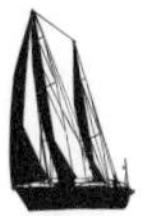

Weil man kein (eigenes) Segelboot braucht, um zu segeln

Gibst du als Suchbegriff »Mitsegler gesucht«, »Crewbörse« oder »Hand gegen Koje« ein, findest du im Internet eine Reihe von Portalen, die dich zum ersten Mal auf ein Segelboot bringen könnten. Oder auch zum hundertsten Mal.

Manches Boot ist zu groß, um es alleine zu segeln. Manches ist zwar nicht zu groß, aber der Skipper hat keine Lust, alleine zu segeln. Nicht immer haben Familie oder Freunde Zeit, ihm Gesellschaft zu leisten. Manchmal ist auch ein fest eingeplantes Crewmitglied kurzfristig abgesprungen. Gründe gibt es viele, aber immer wird sich der Skipper freuen, dich als neues Crewmitglied begrüßen zu dürfen.

Euer Zusammenkommen ist allerdings nicht ohne! Es verlangt großes Vertrauen von beiden Seiten. Überlies diesen Satz nicht! Großes Vertrauen!

Je kleiner die Mannschaft ist, desto mehr muss sich der Skipper auf dich verlassen können. Er kennt deine Fähigkeiten nicht, und je mehr Erfahrung du aufweist, desto eher wirst du ihn von dir überzeugen können. Widerstehe aber unbedingt der Versuchung, deine Erfahrung größer zu machen, als sie ist. Spätestens an Bord wird er dir auf die Schliche kommen.

Dabei sind nicht nur Segelerfahrungen gefragt. Ärzte sind immer willkommen und Köche noch mehr. Handwerkliches Geschick ist auch ein Pfund, mit dem du wuchern kannst. Oder du spielst wunderschön Gitarre? Denk ein bisschen darüber nach, was du jenseits des Segelns einbringen kannst, dann wirst du auch als Anfänger bald deinem ersten Segeltörn entgegenblicken. Noch ein abschließendes Wort zur Ehrlichkeit: Vielleicht kostet dich das Eingeständnis, Anfänger zu sein, den einen oder anderen Platz an Bord. Aber ein Skipper, der sein Boot auch alleine beherrscht und vor allem auf der Suche nach Gesellschaft ist, wird dich bei Sympathie trotzdem akzeptieren. Selbst, wenn außer dir keiner mitsegelt. Ganz sicher wird er deine Ehrlichkeit zu schätzen wissen.

Umgekehrt wirst du ohnehin lieber mit einem Skipper segeln, der sein Boot auch alleine beherrscht, denn aus deiner Sicht ist die Vertrauensfrage noch heikler. Du vertraust dein Leben einem wildfremden Menschen und seinen Fähigkeiten an, die du als Anfänger nur schwer einschätzen kannst. Mit wachsender Erfahrung wirst du lernen, die Zeichen zu lesen. In welchem Zustand ist das Boot? Hierbei kommt es weniger auf Äußerlichkeiten an, als auf die neuralgischen Stellen. Rigg, Motor, Rumpfdurchbrüche, Ruder, Elektrik, Sicherheitsausrüstung. Macht er eine Sicherheitseinweisung vor der ersten Ausfahrt? Fahrt ihr zur Probe ein Mann-über-Bord-Manöver? (Das machen die wenigsten. Muss mich da auch kritisch an die eigene Nase fassen. Aber wenn es einer macht, hast du bei einem Guten angeheuert!) Kennt er sich mit Wetter und Wolken aus? Frag ihn einfach, was er glaubt, wie sich das Wetter heute entwickelt. Wenn er dir jetzt mehr als seine Prognose, nämlich auch die Hintergründe, erklärt, stehen die Chancen gut, dass du das große Los gezogen hast. Die meisten werden bloß den Wetterbericht zitieren. Wenn du merkst, das er nicht einmal den Wetterbericht gecheckt hat, scheint Vorbereitung nicht seine große Stärke zu sein. Aber das ist natürlich auch vom Revier abhängig. Auf dem Baggersee gelten andere Maßstäbe als bei einer Nordseeüberquerung. In der Zusammenschau der verschiedenen Punkte ergibt sich aber schon ein Bild, aus dem man den Skipper grob einschätzen kann.

Gerade Neulinge sind oft von der Intimität auf einem kleinen Boot überrascht. Selbst das scheinbar riesige 9-m-Schiff schrumpft gewaltig, wenn man es mit einem fremden Menschen zusammen bewohnt. Ihr werdet sehr dicht aufeinanderhocken. Man hört den anderen schnarchen und furzen … aber man teilt auch ein Abenteuer.

Nicht nur das Abenteuer: Es ist auch üblich, sich die Kosten zu teilen. Das klingt ganz unverfänglich, aber die Tücke steckt im Detail.

Wenn einer von euch nur Champagner trinkt und der andere nur Wasser … Du weißt schon, worauf ich hinauswill.

Auch an die Bordküche werden mitunter recht unterschiedliche Ansprüche gestellt. Mancher will jede Nacht ankern und der andere jeden Abend in den Hafen.

Einer braucht Ausgehen und Halligalli, der andere will seine Ruhe. Keines dieser Probleme ist unlösbar. Man muss nur darüber reden! Denn am Ende soll es ja eine schöne Zeit werden, an die ihr beide gerne zurückdenkt.

9. GRUND

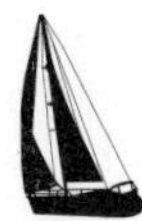

Weil man von seinem Boot gefunden wird und nicht umgekehrt

Die Bootssuche ist eine aufregende Zeit. Man hat eine grobe Vorstellung vom Boot in spe und stöbert nächtelang in den Bootsbörsen des Internets, betrachtet Aushänge am Schwarzen Brett des ortsansässigen Yachthafens. Eine tolle Zeit. Noch ist alles möglich und die Fantasie schlägt Purzelbäume. In Gedanken siehst du dich schon auf den Weltmeeren. Bei der einen Annonce bewunderst du die schönen Linien des Bootes. Bei der anderen die gemütliche Kajüte. Du siehst dich Stürme abwettern und vor leichter Brise in den Sonnenuntergang segeln.

»Schneller Segler!« oder »Gutmütiges Anfängerboot!« Die Auswahlkriterien sind für jeden anders. Aber alle verabreden sich mit Aufregung im Herzen zu ihrem ersten Blind Date. Nicht nur Frauen und Männer schummeln. Oft ist das erste Treffen ernüchternd. Mitunter sind die neuen, strahlend weißen Segel auf dem Foto inzwischen in die Jahre gekommen und geflickt und ausgeblichen. Aber nicht immer hat der Verkäufer das Profil geschönt. Oft kommt einem auch die eigene Vorstellung in die Quere, und man stellt fest, dass 1,30 m Sitzhöhe eben wirklich nur 1,30 m sind. Erwartungen und Halbwahrheiten, mit denen man bei den meisten Blind Dates zu kämpfen hat. Meist weißt du schon auf den ersten Blick, dass das hier nicht die große Liebe ist. Aber du bist nun schon einmal den mehr oder weniger weiten Weg gekommen und siehst dir das Boot jetzt trotzdem an, lässt dir den Kocher vom Verkäufer erklären, der das etwas lustlos macht, denn auch er hat schon gemerkt, dass es zwischen euch nicht funkt.

Abends sitzt du wieder vor dem Rechner und surfst durch die Bootsbörsen. Neue Chance! Neues Glück! Das ist die erste glückliche Zeit. Alles ist möglich und immer wieder findest du das »tollste Boot«, das es auch bleibt, solange es sich nicht an der Realität messen lassen muss.

Bei mir hat diese Suche jahrelang gedauert, allerdings gingen bei mir sehr konkrete Vorstellungen von einem guten Boot und ein schmales Budget eine unheilvolle Symbiose ein. Trotzdem war es eine glückliche Zeit. Du sammelst Erfahrungen und schnupperst auch immer mal wieder Bootsluft, fängst irgendwann an, schon einmal einen Blick über deinem Budget zu riskieren. (Tu es nicht!)

Mit der Zeit hast du begriffen, dass »schneller Segler« ein eher nervöses Boot bedeutet mit eher unwohnlichem Innenausbau, und »gutmütiges Anfängerboot« eine lahme Ente. Du bist bei Bootsbesichtigungen auch nicht mehr so aufgeregt, erwartest eher eine Enttäuschung, inspizierst inzwischen vor allem die unzugänglichen Ecken und lässt dich auch nicht mehr von jedem Schönheitsfleck zur Verzweiflung treiben.

Plötzlich steht sie vor dir, deine Königin, und du weißt, dass du jetzt richtig in Schwierigkeiten steckst. Immer ist es unerwartet, wie bei der atemberaubend schönen Frau, die dir im Waschsalon zugelächelt hat, obwohl du gerade unrasiert bist und auch sonst vollkommen unvorbereitet. Am liebsten würdest du wegrennen, aber entscheidest dich dann doch, sie anzusprechen … Vielleicht liegt das Boot am Steg, neben dem, das du eigentlich anschauen wolltest, mit einem kleinen Schild: *Zu verkaufen* und einer Telefonnummer. Du rufst an, und der Preis ist nur knapp über deinem Budget. Man verabredet sich zu einer Besichtigung, und das Boot ist besser in Schuss als alle, die du vorher angesehen hast. Die Segel sind erst vor zwei Jahren neu gemacht worden, und mit jeder Faser deines Wesens spürst du, dass das Boot ein Schnäppchen ist. Die Besichtigung zieht sich in die Länge. Plötzlich ist der Nachmittag herum, und dir ist schleierhaft, wo die Zeit geblieben ist. Der Verkäufer ahnt, dass du an der Angel hängst, und ruft zu Hause an, um zu sagen, dass er später kommt. Schlussendlich erbittest du dir Bedenkzeit und fährst mit wackligen Knien nach Hause.

Du ahnst, dass es ernst ist. Kein Flirten mehr mit irgendwelchen Internetbooten. Das oder keines. Aber eigentlich kannst du es dir nicht leisten. Es kommt dir so vor, als habe genau dieses Boot auf dich gewartet. Eine furchtbare Zeit beginnt, in der Vernunft und Gefühl einen erbitterten Streit ausfechten. Das Ende der Bedenkzeit rückt näher. Irgendwann greifst du zum Telefon und rufst den Verkäufer an.

Wenn die Vernunft gesiegt hat und du Nein sagst, wird es dir dreckig gehen. Du glaubst, die eine Chance unter Tausenden vertan zu haben. Du haderst mit deiner Entscheidung und versuchst dich abzulenken. Andere Verkäufer haben auch schöne Boote! So stürzt du dich noch am gleichen Abend in die Internetbootsbörsen und flirtest mit anderen Booten. Und du schwörst dir, keinesfalls mehr über deinem Budget zu suchen. Nach einer Weile vergisst du deine Königin und findest eine andere.

Wenn du Ja sagst, geht es dir übrigens mindestens genauso dreckig! Du hast deine gesamten finanziellen Ressourcen gebunden. Wenn jetzt irgendetwas kaputtgeht … Alle haben dich gewarnt, mindestens die Hälfte deines Budgets für eventuelle Reparaturen zurückzuhalten, und du hast ihre Warnungen in den Wind geschlagen! Jeder kleine Schönheitsfehler wird in deiner Erinnerung schlimmer und schlimmer. Vielleicht hat der Kunststoffrumpf doch Osmose?

Nachdem ich Néfertiti gekauft hatte, ging es mir drei Tage richtig mies. Ich war todunglücklich. In meiner Erinnerung wurde jeder

Rostfleck größer und größer. Das Boot stand weit weg in Holland, und ich konnte mich nicht mal eben davon überzeugen, dass das mit dem Rost gar nicht so schlimm war. Ich hatte das Gefühl, mich überhoben zu haben. Nach drei furchtbaren Tagen fiel mein Blick zufällig auf eine Übungsseekarte, die in der Küche lag. Eher unbewusst ging mein Blick über die Karte und blieb am Leuchtturm Kegnäs hängen. Ich las die Kennung heraus, und plötzlich wurde mir bewusst, dass ich ein Boot besaß, mit dem ich an Kegnäs vorbeisegeln konnte. Nicht nur ein Boot, sondern mein absolutes Traumboot. Dann kamen die ganzen Freunde auf mich zu und boten mir ihre Hilfe an. Seitdem ist der Gedanke an Néfertiti ein immerwährender Hort der Freude für mich gewesen. Und es vergeht kein Tag, an dem ich nicht wenigstens einmal voller Dankbarkeit an mein Boot denke.

10. GRUND

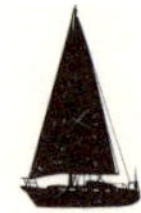

Weil man Boote chartern kann

Wer seine ersten Segelerfahrungen gemacht hat, vielleicht hier oder dort einmal mitgesegelt ist und sich mit dem Segelvirus infiziert hat, liebäugelt oft mit dem Kauf eines eigenen Bootes. Man sollte vorher aber unbedingt noch einmal über das Chartern nachdenken! Wie lange würdest du dein Boot im Jahr nutzen? Wer sein eigenes Boot nur drei Wochen segelt, könnte die Anschaffungs- und die Unterhaltskosten für ein eigenes Boot sparen. Keine Winterlagerarbeiten. Keine Unruhe, wenn man zu Hause in der gemütlichen Wohnung sitzt, aber weiß, dass nachts ein schwerer Sturm über den Hafen hinwegziehen wird. Keine sorgenvollen nächtlichen Fahrten, um beim Boot nach dem Rechten zu sehen. Chartern hat noch mehr Vorteile: Man hat freie Revierwahl.

Willst du unter der südlichen Sonne des Mittelmeeres segeln oder durch die schwedischen Schären? Nach Norwegen oder ins holländische Watt? In einem Urlaub kannst du das eine Revier ausprobieren und im nächsten das andere. Du hast Lust, während der kalten Wintermonate in sommerlichen Gefilden zu segeln? Mit Chartern kein Problem. Charterer können den ganzen Urlaub in ihrem Traumrevier verbringen, weil An- und Abreise mit dem Boot entfallen.

Der Törn letztes Jahr war so toll, dass zwei andere Freunde dieses Jahr auch mitsegeln wollen? Kein Problem: Man chartert einfach ein größeres Boot.

Zugegeben: Chartern ist nicht immer billig. Aber wenn man die Kosten mit den Freunden teilt, wird Chartern erschwinglich.

In manchen unserer Nachbarländer ist ein Bootsführerschein nicht gesetzlich vorgeschrieben. Trotzdem wird der Vercharterer meist einen Bootsführerschein fordern. Schließlich muss er sein Eigentum schützen. Eine Freundin, die ohne Schein am Ijsselmeer charterte, durfte auf den Seen segeln, aber der Vercharterer untersagte ihr, auf das Ijsselmeer hinauszusegeln.

Gutes Wetter ist für den Segler mehr als ständiger Sonnenschein. Man sollte unbedingt die lokalen Wetterphänomene kennen sowie die zu erwartenden Hauptwindrichtungen und Windstärken. Wenn man das tut, kann man schon verhältnismäßig gut abschätzen, ob das Revier dem eigenen seglerischen Können gemäß ist.

Viele Charterer sind Meilenfresser. Das ist verständlich: Man hat nur eine Woche Zeit auf dem Boot und will jeden Tag nutzen. Dabei ist weniger fast immer mehr! Weniger Stunden Segeln am Tag. Weniger Meilen in der Woche. Mehr Ruhe und Erholung …

Für die Gesamtplanung des Törns ist es wichtig, Puffertage einzubauen. Denn nichts ist schlimmer, als an den letzten Tagen bei Schlechtwetter auslaufen zu müssen, weil man sich so weit von der Basis entfernt hat, dass man anders den Rückgabetermin nicht einhalten kann.

Bei der Übernahme des Bootes solltest du die Inventarliste pedantisch kontrollieren. Sind alle Rettungsmittel an Bord? Funktionieren sie? Alle Navigationsmittel? Anker und Kette? Wenn dir irgendetwas seltsam vorkommt: Nachfragen! Im Zweifel Fotos machen. Segel checken. Alle zu bedienenden Ausrüstungsteile erklären lassen. (Bordtoilette!) Nicht jede Chartercrew erzählt ehrlich davon, dass sie mit Volldampf auf einen Felsen gelaufen sind. Und nicht jede Rückgabe des Bootes wird penibel gemacht. Wer nimmt schon das Boot aus dem Wasser, um sicherzugehen? Wenn die verschwiegene Grundberührung zu strukturellen Schäden geführt haben sollte, sind meist auch Spuren davon im Inneren zu finden. Achte auf feine Haarrisse, Verbindungen zwischen Rumpf und Deck. Haben sich die Befestigungen der Inneneinrichtung irgendwo gelockert? ... Schau dir das Boot an, als würdest du es kaufen wollen! Im Zweifel nachfragen und Fotos machen. Und dann: Viel Spaß!

Chartern hat vor allem eine Kehrseite. Ich will sie nicht unerwähnt lassen, auch wenn sie ironischerweise Charterer weniger trifft als Eignerskipper. Wo viel gechartert wird, steigen die Liegeplatzgebühren. So bezahlt man in beliebten Mittelmeerrevieren leicht einmal den zehnfachen Preis für eine Nacht im Hafen eines vergleichbaren Liegeplatzes in der Nordsee. Und Ankerbuchten, in denen man die letzten Jahre so schön (und kostenlos) gelegen hat, verwandeln sich plötzlich in Marinas. Eine Chartercrew mit vier, fünf Freunden kann sich die Kosten teilen. Da wird niemand durch einen einwöchigen oder zweiwöchigen Törn ruiniert. Für das Seglerehepaar, das sich den lang gehegten Traum von der Langfahrt auf eigenem Kiel verwirklicht hat und nun mehrere Monate in dem gleichen Revier kreuzt, sieht das ganz anders aus.

11. GRUND

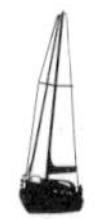

Weil man Segelboote auch schon für kleines Geld bekommen kann

Ich war diesen Winter auf zwei Bootsausstellungen: Neue Boote (selbst kleine) kosten richtig Geld und verlieren schnell an Wert. Wer mit kleinem Budget rechnen muss (wie viele Segler, nur nebenbei bemerkt), sollte unbedingt den Gebrauchtbootmarkt unter die Lupe nehmen.

Ein neues Boot kostet das Vielfache eines gebrauchten Bootes gleicher Länge. Die Preisdifferenzen sind gewaltig. Mache ruhig mal die Probe aufs Exempel. Du wirst erstaunt sein. Vielleicht kannst du allein von der Differenz ein Jahr segeln gehen, oder zwei?

Die meisten Gebrauchtboote werden mit Pütt un Pann (mit vollständiger Ausrüstung) verkauft. Neue Schiffe müssen dagegen immer erst ausgerüstet werden. Das ist ein Posten, der zusätzlich zu Buche schlägt. Auch wenn der Eigner, der mit den Ausrüstungsideen eines anderen restlos zufrieden ist, erst noch geboren werden muss.

Gebrauchtboote sind seit Jahren schwer zu verkaufen. Deshalb sind die Preise niedrig, und so mancher Segeltraum lässt sich für wenig Geld realisieren.

Gebrauchtbootkauf ist wie Gebrauchtwagenkauf: Du solltest unbedingt jemanden mitnehmen, der sich auskennt! Liebe macht blind. Das gilt auch für Boote. Außerdem sehen vier Augen immer mehr als zwei. Also egal, wie toll die Verkaufsannonce klingt: Nimm jemanden mit, der dich bremsen kann. Angebote kommen und gehen. Du wirst dein Boot finden, aber hüte dich vor dem Kaufrausch! Vor dem Unbedingt-haben-Müssen.

Zur Besichtigung solltest du dir viel Zeit nehmen. Als ich Néfertiti besichtigte, bin ich einen halben Tag durch das Boot gekrabbelt und habe trotzdem erst zwei Jahre später ein Geheimfach entdeckt. Bei sehr günstigen Booten wirst du in einem Dilemma stecken. Denn einerseits solltest du das Boot unbedingt probesegeln! Aus guten Gründen sagt man: Kein Bootskauf ohne Probefahrt! Andererseits solltest du dir auch das Unterwasserschiff genau ansehen. Für das eine muss das Boot im Wasser sein und für das andere an Land. Wenn das ganze Boot 1.000 Euro kostet, aber das Kranen 100, steht das in keinem Verhältnis. (Krankosten sind sehr unterschiedlich. Habe auch schon welche gesehen, die das Vierfache berechnen.) Der Verkäufer wird sich weigern, die Krankosten zu übernehmen, und wenn du dir zehn Boote anguckst, bevor du dich entscheidest, wirst auch du nicht jedes Mal die Krankosten bezahlen wollen …

Auch wenn das Boot in Ordnung zu sein scheint, entstehen oft Folgekosten. Je nach Bootspreis sollte man ¼ bis ½ des Kaufpreises beiseite legen, um für unerwartete Reparaturen gerüstet zu sein. Dazu kommen Standkosten im Winterlager, Liegeplatzkosten im Sommer und Versicherungsgebühren.

Je größer das Boot, desto teurer der Unterhalt. Unter Seglern gibt es den Spruch, für jeden zusätzlichen Meter Bootslänge wüchsen die Kosten im Quadrat. Das ist nur ganz wenig übertrieben!

Kleine Boote sind leichter zu handhaben. Das ist ein riesiger Vorteil! Nicht nur, wenn du dich zu den Anfängern zählst. Du kannst auch mal alleine segeln und bist nicht zwingend auf Mitsegler angewiesen. Je kleiner das Boot, desto näher bist du am Geschehen. Je kleiner das Boot, umso größer die Herausforderung. Auf der anderen Seite haben große Boote Reserven, wenn das Wetter hässlich wird. Interessant ist in dem Zusammenhang ein Blick zu den Blauwasserseglern. Je länger die Menschen unterwegs sind, desto kleiner werden ihre Boote. Insbesondere, wenn man länger als zwei Jahre für das große Abenteuer geplant hat und unterwegs für seinen Lebensunterhalt sorgen muss: 9 m reichen für eine Weltumsegelung. Dann sollten sie auch für die Ostsee-Saison reichen, oder? Breite bringt übrigens viel mehr Lebensraum als Länge und man braucht sie in den Häfen nicht zu bezahlen, solange man mit einem Einrumpfboot vorliebnimmt.

Die Natur des Menschen lässt einen schnell denken: Ich kaufe mir das größtmögliche Boot für mein Geld. Ich würde dir dringend empfehlen: Kauf das kleinste, auf dem du dich noch wohlfühlst!

12. GRUND

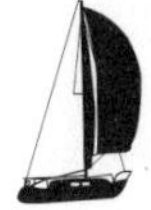

Weil man auch mit einem halben Boot segeln kann

Was tun, wenn einen der Traum vom eigenen Boot umtreibt, aber man die Mittel alleine nicht aufbringen kann? Man tut sich mit anderen zusammen, denen es genauso geht. Man gründet eine Eignergemeinschaft.

Neben den geteilten Kosten kann auch die geteilte Verantwortung verführerisch sein: Man muss nicht alleine den Krantermin organisieren. Man kann die Winterlagerarbeiten gemeinsam in Angriff nehmen. Zusammen einen günstigen Liegeplatz suchen, gemeinsam das Für und Wider der verschiedenen Versicherungen abwägen …

Gut, wenn der Miteigner ein alter Freund ist und man schon immer von gemeinsamen Segeltörns geträumt hat. Allerdings: Nicht immer schweißt die See zusammen. Es kommt auch vor, dass man neue Eigenschaften am anderen entdeckt, an denen Freundschaften zerbrechen können. Wenn man dann durch ein Schiff aneinandergekettet ist und keiner die Mittel hat, den anderen auszubezahlen …

Man muss nicht miteinander segeln. Man kann auch nacheinander segeln. Das hat noch andere Vorteile. Auf diese Weise kann man Seegebiete erreichen, die jedem alleine verwehrt wären, weil der eigene Sommerurlaub dafür einfach zu kurz ist. Z.B. könnte der eine das Boot nach Finnland segeln, und der andere segelt es zurück. Je mehr Eigner, desto weitere Strecken sind denkbar, allerdings wird auch die Koordination schwieriger, je mehr Leute sich ein Schiff teilen.

Außerdem gibt es Wochen in der Saison, die bei allen beliebter sind als andere.

Boote sind ja eigentlich nicht für den Hafen gemacht. In der Realität sieht das aber anders aus: Wenn ich mir die letzten Jahre anschaue, wurde unsere Néfertiti 80 bis 90 Tage im Jahr bewohnt. Das sind maximal nur drei Monate. Und es waren auch einmal nur zwei Monate! Also den Großteil des Jahres wird das Schiff nicht genutzt! (Auch wenn ich täglich an das Boot gedacht habe.) Ich denke, dass es den meisten Seglern, die im Berufsleben stehen, ähnlich geht. Eine Eignergemeinschaft kann das Boot sicherlich effizienter nutzen.

Solange alle am gleichen Strang ziehen, sind Eignergemeinschaften toll. Schwierig wird es erst dann, wenn unterschiedliche Meinungen aufeinanderprallen. Sollte man Zweikomponentenlack benutzen oder Einkomponentenlack, ist da noch die kleinere Unstimmigkeit. Sollen wir einen Genaker anschaffen oder nicht? Epirb oder Funkgerät? Und selbst ästhetische Vorlieben bieten Zündstoff: blaue oder rote Polster? Bei Geld hört für manchen die Freundschaft auf. Wer kommt für mögliche Beschädigungen auf? Der Verursacher, oder trägt man das gemeinsam? Teilt dein Kumpel dir jede Grundberührung mit? Schnell ist gesagt: »Die Versicherung zahlt, ist doch klar!« Aber wer schon einmal mit Versicherungen zu tun hatte, weiß, dass bei vielen von ihnen nur das Unterschreiben des Vertrages einfach ist.

Man erahnt schon, dass Eignergemeinschaften manche Probleme lösen, aber ganz neue aufwerfen können. Letzten Endes steht und fällt die gelungene Eignergemeinschaft mit der Wahl des richtigen Partners. Wie eine Ehe auch.

13. GRUND

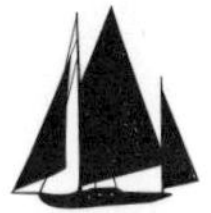

Weil einem manchmal Boote geschenkt werden

Ich meine nicht, dass manche Boote so billig wie geschenkt sind, was nebenbei bemerkt auch vorkommt. Ich meine wirklich geschenkte Boote. Billig sind sie oft nicht.

Als Jugendlicher entdeckte ich Bernard Moitessier. Sein Buch *Der verschenkte Sieg* habe ich nicht zehn Mal gelesen, sondern mindestens hundert Mal. Kein anderes Buch habe ich so oft in den Händen gehalten wie dieses. Als ich kein eigenes Boot hatte, war es meine Art, in der Fantasie zu segeln. Hatte mich mal wieder die Sehnsucht nach der See in ihrem Griff, kramte ich das Buch Moitessiers hervor und las es zum x-ten Mal. Er hat eine Art zu schreiben, die einen mit an Bord holt. Sein Boot, die Joshua, ist Legende geworden. Wie oft habe ich davon geträumt, mit einer Joshua über die Weltmeere zu segeln. Als Bernard Moitessier viele Jahre später Schiffbruch erlitt und seine Joshua bei Cabo San Lucas strandete, fehlten ihm die Mittel, das Boot wieder flottzumachen. Er verschenkte es. Er war so ein Mensch.

Fortan träumte ich von einem alten Mann, der das Segeln aufgeben und sein geliebtes Boot in meine Hände geben würde … Solche irrealen Träumereien halt.

Irgendwann fand ich Néfertiti, die zwar nicht verschenkt wurde, aber doch unter Wert verkauft. Man kann nicht sagen, von einem alten Mann, aber doch von einem, der das Segeln aufgab und sein Boot, das er 20 Jahre lang gesegelt hatte, in guten Händen wissen wollte. Vier Jahre später passierte dann das Unglaubliche: Mir wurde die Vega angeboten. Der erste Nachbau von Moitessiers Joshua. Sozusagen die Joshua mit Segelnummer 2. Geschenkt!

Heinz hatte jahrelang auf dem Boot gelebt und dann angefangen, es familientauglich umzubauen. Die Vega stand irgendwo in Österreich an Land. Vorher hatte ich immer gesagt, Néfertiti sei mein Traumboot. Das einzige Boot, das mich in Versuchung führen könnte, wäre eine Joshua. Ihr könnt euch vorstellen, dass ich nächtelang nicht schlafen konnte. Eine Joshua! Geschenkt!

Nach einer aufgeregten Woche habe ich das Geschenk abgelehnt. Viele geschenkte Boote sind Baustellen. Die Vega bildete da keine Ausnahme. Obwohl die Substanz sehr gut zu sein schien. Ich hätte Zeit und eine Menge Geld investieren müssen, um sie wieder fahrbereit zu machen. Wenn die Substanz gut ist, lohnt sich das oft. Ich rechnete mir allerdings aus, dass ich von den Renovierungskosten mindestens zwei Jahre segeln könnte, und ich besaß ja schon ein Traumboot. Mit der Vega hätte ich ein anderes größeres Boot besessen, aber für die lange Renovierungszeit nur vom Segeln träumen können. Nachdem die schwere Entscheidung endlich gefallen war, habe ich sie übrigens nie bereut.

Besser man schaut auch einem geschenkten Gaul ganz genau ins Maul!

14. GRUND

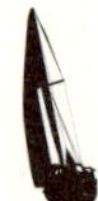

Weil man einem Segelverein beitreten kann, aber nicht muss

Gemeinsam ist man stärker. Das gilt auch für Segler. Die Mitgliedschaft in einem Verein bietet viele Vorteile. Der Austausch mit Gleichgesinnten ist da eher ideeller Natur. Aber es gibt auch handfeste materielle Vorteile, auch wenn die Zeiten, in denen sich die Vereine gegenseitig Gastrecht (kostenloses Gastliegen) einräumten, längst vorbei sind.

Viele Vereine unterhalten Steganlagen. Ein Saisonliegeplatz kostet dort nur einen Bruchteil dessen, was in einer kommerziellen Marina fällig wäre. Oft verfügen Vereine über gut ausgestattete Werkstätten, die den Mitgliedern frei oder für einen symbolischen Obolus zur Verfügung stehen, sodass man sich teures Spezialwerkzeug nicht selbst zulegen muss. Im Verein findet sich immer jemand, der dir die Handhabung erklären kann. Vielleicht legt er sogar gleich mit Hand an.

Vereine unterhalten auch Winterlager zu ähnlich günstigen Konditionen wie bei den Saisonliegeplätzen. Wenn der Verein dafür extra einen Kran mieten muss, gibt es mitunter nur einen einzigen Termin zum Ein- bzw. Auskranen!

Die vereinseigenen Anlagen müssen gepflegt und gewartet werden. Meist wird die Steganlage im Frühjahr auf- und im Herbst abgebaut. Für solche Arbeiten ist die Arbeitskraft der Mitglieder gefragt. Die Mitwirkung ist nicht freiwillig, sondern verpflichtend. Wer partout nicht kann, zahlt einen finanziellen Ausgleich. Um einer Zweiklassengesellschaft vorzubeugen (die einen arbeiten, und die anderen zahlen), legen die meisten Vereine Wert darauf, dass jeder zum Arbeitsdienst anrückt, auch wenn sich das für Besserverdienende oft nicht rechnet. Das gemeinsame Arbeiten kann Spaß machen und dient neuen Mitgliedern auch hervorragend zur Integration.

Alle Vereine bemühen sich intensiv um Nachwuchsarbeit. Ehrenamtliche Trainer fahren im Motorboot um einen Pulk von Optimisten herum. Fortgeschrittene erhalten Taktiktraining für Regatten. Manche Vereine unterhalten sogar Hochseeyachten, die mit wechselnden Crews weite Fahrten unternehmen. Ich weiß sogar von einer Weltumsegelung. Aber auch ohne vereinseigene Hochseeyachten ist es im Verein einfacher, Mitsegelgelegenheiten vor Ort zu finden, als im Internet. Vor allem kennt man sich ja schon.

Es gibt natürlich auch Nachteile:

In alteingesessenen Vereinen gibt es auch immer alteingesessene Strukturen. Alte Seilschaften und Freundschaften. »Das wurde schon immer so gemacht!«, ist ein Satz, der den Neuling zur Verzweiflung bringen kann. Zumal ihm die vorausgegangenen Argumente nicht immer einsichtig sein müssen. Wie sich dieser Vereinsmeierei ausgesetzt fühlt, hat vielleicht nur noch nicht den richtigen Verein gefunden.

Oder er ist zu sehr Individualist. In letzterem Fall bleibt dir nur, auf die Vorteile eines Vereins zu verzichten, denn in einer Gemeinschaft muss man sich immer einfügen, und das heißt auch gelegentlich einmal: unterordnen.

15. GRUND

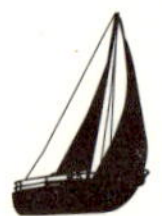

Weil es nur fünf wirklich wichtige Seemannsknoten gibt

An Land bindet man sich die Schuhe zu. Ansonsten haben die meisten von uns nicht viel mit Knoten zu tun. Die wenigsten wissen, dass sie mit der Schleife jeden Morgen einen Seemannsknoten knüpfen. Zumindest einen modifizierten Seemannsknoten. Sozusagen den Kreuzknoten auf Slip. Auf Slip nennt man Knoten, die sich mit einem Zug öffnen lassen. Dazu zieht man den letzten Part nicht vollkommen durch, sondern nur eine Schlaufe. Es gibt übrigens eine richtige Art, den Kreuzknoten zu knüpfen (die symmetrische) und eine falsche (die unsymmetrische, auch Altweiberknoten genannt). Wenn du dich wunderst, dass deine Schleife manchmal aufgeht, weißt du jetzt warum. Der unsymmetrische Knoten öffnet sich auch unabsichtlich. Deshalb ist der Altweiberknoten auch kein Seemannsknoten.

Seemannsknoten halten zuverlässig. Das gilt allerdings für die meisten Knüpfungen und sogar manche zufällige Wuhling. Wenn man die verschiedenen Leinen nur oft genug umeinanderschlingt, werden sie schon halten. Das Hauptmerkmal eines Seemannsknoten ist deshalb ein anderes. Nämlich, dass er sich ebenso zuverlässig und leicht wieder öffnen lässt! Wenn du die Seemannsknoten lernen möchtest, gib den Namen im Internet ein. Du wirst unzählige Abbildungen finden, die das Knüpfen besser erklären als hundert Worte …

Den **Kreuzknoten** kannst du ja schon. Er dient dem Verbinden zweier gleich starker Leinen.

Neben dem Kreuzknoten ist der am häufigsten an Bord geknüpfte Seemannsknoten wahrscheinlich der **Mastwurf**. Er wird verwendet, um beispielsweise Fender am Relingsdraht zu befestigen. Im Prinzip schlingt man das Ende eines Seils zweimal um den Relingsdraht. Beim ersten Mal geht die kurze Part über die lange Part (an der der Fender hängt), beim zweiten Mal wird die kurze Part unter der so gebildeten Schlaufe durch festgezogen.

Der **Schotstek** dient dem Verbinden einer dicken mit einer dünnen Leine.

Der **Achtknoten,** der wie eine Acht geschlungen wird, dient dazu, Schoten und Fallen am Ausrauschen zu hindern. Man führt das Ende der Leine durch eine fest angebrachte Öse und knüpft dahinter den Achtknoten als Stopper.

Der Knoten, der am schwierigsten zu lernen ist, ist der **Palstek**. Er schafft eine feste Schlinge, die sich nicht zuziehen kann. Er wird benutzt, um z.B. eine Schlinge über einen Pfahl legen zu können.

Der Vollständigkeit halber möchte ich noch einen sechsten Knoten nennen: **Anderthalb Rundtörns mit zwei halben Schlägen**. Streng genommen ist er aber eine Abwandlung des Mastwurfs. Man zieht das Ende eines Seils zweimal durch beispielsweise einen Ring und schlingt dann die kurze Part zweimal um die lange Part, genauso wie man einen Mastwurf um den Relingsdraht schlingen würde.

Knoten sind schnell geknüpft, aber haben einen ganz gewichtigen Nachteil: Sie schwächen die Reißfestigkeit eines Seils um 30–50%. Das hängt damit zusammen, dass die inneren Stränge eines Seils im Knoten ungleichmäßig belastet werden, sodass für die Aufnahme einer Kraft gar nicht der volle Durchmesser des Seils zur Verfügung steht.

Deshalb werden Festmacher an Bord auf einer Klampe belegt. Das meint in Achtform um die zwei Holme einer Klampe geschlungen. Zuletzt kommt zwar ein Kopfschlag, dem aber keine Haltekraft zukommt, sondern der nur verhindern soll, dass das Seil von der Klampe rutscht. Gehalten wird das Boot durch die Schlingen.

Die zweite Möglichkeit, die Bruchfestigkeit eines Seils nicht durch Knoten zu mindern, heißt Spleißen. Dabei werden die einzelnen Kardeele eines Seils miteinander verflochten. Das ist eine dauerhafte Alternative zum Palstek, denn sie ist nicht dafür gedacht, wieder gelöst zu werden.

Den Kreuzknoten kannst du ja schon. Wenn du zum ersten Mal Gast an Bord eines Segelbootes bist, solltest du außerdem den Mastwurf und das Belegen auf der Klampe beherrschen. Damit bist du für deinen ersten Törn gut vorbereitet. Wahrscheinlich wirst du aufgefordert werden, die Fender anzubringen oder einen der Festmacher zu bedienen. Ein gewissenhafter Skipper wird deine Knoten mehr oder weniger deutlich überprüfen. Sei deshalb nicht gekränkt.

Wer auch die anderen Knoten beherrscht, ist für alle Eventualitäten gerüstet.

16. GRUND

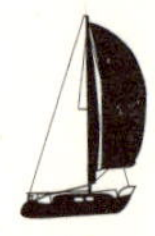

Weil es ein paar Dinge gibt, die man keinesfalls vergessen sollte

Der Sturm tobt. Die Segel hängen in Fetzen und knallen im Wind. Manövrierunfähig treibt das Schiff auf die Klippen zu.

»Ankern!«, ruft der Käpt'n durch die schäumende Gischt. Der Sturm reißt seine Worte mit sich. Der Held lässt in letzter Sekunde den Anker ins Wasser rauschen. Dummerweise verheddert er sich mit dem Fuß in der Ankerleine, wird umgerissen, versucht, sich an der Reling festzukrallen, kann sich nicht halten und lässt los, wird vom schweren Anker unter Wasser gezogen.

Gut, wenn er ein Taschenmesser dabeihat. Schließlich muss er noch die Welt retten. Dich kann ein Taschenmesser auch zum Helden machen. Allerdings meist weniger dramatisch als im Film. Vielleicht hat der Skipper den Korkenzieher vergessen. Oder der Dosenöffner ist mal wieder unauffindbar. Oder du willst auf Landgang auch nur den letzten Apfel in vier gleiche Teile schneiden, oder das letzte Stück Schokolade …

Wer noch nie segeln war, fragt sich sicherlich, was er mitnehmen sollte. Ich gehe hier mal nicht auf Unterwäsche, Waschzeug und dergleichen ein:

Grundsätzlich kann man sagen: Weniger ist mehr! An Bord ist vor allem eines Mangelware: Stauraum. Wohin mit dem Koffer, wenn die Sachen ausgepackt sind? Die meisten Skipper sehen es lieber, wenn du Taschen benutzt, die sich ja leer klein zusammenfalten lassen. Das ist auch die Idee hinter dem legendären »Seesack«, den Matrosen jahrhundertelang benutzten.

Was du keinesfalls vergessen solltest, auch im Hochsommer nicht, ist dein wärmster Winterpullover. Noch besser sind mehrere dünnere Pullover, die du nach dem Zwiebelschalensystem tragen kannst. Wolle und Fleece wärmen auch, wenn sie nass sind. Es gibt Sommertage auf See, da wirst du dich auch über Skiunterwäsche freuen und eine Mütze.

Schwimmwesten und Rettungsgurte sind normalerweise schon an Bord. (Vorher den Skipper fragen. Selbstaufblasende Schwimmwesten lassen sich bequem tragen, aber müssen alle zwei Jahre gewartet werden. Das Datum der letzten Wartung ist irgendwo gut sichtbar vermerkt. Mit einem Blick darauf kannst du die Gewissenhaftigkeit deines Skippers prüfen, wenn du ihn noch nicht kennen solltest …)

Anders verhält es sich mit dem Ölzeug. Das bringt normalerweise jeder selbst mit. Gutes Ölzeug ist nicht mit Gold aufzuwiegen, aber hat seinen Preis. Auch einfaches Ölzeug ist von außen wasserdicht, hat aber Schwitzwasserprobleme von innen. Mit mehreren Schichten drunter kann man das Problem in Grenzen halten. Ich benutze seit Jahren einfaches Ölzeug. Wenn es sehr warm ist, macht mir die Feuchtigkeit nichts aus. Wenn es unangenehm kalt ist, ziehe ich einen atmungsaktiven Anorak drunter …

Für den einfachen Toilettengang ist es nötig, zweigeteiltes Ölzeug zu benutzen, dessen Hose durch einen Gummizug gehalten wird und nicht durch Hosenträger.

Damit du keine nassen Füße bekommst, brauchst du unbedingt noch Stiefel. Die Sohlen sollten rutschfest sein. Man zieht die Ölzeughose übrigens über den Stiefelschaft. Andernfalls würde das Wasser an der Ölzeughose hinunter in den Stiefel laufen.

Was du keinesfalls vergessen darfst, sind Sonnencreme und Sonnenbrille. Wasser reflektiert die UV-Strahlung. An sonnigen Tagen hat man sich in null Komma nix einen schweren Sonnenbrand eingehandelt.

Ein Schäkelöffner ist hilfreich. Schäkel sind hufeisenförmige Teile aus Metall, die an der offenen Seite durch einen Stift zugeschraubt werden können. Sie dienen der Verbindung von allen möglichen Teilen, die nicht schamfielen dürfen. Z.B: Kette und Anker. Segel und Boot. Großschottalje und Baum. Manchmal setzen sie sich so fest, dass man sie ohne Schäkelöffner oder Zange nicht wieder auf bekommt. Taschenmesser für Segler verfügen immer über einen Schäkelöffner.

Ein gutes Buch. Es kommt vor, dass man durch schlechtes Wetter an einem Ankerplatz festgehalten wird. Gut, wenn man sich dann selbst beschäftigen kann.

Wer nicht den ganzen Tag in Stiefeln herumlaufen möchte, braucht rutschfeste Bootsschuhe. Rutschfest könnten auch Turnschuhe sein. Der Unterschied besteht also weniger in der Rutschfestigkeit allein, als vielmehr in der Konstruktion der Sohle, die bei Bootsschuhen verhindert, dass sich kleine Steinchen zwischen den Rillen festsetzen. Diese zerkratzen nämlich blitzschnell das Deck. (Das gilt übrigens auch für Seestiefel!) Die Spuren der Pfennigabsätze deiner hochhackigen Schuhe auf dem sonst tadellosen Teakdeck werden übrigens auch nicht zu den liebsten Erinnerungen deines Skippers gehören ... Manche Decks sind empfindlicher als andere. Das gilt auch für Skipper. Am besten einfach nachfragen, welches Schuhwerk an Bord willkommen ist. Auch wenn Turnschuhe okay sind, kostet es dich nichts, die Sohlen kurz zu checken, bevor du dein Bein über die Reling schwingst. Dein Skipper wird es wohlwollend zur Kenntnis nehmen!

17. GRUND

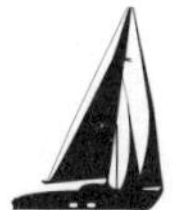

Weil man im Winterlager alles neu machen kann

Manche Boote überwintern im Wasser, aber die meisten verbringen den Winter an Land. Keine Sorgen wegen Eisgang oder zufrierenden Ventilen. Oft werden auch die Steganlagen der Vereine im Winter abgebaut, sodass dem Segler gar keine Wahl bleibt. So stehen die meisten Boote draußen im Schnee auf einem großen Parkplatz für Boote, jedes in einem eigenen Gestell, damit es nicht umkippen kann. Viele Boote verschwinden unter einer großen Plane. Wer sich viel Arbeit vorgenommen hat oder seinem Boot etwas Gutes tun will, stellt es in die Halle.

Das Winterlager ist die Zeit der Überholung, der großen und kleinen Reparaturen. Da wird geschliffen, gestrichen und gemalt. Da wird gespachtelt, geschraubt, gebohrt und geschweißt. Da wird geölt und genäht. Nicht alle Arbeiten vertragen sich miteinander. Z.B.: Wenn der eine malt, während der andere schleift. Deshalb spricht man sich ab. Oft gibt der Hallenbesitzer Regeln vor, in welchem Zeitraum welche Arbeiten gemacht werden dürfen.

In der Halle kann man bei jedem Wetter arbeiten. Im Außenlager nur, wenn das Wetter mitspielt. So warten viele Segler (un-) geduldig auf die ersten milden Tage im März.

Das Winterlager ist die Zeit der großen Pläne. Eine Heizung einbauen? Einen Schmutzwassertank? Die Inneneinrichtung ändern? Endlich einen großen Kartentisch einbauen? Endlich den Kartentisch verkleinern … Die Projekte sind unterschiedlich, die handwerklichen Fähigkeiten auch, aber die Hingabe der Bastler ist immer die gleiche.

»Komisch: Die Renovierung der Wohnung macht mir überhaupt keinen Spaß, aber auf dem Boot kann ich Stunden mit Farbe und Pinsel verbringen.«

Aber beim Feilen und Schleifen träumen wir auch. Streichen nicht nur das Deck, sondern malen uns auch aus, wo wir nächstes Jahr segeln könnten. Welche Ziele wir anlaufen werden. Vorfreude macht sich in Seglers Herzen breit und wächst mit jedem Pinselstrich. Hoffentlich verliert darüber keiner seine Achtsamkeit:

Für Versicherer ist die Winterlagerzeit schwieriger, als man denkt. Ein achtlos zur Seite gelegter Lappen mit Zweikomponentenlack könnte vergessen werden, sich selbst entzünden und zum Albtraum werden. Bei den dicht an dicht stehenden Yachten greift so ein Feuer schnell über, und plötzlich brennt nicht nur eine Yacht, sondern gleich eine ganze Halle voller Yachten.

Irgendwann ist es so weit. Der schönste Tag des Winterlagers steht bevor. Das Boot ist fertig und kann zurück ins Wasser. Wenn das Boot in den Gurten hängt, werden noch schnell die Stellen mit Antifouling gestrichen, die wegen der Stützen des Gestells unzugänglich waren. Schon wird das Boot langsam seinem Element zurückgegeben. Das Kranen ist immer spannend. Das Boot schwimmt zwar, aber noch hängen für alle Fälle die Gurte darunter. Im Notfall kann man es so schnell wieder aus dem Wasser ziehen. Selbst bei einem Stahlschiff nimmt der Skipper etwas nervös die Bodenbretter hoch, um sich zu vergewissern, dass sein Boot kein Wasser nimmt. Ich spreche aus Erfahrung! (Holzboote machen fast immer Wasser, wenn sie aus dem Winterlager kommen, weil sich das Holz, wenn es trocknet, zusammenzieht und im Wasser erst wieder quellen muss, um dicht zu halten. Wenn du durch eine Winterlagerhalle gehst und permanentes Plätschern vernimmst, führt dich das Rinnsal garantiert zu einem

Holzboot, das gewässert wird, um dieser Austrocknung entgegenzuwirken.)

Wer beim Kranen zuschaut, kann bei allen Skippern eine gewisse Anspannung im Gesicht lesen. Denn auch für Nicht-Holzboote bleiben Fragen offen. Die prominenteste: Springt der Motor nach dem langen Winter an? Wenn alles in Ordnung scheint, werden die Krangurte entfernt. Sollte der Motor nicht anspringen, ist das auch kein Beinbruch. Dann wird das Boot eben zu seinem Liegeplatz geschleppt. Sollte der Motor aber anspringen, braucht man nur noch die ersten Hafenmanöver des Jahres zu fahren, und dann steht einem die Welt wieder offen für einen ganzen Sommer lang.

18. GRUND

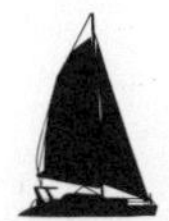

Weil man den Palstek auf verschiedene Arten knüpfen kann

»Moin, KD!« KD ist der Spitzname meines Vaters. Und ja. Es war klar: Der Einzige, den der Skipper ernst nahm, war mein Vater! Nicht ganz zu Unrecht. Mein Vater hatte die größte Erfahrung von uns drei Neuankömmlingen. Außerdem waren die beiden im gleichen Segelclub und seit Jahren befreundet. Heini und ich waren dagegen Anfänger im Seesegeln. Mich interessierte damals Felsklettern zehn Mal mehr als Segeln. Mein Vater hatte mich zu dem Törn überredet. Über die Biskaya. Großes Abenteuer! Denn es fehlte ihnen ein Mann.

»Na, dann kommt mal an Bord.« Rudis Boot maß knapp 13 m Länge. Des Skippers misstrauischer Blick galt unserem Gepäck. Wer Unmengen mit an Bord nimmt und dabei vielleicht noch den dicken Pullover vergisst, outet sich gleich als Greenhorn. Das ist beim Klettern nicht grundlegend anders. Ich hatte nur das Nötige mit.

Wir nahmen unsere Kojen in Besitz. Heini und ich teilten uns das Vorschiff. (Der auf See unbequemste Teil eines Bootes, aber das wusste ich damals noch nicht. War sogar froh darüber, abseits vom Schuss schlafen zu können.)

Später saßen wir in der sommerlichen Sonne an Deck. Alle Sachen waren verstaut. Der Proviant, Wasser und Treibstoff waren gebunkert. Am nächsten Morgen sollte es losgehen. Plötzlich drückte mir Rudi einen Tampen in die Hand: »Knüpf mal einen Palstek!«

Der Palstek ist ein Seemannsknoten. Segler stecken den Palstek auf eine ganz bestimmte Weise, die ich nicht beherrschte. Ich legte ein Auge, nahm die lose Part und steckte sie als Schlaufe durch das Auge. Ich konnte förmlich spüren, wie Rudi innerlich zusammenzuckte. Aber wir Kletterer kannten den Palstek auch. Wenn auch unter einem anderen Namen: Bulinknoten. Er wird benutzt, um sich in ein Seil einzubinden, wenn man keinen Gurt zur Verfügung hat. Die seemännische Methode, den Knoten zu knüpfen, ist da unpraktisch.

Ich steckte die lose Part durch die Schlaufe. Rudi schwieg angestrengt, aber ein gequältes Stöhnen konnte er nicht unterdrücken. Was hatte er sich da nur an Bord geholt?! Ich zog an der festen Part. Die Schlaufe rutschte wieder zurück durch das Auge und zog die durchgesteckte Part mit. Grinsend hielt ich Rudi einen perfekten Palstek unter die Nase.

»Hä?!« Rudi starrte verblüfft auf den Knoten. Nahm ihn ungläubig in die Hand. Ein Palstek. Kein Zweifel.

»Kannst du das noch mal machen?«

»Klar.«

Rudi zeigte Größe. Er reichte mir seine Hand und sagte: »Respekt. Ich dachte schon: Was wird das für ein Murks?!«

Danach hatte ich einen Stein bei ihm im Brett, und er nahm mich unter seine Fittiche. Er lehrte mich, ein Dickschiff in der Welle zu steuern. (Ist anders als bei der Jolle. Wie der Unterschied zwischen einem Dreirad und einem Lkw: Von achtern auflaufende Seen drehen das Boot aus dem Kurs. Bei der Jolle reagiert man sofort. Bei einem Dickschiff lässt man die Welle durchlaufen. Wenn sie unter dem Boot durchgelaufen ist, dreht sie das Boot wieder zurück, zumindest fast.) Er zeigte und erklärte mit einer Engelsgeduld, was auch immer ich wissen wollte. Und da gab es einiges! Was bedeutet diese Wolke und was jene? Welchen Zusammenhang gab es zwischen Lufttemperatur und Luftdruck? Wie funktioniert Navigation? … Dieser Törn, und das ist sicher Rudis Verdienst, war der Anfang meiner Liebe zum Seesegeln.

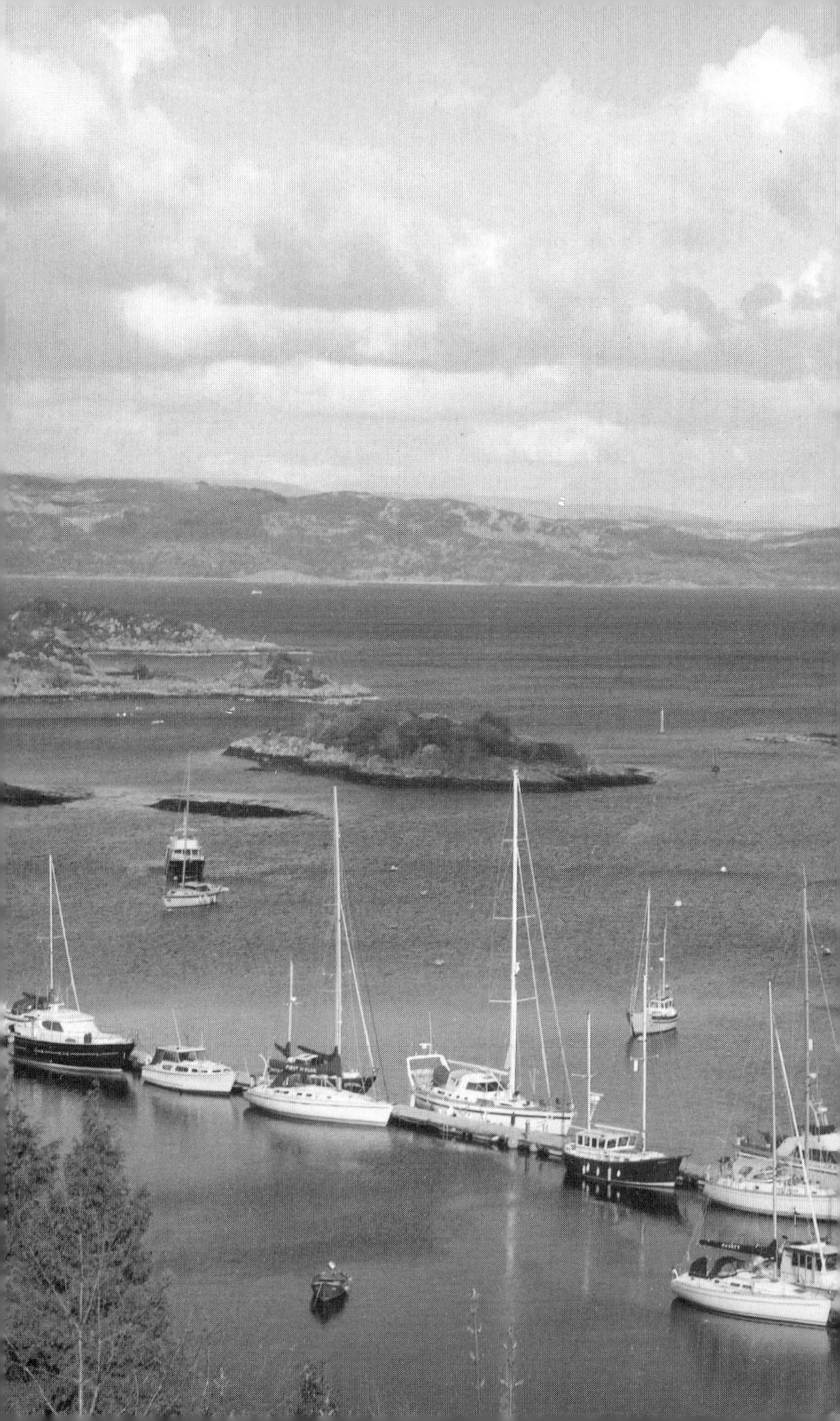

KAPITEL 2

AUSLAUFEN

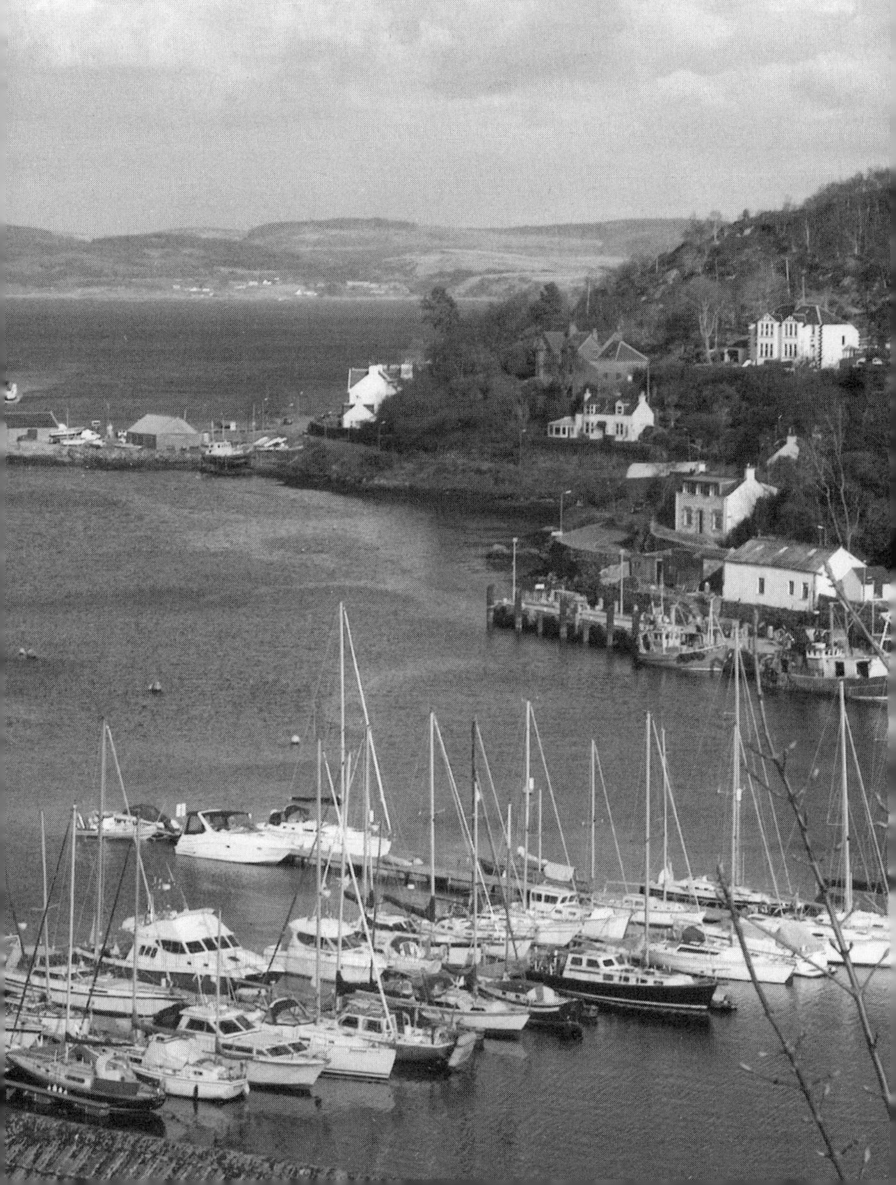

19. GRUND

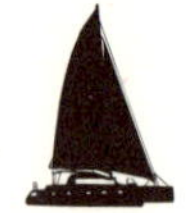

Weil Segler Realisten sind

Während der Segler im Winterhalbjahr zu den Träumern gehört, durchläuft er eine Metamorphose, sobald sein Boot im Wasser ist. Nun wird gelebt und erlebt. Denn auf See ist keine Zeit zum Träumen oder schön reden. Die nackte Wirklichkeit verlangt immer wieder Entscheidungen:

Wir segeln ohne Radar an Bord. Die Sicht zieht sich zu. Nebel wabert heran.

»Wird schon nicht so schlimm werden!«, sagt Jupp am Ruder, der alte Optimist. Hat er recht, oder sollte man zur Sicherheit, solange man wenigstens noch ein bisschen Sicht hat, das Fahrwasser verlassen und etwas abseits den Anker werfen, bis die Sicht wieder besser geworden ist? Aber dann schaffen wir es nicht mit einer Tide bis zum Hafen …

Das Barometer fällt. Seit Stunden läuft unser Boot durch eine neue Dünung aus Westen. Auch die Wolken sprechen eine eindeutige Sprache. Aber noch weht die schönste Segelbrise. Ist es Zeit, Schutz zu suchen? Obwohl man doch eigentlich viel weiter wollte? Und es gerade so schön läuft …

Segler müssen sich ständig der Realität stellen. Jede Entscheidung hat Auswirkungen. Für Ausreden und Träumereien ist da kein Raum. Wie sagte der Kapitän eines Teeklippers, als er nach einem Nickerchen zurück an Deck kam und feststellte, dass der Wind in der Zwischenzeit gewaltig zugenommen hatte: »Warum wurde nicht gerefft? Jeder Narr kann die Segel zu lange stehen lassen!!«

Segler müssen ununterbrochen auf die Wirklichkeit reagieren. Das macht wach und aufmerksam und ist ein wundervolles Gegengewicht zu den virtuellen Welten, in denen sich viele von uns alltäglich bewegen.

20. GRUND

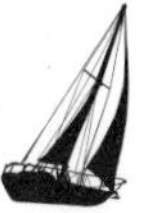

Weil das Boot sich wunderbar für kleine Fluchten eignet

Es gibt sie, die kleinen Fluchten aus dem Alltag. Ein Nachmittag auf dem Boot gehört auch dazu. Mehr Zeit braucht es nicht. Man wirft schnell die Leinen los, hisst die Segel und gleitet ein, zwei Stunden leise über das Wasser und kehrt entspannt zurück. Dabei segelt man nur im Kreis, kommt da an, wo man losgesegelt ist. Aber mitunter reicht eben auch nur ein Schluck Wasser, um den Durst für eine Weile zu löschen.

Ich selbst denke bei Segeln eher an die langen Törns, aber für die meisten Segler machen diese kurzen Ausflüge einen wichtigen Teil des Segelns aus. Vor ein paar Tagen traf ich Christian, einen alten Freund, der auch dieses kurze Segeln liebt: »Auf langen Törns musst du das Wetter nehmen, wie es kommt. Wenn du nur für einen Nachmittag hinausfährst, segelst du fast immer bei bestem Segelwetter, denn bei schlechtem Wetter bleibt man einfach zu Hause.«

Ein Vorteil, ganz gewiss. Auch zum Eingewöhnen eines Partners, der bislang mit Segeln nichts am Hut hatte. Aber auch Regattasegler segeln nach Feierabend noch einmal schnell eine Trainingsrunde.

An den Navigator werden auf der Nachmittagsrunde geringe Anforderungen gestellt. Schließlich kennt man auf seinem Hausrevier jeden Stein. Selbst auf der Elbe reicht ein kurzer Blick in den Gezeitenkalender, und dann entscheidet man sich, ob man vor der Hafenausfahrt links oder rechts abbiegt.

Auch der Wetterbeobachtung wird naturgemäß weniger Aufmerksamkeit geschenkt. Man braucht ja nur die nächsten Stunden abzuschätzen, und dazu reicht meist ein Blick gen Himmel. Wenn man doch einmal überrascht wird, ist der Schutzhafen schließlich auch in nächster Nähe.

Am Nachmittag eine kleine Runde segeln ist Spaß pur. Man kann spontan sein, und es fehlt der Ernst, den ein längerer Törn bei Planung und Vorbereitung gebietet.

21. GRUND

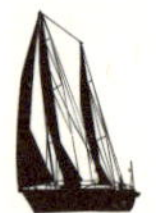

Weil die See einen immer wieder überraschen kann

Es war Oktober. Ich hatte eine Woche Zeit und beschloss, einen letzten Törn mit der Jolle zu machen, segelte von Wedel aus elbabwärts und ankerte in der Haseldorfer Binnenelbe, einem malerischen, schilfumstandenen und recht flachen Nebenarm der Elbe. Am nächsten Tag kachelte es ordentlich. Auf der Jolle fühlen sich auch 6 Windstärken wie Sturm an, und das waren gut 8 Windstärken. Viel zu viel Wind für mich auf der Elbe mit ihrem Seegang. Aber ich wollte segeln, und so beschloss ich, die Pinnau zu erkunden, einen kleinen Nebenfluss der Elbe. Elmshorn sollte mein Ziel sein. Die Sonne schien. Auf der Pinnau herrschte kaum Seegang, und obschon ich nur das klein gereffte Großsegel gesetzt hatte, machte meine Jolle gut Fahrt, und ich segelte den entgegenkommenden Ebbstrom leicht aus. Die Pinnau ist ein hübsches Flüsschen, aber je weiter ich kam, desto schmaler und flacher wurde es. War schon längst eher ein Bach als ein Fluss. Matjes, so hieß meine Jolle, hatte keine 20 cm Tiefgang. Aber langsam wurde es selbst für mein Boot zu flach. Bis Elmshorn würde ich heute nicht mehr kommen. Zumal es wegen der späten Jahreszeit schon früh anfing zu dämmern.

Schließlich kam ich nicht mehr weiter. Ich warf den Anker und baute die Persenning auf. Bereitete mir ein warmes Mahl auf dem Campinggaskocher und zum Nachtisch einen heißen Tee. Ich fühlte mich wohl in meiner kleinen Welt. Kaum belaubte Bäume am Ufer schirmten unseren Ankerplatz etwas vor dem Wind ab. Draußen war es inzwischen dunkel geworden. Unter der Persenning spendete die Petroleumlampe ihr warmes Licht. Sollte ich die Lampe als Ankerlicht ins Vorstag hängen? Auf diesem Bach, wo eh niemand entlangfahren würde? Ich löschte das Licht, kuschelte mich in meinen Schlafsack und war trotz der frühen Stunde bald eingeschlafen.

Mitten in der Nacht schreckte ich aus tiefstem Schlaf hoch. Das sonore Wummern eines schweren Schiffsdiesels im Ohr. Ich lugte unter der Persenning hervor und erblickte hinter der nächsten Flussbiegung die Lichter eines kleinen Frachters. Klein? Er zeigte ein geteiltes Dampferlicht, und das bedeutet mindestens 50 m Länge. Im Mondlicht nahm ich wahr, dass sich der unscheinbare Bach wieder in einen Fluss zurückverwandelt hatte, und Matjes lag in der Mitte des Fahrwassers. Ohne Ankerlicht!

In fieberhafter Eile suchte ich nach Streichhölzern und der Petroleumlampe. Wie gut, dass ich vor dem Schlafen noch aufgeräumt hatte und alles an seinem Platz lag. Niemals vorher (und niemals nachher) habe ich eine Petroleumlampe so schnell entzündet wie in diesen Sekunden. Aber es war schon zu spät.

Hoch und drohend richtete sich der Bug über mir auf. Die Schraube drehte voll rückwärts, aber das Schiff kam näher. Zum Ausweichen war eh kein Platz. Ich löste die Ankerleine von der Klampe, aber schaffte es nicht mehr, den Anker zu lichten. Das stählerne Ungetüm verfehlte mein Boot knapp. Bordwand an Bordwand kam es schließlich zu stehen. Das Ende der Ankerleine war fest mit der Jolle verbunden und führte geradewegs unter den stählernen Rumpf. Die Tür zum Ruderhaus ging auf, und der Steuermann trat heraus. Ich machte mich auf ein (berechtigtes) Donnerwetter gefasst. Aber als er sich oben über das Schanzkleid beugte, sagte er nur: »Na min Jung! Um diese Jahreszeit noch unterwegs? Ist das nich 'n büschen kalt?«

»Nee. Ich habe einen guten Schlafsack.«

Wir hielten einen kurzen, absurd anmutenden Plausch von Bordwand zu Bordwand. Der Schiffer hatte Sorge, die Ankerleine könne in seine Schraube geraten. Wir hievten den Anker unter seinem Schiff hervor, ich paddelte ans Ufer und hielt mich da an einer Wurzel fest.

»Gute Reise! Pass gut auf dich auf!«, schallte es noch von drüben herüber, dann verschwand der Mann wieder in seinem Ruderhaus. Die Schraube wirbelte, langsam nahm der Frachter Fahrt auf, musste in der nächsten Kurve vorwärts, rückwärts sägen, aber setzte seine Fahrt Richtung Elmshorn fort. Puh! Glück gehabt! Damals beschloss ich, niemals wieder ohne Ankerlicht zu ankern. Egal wo!

Der Wind hatte abgenommen, und ich war hellwach. Im fahlen Mondschein konnte man die Ufer des Flusses gut erkennen. Hier bleiben konnte ich ohnehin nicht. Ich verstaute den Schlafsack, packte die Persenning ein und setzte das gereffte Groß. Die Petroleumlampe auf kleinster Flamme zu meinen Füßen. Bei Annäherung könnte ich sie heller regeln und als Rundumlicht zeigen. Aber mir begegnete in dieser Nacht kein Schiff mehr. Dafür erlebte ich tollstes Segeln. Nachts sieht man den Wind nicht und ist vollkommen auf sein Gespür angewiesen. Die nächtliche Landschaft wirkt geheimnisvoll, und die hässlichen Dinge (z.B. Müll) sind von dem mildtätigen Schleier der Dunkelheit überzogen. Im Morgengrauen machte ich an einem Steg beim Sperrwerk fest. Das war meine erste Nachtfahrt allein. Auf der Jolle eine besondere Herausforderung. Aber ich hatte Blut geleckt und habe in der Folgezeit bei handigen Bedingungen immer mal wieder nachts die Segel meiner Jolle gesetzt.

22. GRUND

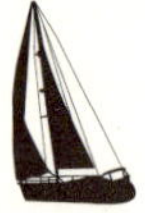

Weil es Backbord und Steuerbord gibt

Fast jeder Segelneuling stöhnt unter den vielen Fachbegriffen im Allgemeinen und unter den beiden Backbord und Steuerbord im Besonderen. Meist wird Backbord kurz mit »links« und Steuerbord mit »rechts« übersetzt. Warum sagt man also nicht gleich »links« und »rechts«?

Stell dir vor du stehst vor dem Anlegemanöver an der Pinne. Dein Mitsegler läuft mit der Vorleine zum Bug, dreht sich zu dir um und ruft: »Auf welcher Seite soll ich die Leine festmachen?«

Wenn du jetzt »Links!« rufst, welches Links ist gemeint? Links aus deiner Sicht oder aus seiner? Insofern greifen die Übersetzungen »links« und »rechts« zu kurz. Backbord meint die vom Heck zum Bug hin gesehen linke Schiffsseite und Steuerbord die rechte Schiffsseite. Wenn du also jetzt deinem Mitsegler zurufst: »Backbord!«, dann weiß er unmissverständlich, welche Seite du meinst. Ganz egal in welche Richtung er schaut.

Die Namen stammen aus frühester Seefahrerzeit. Damals war das Ruder (Steuer) nicht am Heck mittschiffs angebracht wie heutzutage, sondern am Heck an der Seite. Diese Seite wurde Steuerbord genannt. Sie gilt traditionell als die vornehme Seite. Backbord stammt aus dem Englischen *back* (Rücken). Das war die Seite, der der Steuermann damals notgedrungen den Rücken zuwandte, wenn er mit beiden Händen das Steuer hielt. Heute sagen die Engländer übrigens *portside* (Hafenseite), weil das schützenswerte Ruder lieber auf der dem Pier abgewandten Seite bleiben sollte.

Es gibt übrigens eine einfache Eselsbrücke: Im Alphabet kommt das L wie links vor dem R wie rechts. Bei den Seeleuten ist es genauso: Das B wie Backbord kommt vor dem S wie Steuerbord.

23. GRUND

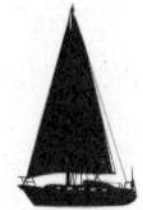

Weil es Akrobaten gibt

Trapezsegeln gehört zum Sportlichsten, was das Segeln zu bieten hat. Schwertjollen werden bei viel Wind hauptsächlich durch das Gewicht der Mannschaft aufrecht gehalten. Kein Wunder, dass irgendwann jemand auf die Idee kam, den Hebel zu verlängern, indem sich mindestens einer der Segler, nur von einem Draht gehalten, außenbords hängt.

»Klar zur Wende?« Ich habe als Vorschoter auf einem Flying Dutchman angeheuert. Das ist eine schnelle, anspruchsvoll zu segelnde Jolle, die jahrelang auch bei den Olympischen Spielen gesegelt wurde. Bei uns geht es um mehr als die Olympischen Spiele: Die erste Vereinsregatta im neuen Segelclub meines Kumpels steht an. Sein Einstand sozusagen. Natürlich wollen wir gut abschneiden.

Der Vorschoter des Flying Dutchmans segelt im Trapez. Ich habe noch nie vorher im Trapez gestanden. Jetzt hänge ich an dem dünnen Draht, meine Füße außen auf der Deckskante. Das Wasser rauscht dicht unter mir durch. Mangels Spinnaker haben wir auf dem Vorwindkurs Raum verloren, aber jetzt holen wir stetig auf. Ich winkle die Beine etwas an und lasse das hintere Bein schon etwas nach innen gleiten, um gleich schneller auf die andere Seite zu kommen. Dann rufe ich: »Klar!«

»Ree!« Er legt Ruder. Ich lasse mich ganz binnenbords gleiten und hänge das Trapez aus, sobald ich auf dem Seitenbord sitze. Derweil fangen die Segel an zu schlagen. Ich werfe die Fockschot los, und während das Boot durch den Wind dreht, tauche ich unter dem Großbaum hindurch, hole die Fock auf der anderen Seite wieder dicht. Die Jolle neigt sich. Schnell das Trapez einhaken. Ich war zu langsam. Das Boot krängt schon kräftig. Ich komme nur schwer raus. Muss mich gegen die Schwerkraft stemmen. Kaum bin ich draußen, sagt mein Kumpel: »Die Fock muss dichter!« Trapezsegeln ist schweißtreibende Arbeit. Und die Dove Elbe ein enges Revier. Endlich ist alles getrimmt, da sind wir auch schon am anderen Ufer angekommen.

»Klar zur Wende?« Trapezsegeln fühlt sich an wie Fliegen. Dicht über der Wasseroberfläche. Berauschend. Süchtig machend. Eine Wende nach der anderen arbeiten wir uns nach vorne. Meine Aufgabe ist es, das Boot möglichst aufrecht im Gleichgewicht zu halten. Dazu bin ich ständig in Bewegung, strecke in der Bö die Beine durch, um so weit wie möglich nach außen zu kommen. Wenn der Wind nachlässt, winkele ich erst die Beine an, rutsche auch wieder ganz nach innen. Wir sind schon an dritter Position. Die beiden Führenden sind zu dicht ans Ufer gefahren und hängen im Windschatten der Bäume fest. Unsere Chance! Wir ziehen am zweiten vorbei, als eine Bö ins Segel greift, die stärker ist als alle Böen vorher. Das Boot krängt heftig, obwohl ich ganz außenbords bin. Ich erwarte, dass mein Kumpel das Groß etwas auslässt, aber er will es zwingen. Die Segel werden aufs Wasser gedrückt, und ich verliere das Gleichgewicht, falle von oben ins Großsegel. Glücklicherweise hat sich das Trapez bei dem Sturz selbst ausgehakt. Wir schwimmen um das Boot herum und ziehen uns auf das Schwert. Erst richtet sich das Boot ganz langsam auf, dann geht es plötzlich ganz schnell. Ich bin als Erster wieder an Bord. Wir hatten noch keine Zeit, die Schwimmkörper einzubauen. Jetzt ist das Boot bis zum Deck weggesackt. Zwar trägt es unser Gewicht. Aber wir haben keine Chance, das Wasser aus dem Boot zu bekommen. Alles, was wir ausschöpfen, kommt über das Seitendeck wieder herein. Das führende Boot läuft uns davon, und auch der Zweite befreit sich aus dem Windschatten und überholt uns wieder.

»Warum hast du die Fock nicht losgeworfen, Klaus?«

»Ich dachte, du lässt die Großschot etwas aus.« Ein abgesoffener Flying Dutchman segelt sich wie ein schwimmender Stein. Wir treiben (mehr als wir segeln) auf die Ziellinie zu, die nur 100 m vor uns liegt. Mein Kumpel trägt es mit Fassung, wie ein Boot nach dem anderen an uns vorbeizieht. Schließlich überqueren wir die Ziellinie als vorletztes Boot. Von Land ertönt donnernder Applaus, der den Beifall für den Ersten weit in den Schatten stellt. Kann man sich einen besseren Einstand vorstellen?

24. GRUND

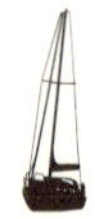

Weil man auch auf Baggerseen segeln kann

Manche Segler haben es schwerer als andere. Aber auch wer fern den deutschen Küsten wohnt, kann sich mit dem Segelvirus infizieren. Natürlich sind die navigatorischen Herausforderungen auf einem Bagger- oder Stausee geringer, aber dafür sind die segeltechnischen mitunter höher. Hohe Ufer oder Bäume schirmen den See ab. Einerseits lenkt das den Wind um, macht ihn unstetig und schwächt ihn oft auch ab. Bis dann eine einzelne Fallbö herniederschießt. Ständig wechseln sich die Bedingungen, und das macht dieses Segeln auf Binnenrevieren anspruchsvoll.

Wegen des begrenzten Raums kennt man den See natürlich bald wie seine Westentasche. Folglich ist das Fahrtensegeln von untergeordneter Bedeutung. Wo man nichts mehr neu entdecken kann, sucht man die Herausforderung gerne bei anderen Seglern. Entsprechend hoch ist der Stellenwert des Regattasegelns auf Binnenrevieren, was zu einer herausragenden Segeltechnik bei vielen Binnenseglern führt. Dabei spräche doch nichts dagegen, auch auf dem kleinen See den Anker zu werfen und ganz fahrtenseglermäßig eine Nacht auf dem Boot zu verbringen. Bestimmt ein wunderschönes Erlebnis.

Apropos leichte Navigation: Den schlimmsten Nebel habe ich letzten Dezember auf dem Zürichsee in der Schweiz erlebt. Auf der Rückfahrt waren wir dankbar für das GPS-Gerät, das unser Skipper an Bord hatte. Die Vereinskollegen, die wir in unserem Kielwasser zurück zum Heimathafen lotsten, nicht weniger. Da man die Uferzonen aus Naturschutzgründen weit umfahren musste, wäre die Navigation immer am Ufer entlang nicht möglich gewesen.

Für Binnensegler ist es oft schwierig, feste Liegeplätze an ihrem See zu bekommen. Selbst wenn man bereit ist, jede Summe zu bezahlen.

Es gibt einfach zu wenige. So gibt es z.B. am Zürich See jahrelange Wartelisten. Wer einen Platz ergattert hat, gibt den nur im Todesfall wieder auf.

Deshalb werden binnen häufig Jollen oder kleine Kajütboote gesegelt. Boote, die auf einem Trailer gelagert werden können und die nur zum Segeln geslipt werden müssen.

Nicht jeder geht dabei so weit wie Sebastian von segeln-ist-leben.de. Sein Motto ist: Keep it simple. Ihm reicht ein kleines Schlauchboot mit einem winzigen Segel. Er packt noch Zelt, Ölzeug und Schlafsack ein und geht auf Fahrt. Z.B. durch Holland. Sogar im Winter. Aber wenn man sich erst einmal mit dem Segelvirus infiziert hat …

25. GRUND

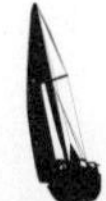

Weil man auch auf dem Bodensee segeln kann

Vielleicht sollte man den Bodensee umbenennen. In Bodenmeer. Wer auf Binnensegler herabschaut, sollte vielleicht einmal auf dem Bodensee segeln. Wahrscheinlich wird er Binnensegler danach mit ganz neuem Respekt ansehen.

Der Bodensee verfügt über etwa 273 km Uferlinie und bedeckt eine Wasserfläche von 536 km^2. Die tiefste Stelle ist laut neuester Messung (2015) 251 m tief. Das ist tiefer als die meisten Stellen in Nord- und Ostsee und alle Male tiefer als das Wasser vor den deutschen Küsten.

Auf dem Bodensee gelten besondere Regeln. Jedes Segelboot über 2,50 m ist registrierungspflichtig. Verfügt es über einen Motor, eine Koch- oder eine Sanitäreinrichtung, ist es sogar zulassungspflichtig. Anders als an den Meeresküsten Norddeutschlands braucht, wer hier ein Boot mit mehr Segelfläche als 12 m^2 segeln möchte, einen Führerschein: Das Bodenseeschifferpatent der Klasse D. Wenn das Boot über eine Maschine von mehr als 4,4 kw (5,98 PS) verfügt, das Bodensee-schifferpatent der Klasse A.

Hältst du Binnensegeln für harmlos? Hand aufs Herz.

Bei Föhnlage kann es auf diesem Binnengewässer zu Sturmböen kommen, die Orkanstärke erreichen. Aber auch normale Gewitterböen haben schon Opfer gekostet. Es wurden Wellenhöhen von 3,50 m gemessen. Das wäre auch auf der Nordsee nicht ohne! Laut einer Studie der Wasserschutzpolizei wurden im Jahre 2014 38 % der Schiffsunfälle auf den Einfluss von Sturm und Seegang zurückgeführt. Das waren immerhin 56 Unfälle.

Deshalb gibt es auf dem Bodensee ein ausgeklügeltes Warnsystem. Über 60 Sturmwarnleuchten sind rund um den See platziert. 40 orange Blitze pro Minute warnen vor Starkwind und 90 orange Blitze pro Minute vor Sturm.

Vermutlich kommt, wer hier segeln kann, auch überall sonst zurecht.

26. GRUND

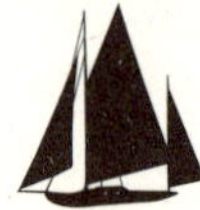

Weil der Wetterbericht nicht immer lügt

Néfertiti läuft am schnellsten, wenn der Wind von der Seite kommt. Genau das hatte der Wetterbericht versprochen. Halber Wind um 4 Beaufort, der über die flache gerade Küste auf See hinauswehen sollte. Und dazu viel Sonne. Das versprach viele Meilen und kaum Welle: einen perfekten Segeltag!

Segler haben ein gespaltenes Verhältnis zu ihren Wetterfröschen. Denn selten hält die Realität den Versprechungen stand. Als wir heute Vormittag ausliefen, war von schönstem Segelwind keine Rede. Stattdessen herrschte absolute Flaute. Als der Wind schließlich einsetzte, kam er nicht über Land, wie vorhergesagt, sondern genau aus der entgegengesetzten Richtung, von See her. Er steigerte sich bald auf 5–6 Windstärken und drehte in den folgenden Stunden immer vorlicher. Also für uns ungünstiger. Gischt spritzt. Néfertiti boxt sich durch eine unangenehm kurze Welle …

Unzuverlässiger Wetterbericht?! Bei Seglern gehört es ja fast zum guten Ton, über den Wetterbericht zu schimpfen, aber oft tun wir den Meteorologen unrecht. Übrigens auch in diesem Falle! Ich werde im Folgenden erklären warum:

Wetterberichte fußen auf globalen Vorhersagemodellen. Was wir hier gerade erleben ist allerdings ein lokales Windsystem, das durch Thermik entsteht.

Morgens (als wir noch geschlafen haben) war der Himmel tatsächlich wolkenlos. Die sommerliche Sonne knallte vom blauen Himmel herab. Dabei schluckte das Wasser die Wärme und speicherte sie, während das Land die Sonnenstrahlen eher reflektierte. In der Folge erwärmte sich die Luft über dem Land deutlich stärker als die über dem Wasser. Warme Luft steigt nach oben. Diese aufgestiegene Luft musste ersetzt werden und strömte auch von See her nach. Oben wurde die aufgestiegene Luft von dem (angekündigten) Wind auf See transportiert, wo sie sich wieder abkühlte. In Bodennähe aber kämpften die nachströmende Luft von See und der angekündigte ablandige Wind miteinander. Solange beide Kräfte gleich stark waren, herrschte in Bodennähe Flaute. (Diese Vormittagsflaute ist ein typisches Merkmal einer sich entwickelnden Seebrise, wie der Segler dieses lokale Windsystem nennt.) Je länger und stärker die Sonne das Land erwärmt, desto schneller steigt die erwärmte Luft nach oben und desto mehr Luft muss von See her nachfließen. Irgendwann kippt das Kräftegleichgewicht. In dem Moment setzte sich die Seebrise durch. In Bodennähe kam der Wind nun aus der entgegengesetzten Richtung, aber 100, 200 m über uns wehte der Wind wie angekündigt von Land. Dieser hohe Wind befeuert den ganzen Prozess noch, denn die auf See geführte warme Luft kühlt sich ab, sinkt nach unten und dient sozusagen als Nachschub für die Luft, die landeinwärts strömt. Weiter draußen (10 bis 30 Seemeilen) herrscht übrigens auch in Bodennähe der angekündigte Wind.

Durch die Erdrotation wird diese Seebrise im Laufe des Tages abgelenkt und dreht (auf der Nordhalbkugel) im Uhrzeigersinn. Deswegen kam der Wind für uns im Laufe des Tages immer vorlicher ein.

Sobald die Sonne an Kraft verliert, wird die Thermik über Land schwächer und löst sich schließlich ganz auf. Das ist auch das Ende der Seebrise.

In der Nacht kann es dann zum umgekehrten Vorgang kommen, wenn das Meer die am Tage gespeicherte Wärme abgibt und die Luft über See wärmer ist als die Luft über Land. Allerdings ist der nachts auftretende lokale Landwind schwächer ausgeprägt als die Seebrise, die tagsüber herrschte.

Auch wenn sie nicht vorhergesagt werden, sind diese lokalen Windsysteme vorhersehbar. Das gilt auch für den Einfluss geografischer Gegebenheiten:

An steilen Kaps nimmt der Wind meist deutlich zu und wird auch in der Richtung abgelenkt. Zwischen zwei Inseln entsteht oft ein Düseneffekt, der eine beträchtliche Beschleunigung der Windstärke nach sich ziehen kann.

All das sind kleine lokale Wetterereignisse, die in globalen Vorhersagemodellen nicht berücksichtigt werden. Selbst gemachte Wettervorhersagen sind keine Hexerei! Mit ein bisschen Aufmerksamkeit, kannst auch du bald den globalen Wetterbericht für die lokale Situation adaptieren. Ich bin mir da sicher.

27. GRUND

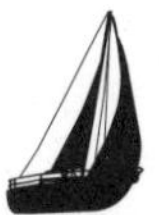

Weil eines der geheimnisvollsten schönsten Reviere direkt vor der Haustür liegt: das Wattenmeer

Das Wattenmeer ist UNESCO-Weltnaturerbe. Das etwa 9.000 km^2 große Gebiet liegt zwischen Skallingen (Dänemark) und Den Helder (Niederlande) und erstreckt sich entlang eines 450 km langen Küstenstreifens. An der breitesten Stelle ist es etwa 40 km breit. Es ist das größte zusammenhängende Wattengebiet der Erde, und es liegt bei uns vor der Haustür.

Das Watt ist eine einzigartige amphibische Landschaft. Zweimal am Tag steigt und fällt das Wasser. Eben fiel der Blick noch auf weite Wasserflächen, und nur ein paar Stunden später sieht man überall Sandbänke und Schlick aus dem Wasser lugen. Jetzt kann man kilometerlange Wanderungen auf dem ehemaligen und zukünftigen Meeresboden machen. Wahrscheinlich sind die einzigen Spuren, die du sehen wirst, die von Robben, Krabben und Möwen. Und deine eigenen. (Wattwanderungen sind nicht ungefährlich. Nimm auf alle Fälle einen Kompass oder ein Handheld-GPS-Gerät mit. Es kommt immer wieder zu Tragödien, weil Menschen von Nebel überrascht werden und den Weg zurück nicht mehr finden können!)

Für Segler ist das Watt ein geschütztes Revier. Solange man die Wattfahrwasser hinter den Inseln benutzen kann. Nur in den tiefen Baljen (breite Wattenströme) kann sich kräftiger Seegang aufbauen, ansonsten ist das Wasser zu flach.

Stell dir eine Pfütze vor. Egal wie lang und breit die Pfütze ist, du wirst nie nennenswerte Wellen auf ihr beobachten. Auch wenn die Wellen im Watt höher werden als in der Pfütze. Das Prinzip ist das gleiche. Der moderate Seegang in weiten Teilen des Watts führt dazu, dass man nur selten seekrank wird.

Wattentaugliche Boote verfügen über maximal 1,30 m Tiefgang. Je weniger, desto besser. Sie bleiben im Idealfalle beim Trockenfallen aufrecht stehen. Wer mehr Tiefgang hat (wie unsere Néfertiti mit ihren 1,50 m), kann nicht jedes Wattfahrwasser benutzen und die, die er benutzen kann, nicht zu jeder Zeit. In den für ihn befahrbaren Wattfahrwassern muss er sehr genau berechnen, wann er die flachsten Stellen erreicht. Wer durch seinen Tiefgang gezwungen ist, außen um die Inseln zu segeln, findet sich plötzlich auf der ungeschützten Nordsee wieder. Dazu muss er durch die Seegatten zwischen den Inseln schlüpfen. Die Seegatten, die Tore zur Nordsee, sind die Krux des Wattsegelns. Sowohl auf der Nordsee als auch im Watt kann man einen Sturm abwettern. Aber die Seegatten sind schon ab 5 Windstärken (Sturm beginnt bei 8 Windstärken) unpassierbar, wenn der Wind auflandig ist. Dann bildet sich im Seegatt heftiger Seegang, der in keinem Verhältnis zur Windstärke zu stehen scheint. Auf der Barre (der flachsten Stelle im Seegatt) können sich Grundseen bilden. (Für Nicht-Segler: Im Wellental bleibt so wenig Wasser, dass ein Boot heftig auf dem Grund aufsetzt. Das hält kein Boot lange aus. Und die Mannschaft noch weniger. Lebensgefahr!) Wer bei solchen Verhältnissen von innen aus Seegatt kommt, kehrt um und bleibt einfach im geschützten Watt. Wer außen vor dem Seegatt steht, hat einen langen Törn vor sich, wo er sich doch gerade schon auf das Ankommen freute. Die sicherste Option wäre, nach Helgoland abzulaufen, das bei jedem Wetter angelaufen werden kann. Unter Umständen könnte man auch die großen Flüsse anvisieren: Ems, Weser, Elbe, aber der Seegang wird dort bei Wind gegen Strom auch heftig sein.

Navigatorisch ist das Wattenmeer anspruchsvoll, denn es gibt starke Strömungen und die Fahrwasser ändern sich ständig. Man muss sich mit den Tiden auskennen und die Zwölftel Regel verinnerlicht haben. Kompass und GPS-Geräte sind von eingeschränktem Wert. Bei jeder Flut und jeder Ebbe wird Sand bewegt. Die Verhältnisse ändern sich so schnell, dass es im Watt praktisch keine aktuellen Seekarten gibt. Wo letzten Monat das Fahrwasser verlief, braucht es diesen Monat nicht mehr zu verlaufen. Man navigiert mit den Augen, folgt den ausgeprickten Prielen, auch wenn deren Verlauf in der aktuellen Seekarte ganz anders eingezeichnet ist. (Pricken sind Stangen, die am Rand des Priels in die Erde gerammt werden. Je nachdem auf welcher Seite des Priels sie stehen, ist das Topzeichen oben spitz oder breit. Sie werden zeitnah umgestellt.)

Entsprechend wichtig ist bei jeder Wattfahrt gute Sicht!

Noch ein Wort zum Auflaufen. Was anderswo durch einen gravierenden Fehler des Skippers ausgelöst wird und meist mit Scham verbunden ist, gehört bei der Wattfahrt einfach dazu. Früher oder später erwischt es jeden! Je nach Boot stellt man sich auf eine mehr oder weniger gemütliche Nacht im Watt ein. Bei der nächsten Flut wird das Boot wieder aufschwimmen. Nur da, wo Brandung steht, in den Seegatten und an den Außenseiten der Inseln, bedeutet Auflaufen nicht mehr Trockenfallen, sondern Strandung. Also Lebensgefahr wie anderswo auch!

Wer diese Fährnisse auf sich nimmt, wird mit einem wunderschönen Revier belohnt, das in einer einzigartigen Landschaft liegt. Jede Watteninsel hat ihren ganz eigenen Charakter, und jede ist eine Reise wert!

Z.B. Wangerooge, die Spröde mit der wundervollen Weite. Norderney, die Mondäne. Spiekeroog, die Liebliche.

28. GRUND

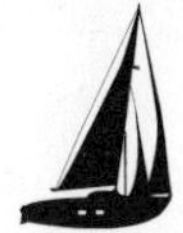

Weil es Gezeitenkalender gibt

»Wann müssen wir los?« Ima sitzt auf ihrer Koje und guckt mich erwartungsvoll an.

»Einen Augenblick.« Ich sitze am Kartentisch Néfertitis, um die Zeiten für morgen herauszuschreiben. Wir wollen elbabwärts segeln.

Dafür brauchen wir ein kleines unscheinbares Heftlein: den Gezeitenkalender.

Ich liebe dieses kleine Büchlein. Es enthält hauptsächlich Tabellen, mit derer Hilfe man für die meisten Orte an der Nordseeküste minutengenau die Zeiten des Hoch- bzw. Niedrigwassers herauslesen oder interpolieren kann. Äußerlich Spalten voller Zahlen. Trockene Kost. Aber innerlich eine lebendige Welt. Wer auf der Nordsee segelt, kommt ohne dieses kleine Heft nicht aus.

Auf der Ostsee gibt es keine Tiden. Deshalb sehen viele Ostseesegler Tidenströmung eher als Behinderung denn als Hilfe. Tatsächlich kann man nicht »irgendwann« nach Ausschlafen und Frühstück auslaufen. Auf der Nordsee ist man an einen Fahrplan gebunden. Aber wer die Strömung nutzt, kann schnelle Reisen machen. So setzt der Strom in z.B. der Elbmündung mit 3 bis 4 Knoten. Gegenan wird man sich kaum von der Stelle bewegen. Aber, wenn der Strom schiebt, nur so dahinfliegen …

Traditionell findet man auf Seite 111 des Gezeitenkalenders Angaben zu Spring-, Mitt- und Nippzeit. Denn die Anziehung des Mondes hat Auswirkungen auf die Wasserbewegungen. So wird zur Springzeit besonders viel Wasser bewegt. Das führt zu besonders hohen Hochwassern und besonders niedrigen Niedrigwassern und damit zu besonders starken Strömungen. Bei Nippzeit hingegen wird eher wenig Wasser bewegt, deshalb sind die Wasserstände und Strömungen weniger ausgeprägt. Mittzeit erklärt sich wohl selbst. Da die Springzeit vom Vollmond ausgelöst wird, aber immer erst mit zwei, drei Tagen Verspätung an unserer Küste wirksam wird, müsste man die Zeiten berechnen. Das nimmt uns die Seite 111 ab, auf der für alle Tage des laufenden Jahres angegeben wird, ob gerade Spring-, Mitt-, oder Nippzeit herrscht.

Wir haben gerade Springzeit. Da wir ablaufendes Wasser brauchen, um elbabwärts zu segeln, müssen wir morgen früh raus!

Ima sieht mich immer noch fragend an: »Und? Wann müssen wir los?«

»Hochwasser ist um 5.07 Uhr.«

Manchmal haben es Ostseesegler doch besser …

29. GRUND

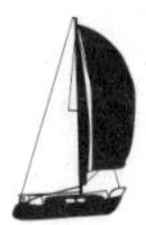

Weil sich Segler immer eine Handbreit Wasser unter dem Kiel wünschen

Wo Ebbe und Flut herrschen, besonders im Watt, muss der Segler nicht nur wissen, in welche Richtung er fahren soll, sondern auch zu welcher Zeit. Denn auch ausgewiesene Fahrwasser weisen im Watt bei Niedrigwasser nur wenig bis kein Wasser auf.

Bei den Ostfriesischen Inseln beispielsweise beträgt der Tidenhub (die Differenz zwischen der Wasserhöhe bei Niedrigwasser und Hochwasser) etwa 3 m. Bei den Westfriesischen Inseln sind es nur noch etwa 2,40 m. Wenn ein Boot beispielsweise einen Meter Tiefgang hat, kommt es bei Hochwasser noch über Stellen hinweg, die bei Niedrigwasser 1,50 m aus dem Wasser schauen. Und hat immer noch 50 cm Wasser unter dem Kiel. Das ist mehr als die sprichwörtliche Handbreit.

Die Frage, die sich der Wattensegler bei jeder Fahrt stellt, ist: Bis wann komme ich noch über diese oder jene Stelle hinweg? Im obigen Beispiel konnte er, wenn er einen Sicherheitsspielraum von 50 cm wahren wollte, nur bei Hochwasser fahren.

Aber wie ist das, wenn die Stelle bei Niedrigwasser nur 50 cm aus dem Wasser schaut? Dafür gibt es eine einfache Regel: Die Zwölftel-Regel:

Sie besagt, dass das Wasser in der

- 1. Stunde um 1/12 des Tidenhubs steigt. Bei 3 m Tidenhub also 25 cm. In der
- 2. Stunde um weitere 2/12
- 3. Stunde um weitere 3/12
- 4. Stunde um weitere 3/12
- 5. Stunde um weitere 2/12
- 6. Stunde um weitere 1/12

Nach etwa 6 Stunden ist Hochwasser erreicht. Fallendes Wasser verhält sich analog. In unserem Beispiel schaut die Stelle bei Niedrigwasser 50 cm aus dem Wasser. Nach einer Stunde nur noch 25 cm. Nach zwei Stunden liegt sie schon 25 cm unter Wasser (25 cm + 50 cm). Nach drei Stunden liegt es schon einen Meter unter Wasser (25 cm + 50 cm + 75 cm) und nach vier Stunden 1,75 m.

Dieser Segler braucht 1,50 m Wassertiefe (1 m Tiefgang + 50 cm zur Sicherheit). Also interpoliert er: 3 Std. 40 nach Niedrigwasser bis 3 Std. 40 vor dem nächsten Niedrigwasser kann er über diese Stelle fahren. Starke Winde beeinflussen den Wasserstand. Im Seewetterbericht gibt es Hinweise zu den aktuellen Wasserständen.

Solange das Wasser steigt, könnte unser Wattfahrer etwas forscher sein, sprich: Schon etwas früher sein Glück versuchen. Sollte er auflaufen, wird das Boot durch das steigende Wasser wenige Minuten später wieder aufschwimmen. Bei fallendem Wasser ist allerdings Vorsicht geboten, denn mit jeder Minute läuft das Wasser weg. Wer bei fallendem Wasser aufläuft, hat nur wenige Minuten, um sein Boot wieder flott zu bekommen. Wer es nicht schafft, muss halt auf die nächste Flut warten. Aber es gibt Schlimmeres als eine friedliche Nacht im Watt!

30. GRUND

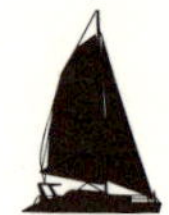

Weil Seekarten nach Abenteuer riechen

Néfertiti läuft vor einer leichten Brise an der flachen Küste entlang. Weit voraus kommt uns ein anderes Segelboot entgegen. Die Windfahnenselbststeuerung steuert. Ich bin alleine unterwegs. Néfertiti bewegt sich leicht im Seegang. Mit dem Fernglas schaue ich zur Küste hinüber. Laut Seekarte sollte da ein Turm sein. Tatsächlich. Da ist er.

Ich beuge mich zum Niedergang und nehme den Peilkompass aus seiner Halterung. Peile den Turm an: 232°. Steige den Niedergang hinunter und beuge mich über den Kartentisch. Ich rechne die Peilung in eine rechtweisende Peilung um. (Der magnetische Nordpol wandert. Er ist sozusagen nicht da, wo er in der Karte eingezeichnet ist. Diese Missweisung ist in Seekarten vermerkt. Außerdem haben Boote ihre eigenen Magnetfelder, die einen Kompass ablenken können. Durch einfache Subtraktion oder Addition lassen sich diese zwei Fehler ausgleichen und machen damit einen Hauptteil der Rechenarbeit beim Navigieren nach Großväterart aus.) Für einen genaueren Standort bräuchte ich eine zweite Peilung. Der Schnittpunkt der beiden Linien zeigte unsere Position. Aber ich will nur ungefähr wissen, wie weit wir schon sind. Es geht immer an der Küste entlang, und bis dicht ans Ufer ist das Wasser tief genug für uns.

Karten haben schon immer eine große Faszination auf mich ausgeübt. Als Junge habe ich Landkarten gezeichnet. Von meinem Zimmer, unserem Garten, dem Dorf. Habe kindliche Schätze vergraben, nur um Schatzkarten anfertigen zu können …

Ich liebe Seekarten. Schon den Geruch. Sie riechen nach Abenteuer. Das Ausbreiten der Karte auf dem Kartentisch. Die Arbeit mit Zirkel und Dreiecken. Auch als ich noch kein Boot besaß, lagen bei mir zu Hause immer Seekarten herum. Eigentlich, um Navigation zu üben. Aber ich habe auch Stunden damit verbracht, mir das Gebiet vorzustellen, das auf der Karte abgebildet war. Die Steilküsten, die Wälder, die Strände. Hier könnte man bei Westwind ankern, und dort sollte der Wind auf Ost umspringen.

Was für manchen Skipper eher notwendiges Übel ist, ist für mich ein wichtiger Grund, das Segeln zu lieben. Mit einfachsten Mitteln seinen Weg über die Meere zu finden. Nicht mit Elektronik, sondern mit dem eigenen Köpfchen. Das macht Spaß und gibt Selbstsicherheit. Die ihr schon Boote habt: Lasst einfach einmal den Kartenplotter ausgeschaltet. Bei Problemen könnt ihr ihn immer noch einschalten. Es ist ein wunderbares Gefühl, den abendlichen Ankerplatz anzulaufen im Bewusstsein, den Weg aus eigener Kraft gefunden zu haben.

Ohne Benutzung von GPS und Kartenplotter ist Navigation ein ständiges Schätzen. Selbst wenn man seinen Kurs auf ein Grad genau steuern könnte. (Was unmöglich ist. Gute Rudergänger steuern auf 5° genau, bei handigen Verhältnissen. Aber wenn die See aufgepeitscht ist und jede Welle das Boot aus dem Kurs dreht ...) Außer den Steuerfehlern gibt es auch noch Windabdrift oder Strömungen, die das Boot versetzen können. Man darf sich seiner Position also selten sicher sein. Selbst Tonnen, die man nahebei passiert, könnten vertrieben sein. Auch Peilungen, wie ich eben eine in die Seekarte gezeichnet habe, sind ungenau, denn das Boot schaukelt, und wenn man fünf Peilungen nimmt, erhält man immer unterschiedliche Werte. Aus der Größe der Abweichungen kann man immerhin auf die Genauigkeit der Peilung schließen. Die ganzen Unsicherheiten haben aber einen gewichtigen Vorteil: Sie machen einen wach, aufmerksam ... und vorsichtig!

Richtig spannend finde ich, wenn man versucht, anhand der Karte die lokalen Einflüsse auf den Wind abzuschätzen. Landmassen lenken den Wind ab, und zwar auf der Nordhalbkugel immer nach links (Corioliskraft). Zwischen zwei hohen Inseln kann sich der Wind durch den Düseneffekt verstärken. Steilküsten können Fallwinde hervorrufen ...

Néfertiti läuft weiter an der flachen Küste entlang. Ich schreibe die Uhrzeit an die Peillinie und in eckigen Klammern den Loggestand. Dann mache ich eine entsprechende Eintragung im Logbuch und greife mit dem Zirkel die Entfernung zur Ansteuerungstonne ab. Noch 11 Seemeilen. Bei den knapp 5 Knoten (Knoten sind Seemeilen pro Stunde. Das maritime Gegenstück zu km/h, die ihr vom Auto kennt). Ich überschlage im Kopf: Wir werden also noch etwas mehr als zwei Stunden unterwegs sein.

Ich steige den Niedergang wieder hinauf. Mein Blick geht automatisch nach vorne und ich erstarre: Das andere Segelboot ist unerwartet schnell herangekommen. Wir sind ausweichpflichtig! Mit einem Schritt bin ich an der Pinne, entkoppele sie von der Windfahnensteuerung und falle ab. Als das andere Boot querab ist, hebt der Steuermann der anderen Yacht die Hand zum Gruß. Ich winke zurück.

31. GRUND

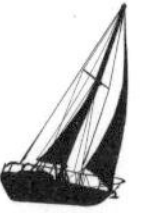

Weil es Landschutz gibt

Landschutz ist Seemanns Freund. Ganz im Gegensatz zu Legerwall. Der Unterschied scheint gering: Einmal weht der Wind von Land her und bei Legerwall auf Land zu. Man kann das auch beim Strandspaziergang schön beobachten. Selbst wenn es stürmt, aber der Wind seewärts weht, werden kaum Wellen entstehen. Bei starkem auflandigen Wind aber tobt die See. Brandung donnert auf den Strand.

Legerwall bedeutet für den Seemann (nicht nur den Segler) potenziell Gefahr! Wenn etwas schiefgehen sollte, z.B. das Ruder ausfällt und man das Boot nicht mehr steuern kann, wird es vom Wind auf das Land getrieben. Strandung bedeutet immer Lebensgefahr. Im flachen Uferwasser steilen sich die Wellen auf und brechen. Das Boot kann in kürzester Zeit zerschlagen werden. Es ist viel schwieriger, das letzte Stück heil an Land zu schaffen, als man sich das als Laie vorstellt. Wer kein Seemann ist, wird Land immer mit Sicherheit verbinden. Seeleute denken bei Land eher an Untiefen, Klippen und Gefahr. Als letzte Maßnahme kann man nur noch den Anker werfen und hoffen, dass er hält. Gut, wenn man jetzt starkes Ankergeschirr hat.

Ganz anders aber, wenn der Wind vom Land weg weht. Wer unter Landschutz segelt, befindet sich in relativ ruhigen Gewässern. Der Wind muss eine Weile auf das Wasser einwirken können, bevor die Wellen steil und gefährlich werden.

Weiter draußen sieht das anders aus, aber dicht unter Land kann man auch bei stürmischen Winden relativ gemütlich segeln. Weil die bremsenden Wellen fehlen, wird das Boot schnell segeln, und wem macht das keinen Spaß? Sollte jetzt das Ruder brechen, wird man vom Wind auf See hinausgetrieben, wo wenigstens unmittelbar keine weiteren Gefahren drohen.

Bei der Auswahl eines Anfängerreviers sollte der zu erwartende Landschutz eines der wichtigsten Auswahlkriterien sein. Es gibt Reviere, die sind gegen alle Windrichtungen mehr oder weniger geschützt. An einer geraden unstrukturierten Küste ist man meist nur in eine Richtung geschützt. Die gute Nachricht ist, dass in den meisten Revieren eine Windrichtung dominiert. Wenn diese ablandig ist … Es gibt statistische Auswertungen (Monatssterne), denen man die Hauptwindrichtungen in einer bestimmten Zeit entnehmen kann.

32. GRUND

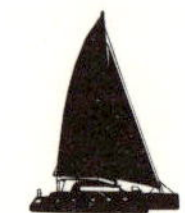

Weil es Abschiede gibt

Eine letzte Umarmung. René klettert an Bord der BonBini. Ima und Marlies umarmen sich noch einmal. Dann klettert auch Marlies an Bord, und wir lösen die Leinen. Ich habe einen Kloß im Hals: »Gute Reise! Passt gut auf euch auf!«

»Ihr auch!« Schon tuckert das Boot der Hafenausfahrt entgegen. Ein letztes Fairwell. Dann sind wir wieder alleine. Ima guckt mich forschend von der Seite an: »Traurig?«

Abschiede sind die Krux des Fahrtensegelns. Immer wieder lernt man neue Menschen kennen und schätzen. Tolle Menschen. Hilfsbereite Menschen. Inspirierende Menschen. (Zugegeben: Es gibt auch langweilige Menschen unter Seglern. Aber die lernt man meist nicht kennen.) Man gewinnt Freunde, und kurz darauf verabschiedet man sich wieder. Mit einigen bleibt man in Kontakt, aber die meisten verliert man aus den Augen.

Aber vielleicht haben die Abschiede auch etwas Gutes. Ohne Abschiede hätte man kaum Zeit, neue Menschen kennenzulernen, weil man seine Zeit den Bekannten widmen würde. Das erklärte auch, warum die meisten von uns zu Hause, im Alltragstrott, viel weniger Menschen kennenlernen als in den wenigen Wochen unseres Urlaubs, wenn wir verreisen.

Das Wissen um den Abschied gibt den Momenten, die wir noch mit den Freunden verbringen können, einen besonderen Wert. Abschiede erinnern uns an die Endlichkeit aller Dinge, daran, dass alles im Fluss ist. Sie lehren uns loszulassen und die Langmut, Dinge hinzunehmen, die wir nicht ändern können.

»Bist du traurig, dass sie weg sind?« Ima guckt mich von der Seite an. Ich schüttele den Kopf: »Nur ein bisschen.« Wenig später sind auch wir wieder unterwegs. Die Sonne lacht, und wer weiß schon, welche Menschen und Abenteuer heute auf uns warten?

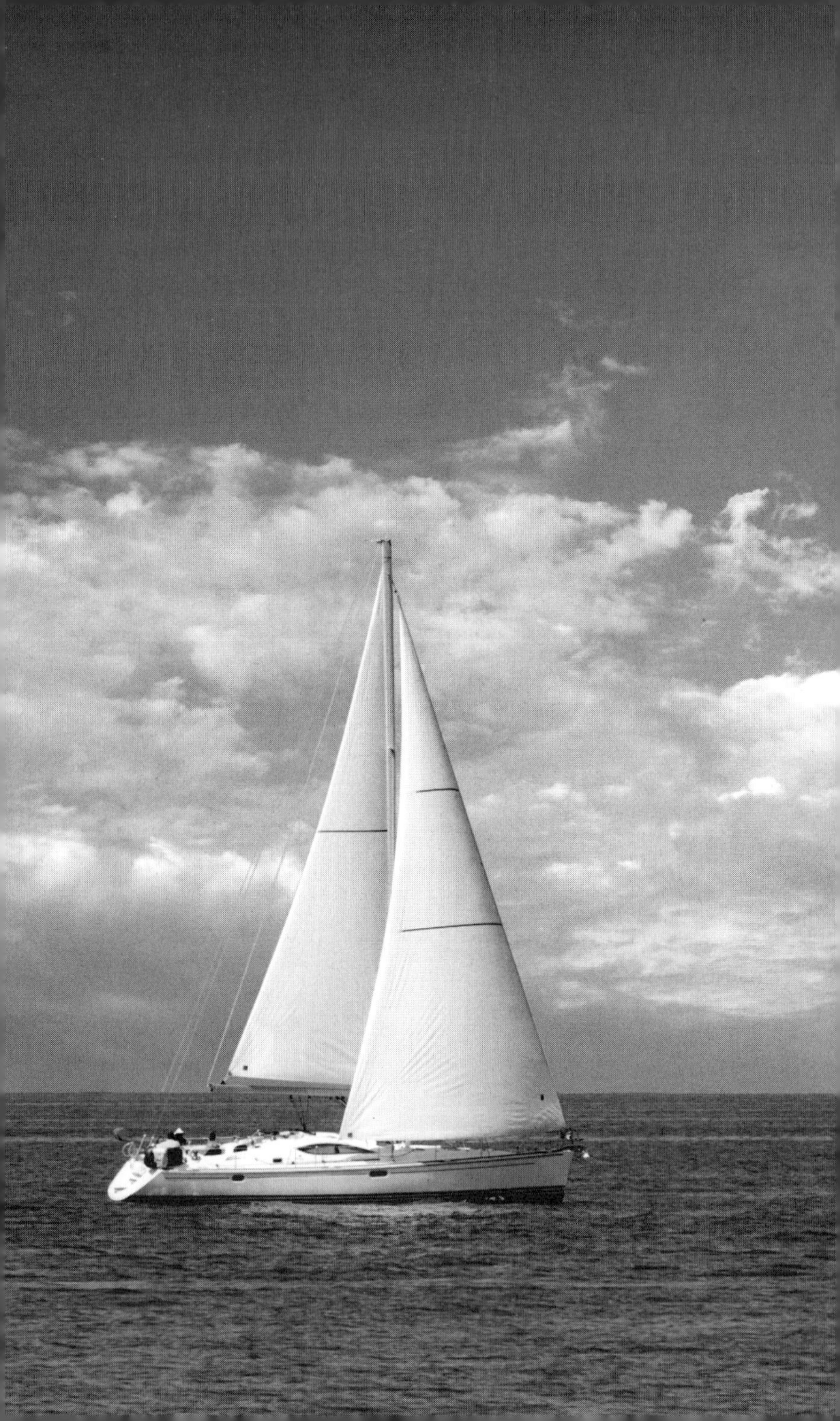

KAPITEL 3

DIE KÜSTE VERSCHWINDET

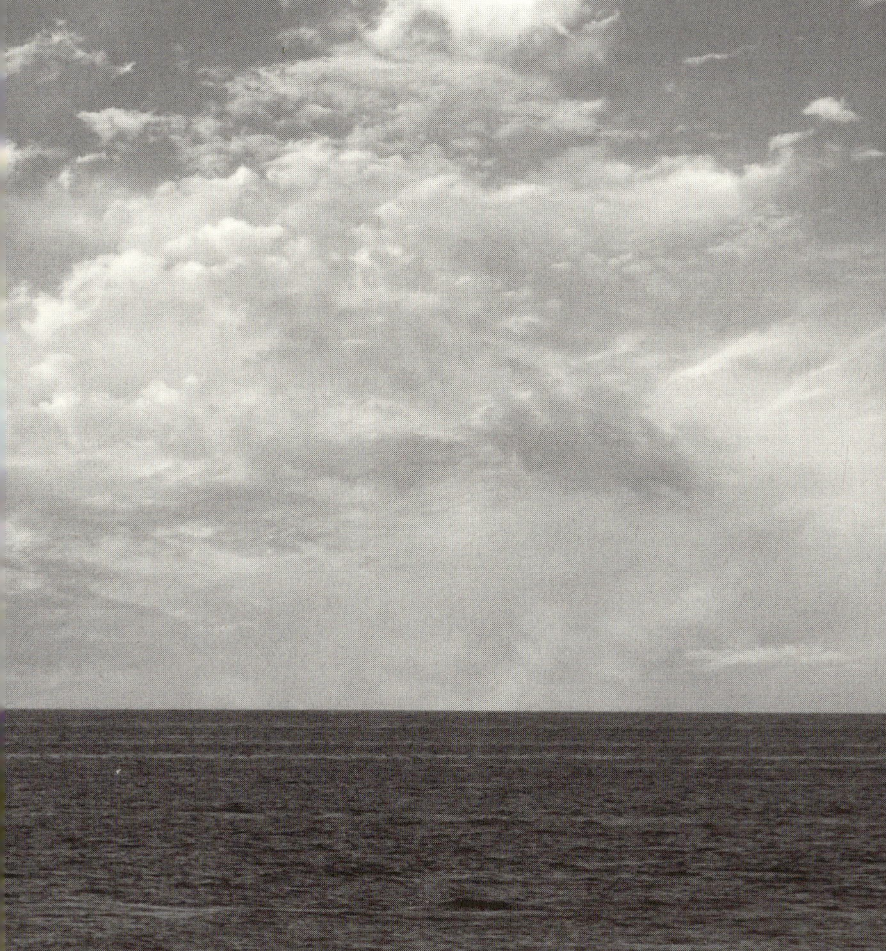

33. GRUND

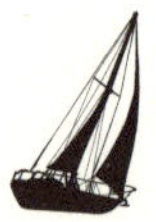

Weil man bei leichten Winden segeln kann

Wir hören den neusten Wetterbericht: »… Dogger: SW 2. Später umlaufend …« Nicht nur mir zaubert das ein Lächeln auf das Gesicht, auch mein Vater und meine Schwester freuen sich. Für unser Seegebiet ist eine achterliche, leichte Brise vorhergesagt. Ehrlich gesagt würde jetzt mancher Segler die Stirn kraus ziehen: Zu wenig Wind. Aber für uns heißt das: Blisterwetter.

Für mich gibt es nichts Schöneres beim Segeln. Das Boot macht mit dem großen Leichtwindsegel einigermaßen Fahrt, aber es herrscht kein Seegang. Gemächlich gleitet Kadé durch das unbewegte Wasser. Anders als bei viel Wind, wenn das Boot krängt und sich durch die Wellen boxt, bleibt das Boot bei leichten Winden immer wohnlich. Die Sonne scheint warm auf das Deck. Langsam gleitet die Küste vorbei, und niemand denkt an Seekrankheit.

Mein Vater wird unruhig. Kramt Werkzeug aus der Kiste. Nichtstun ist nicht sein Ding, und auf einem Boot gibt es immer etwas zu verbessern, reparieren … Wir andern aber genießen die gepflegte Langeweile. Irgendjemand muss schließlich Ausguck halten.

Gut segeln ist bei Leichtwind schwieriger als bei Starkwind. Das Boot reagiert träger. Es zeigt einem nicht sofort jeden Steuerfehler auf. Außerdem wird es taktischer. Auch für Fahrtensegler. Gibt es dicht unter der Küste oder weiter draußen mehr Wind? Bringt die Wolke dort einen stärkeren Luftzug? Bildet sich Seewind aus?

Schlecht natürlich, wenn man es eilig hat. Vielleicht ist die Frage, ob man das Leichtwindsegeln liebt, auch eine Mentalitätsfrage. Mein Vater hat alles an Bord auf Vordermann gebracht, die Kajüte aufgeräumt, das Schranktürchen gängig gemacht. Die Spüle gewischt. Jetzt streckt er seinen Kopf zum Niedergang heraus: »Sollen wir nicht den Motor starten?«

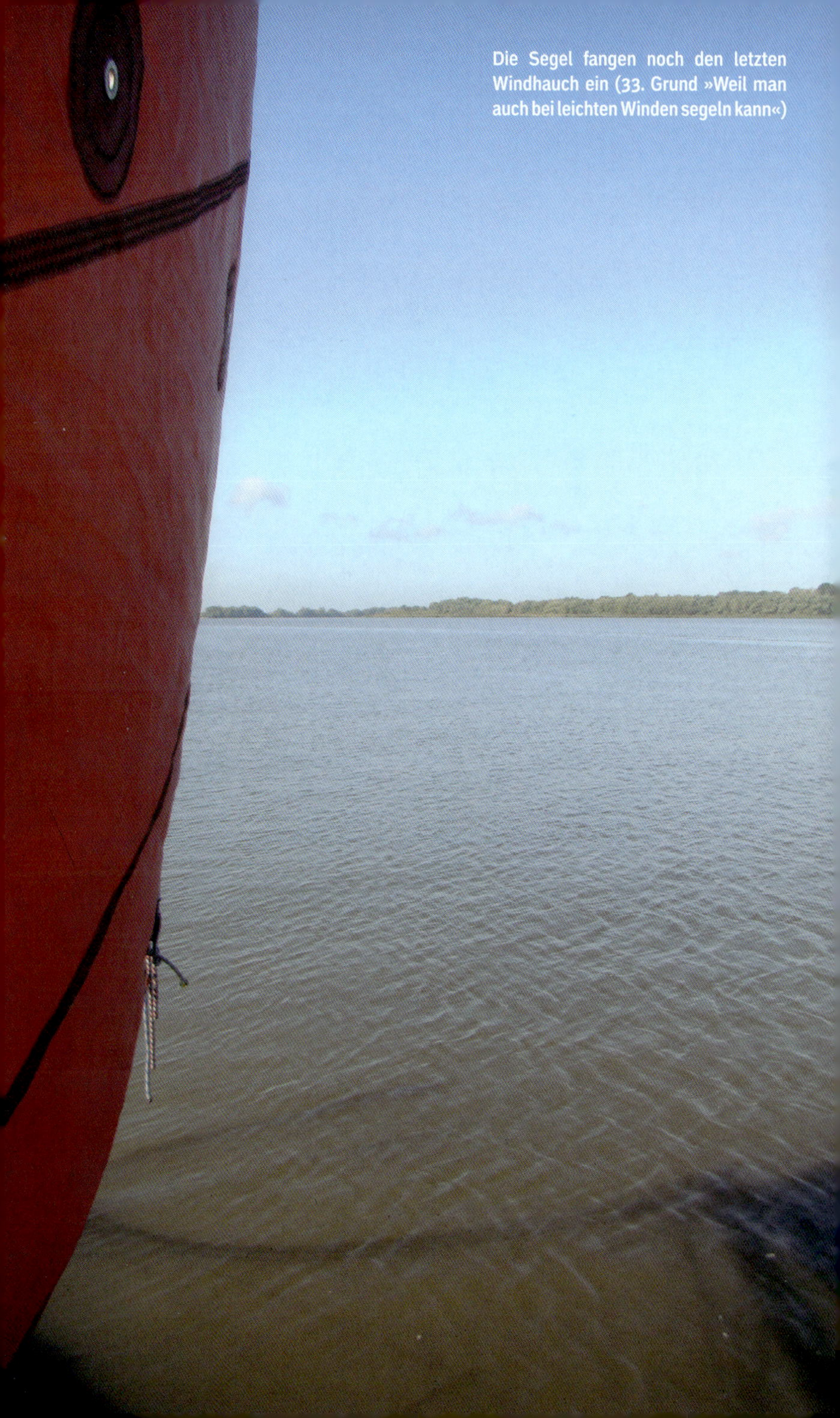

Die Segel fangen noch den letzten Windhauch ein (33. Grund »Weil man auch bei leichten Winden segeln kann«)

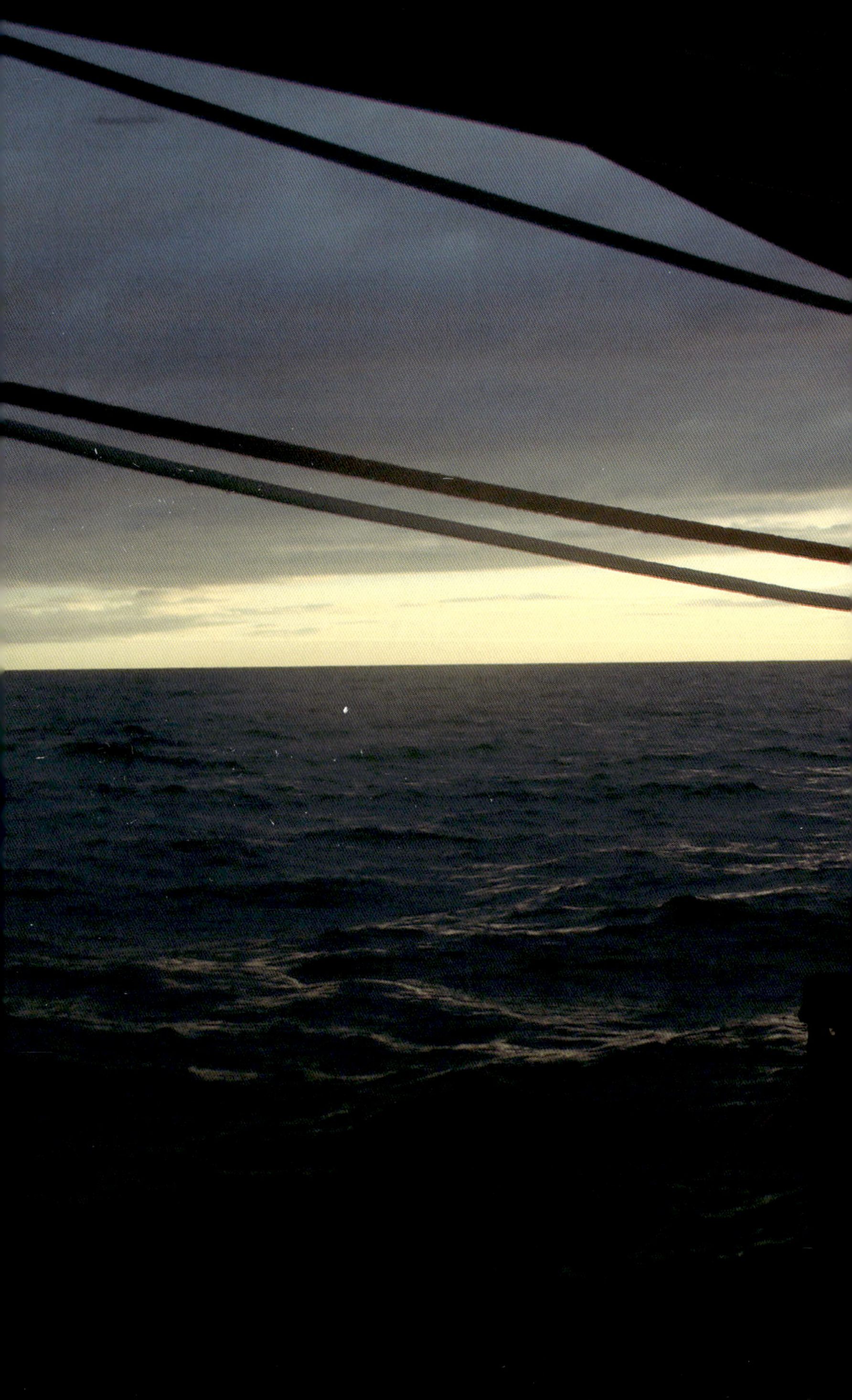

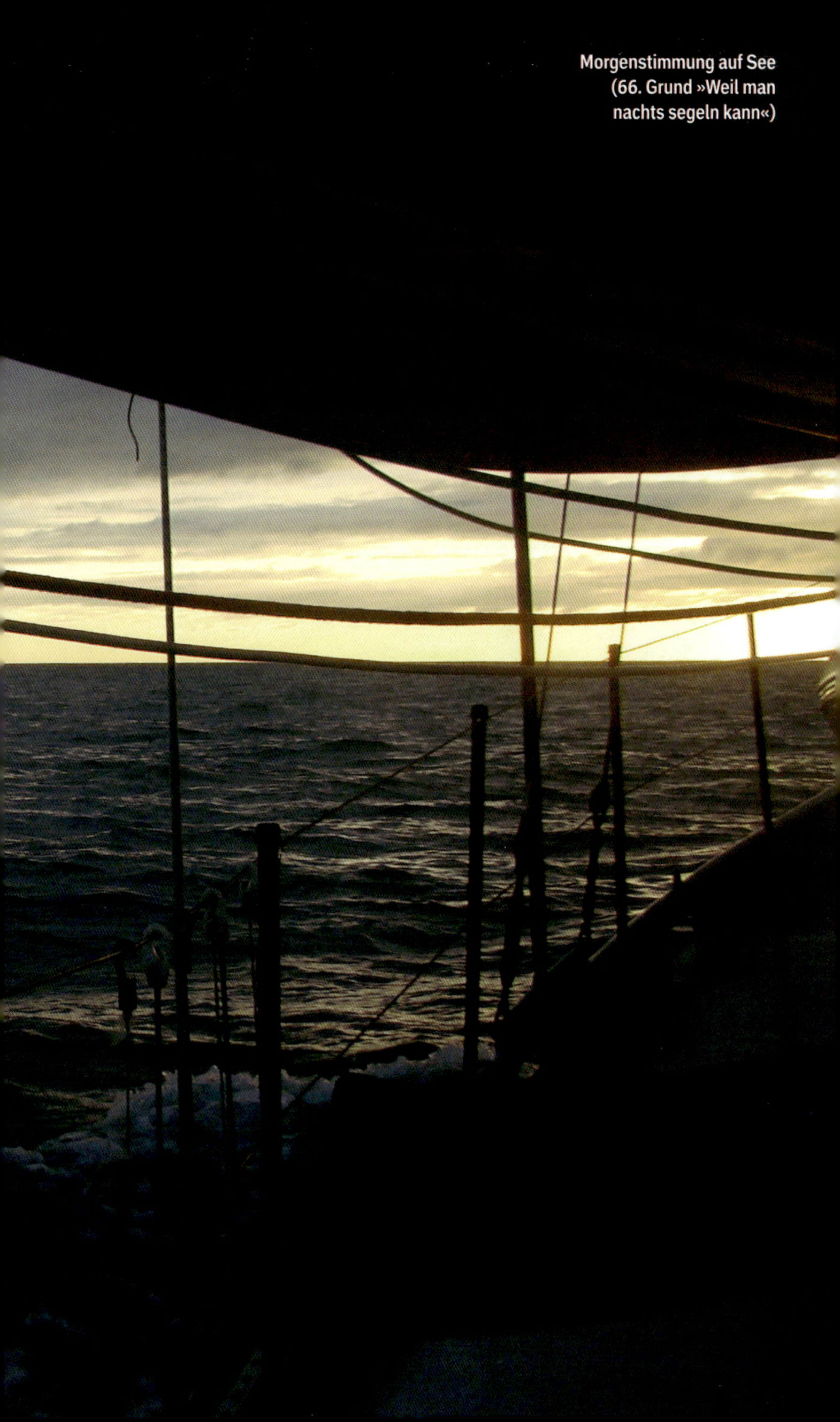

Morgenstimmung auf See
(66. Grund »Weil man
nachts segeln kann«)

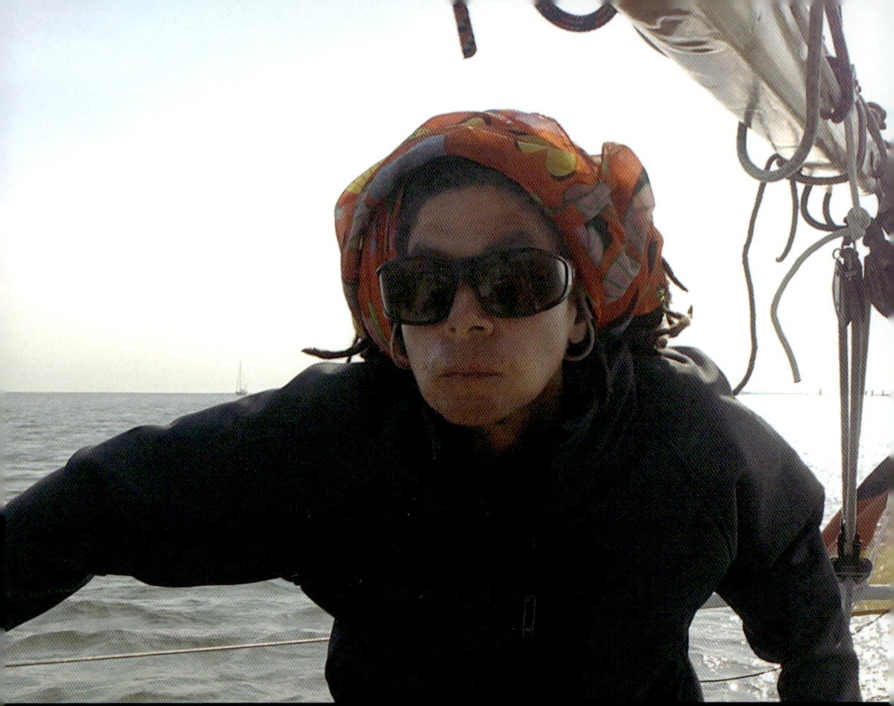

Oben: Partnerschaft an Bord: Wir teilen die Freuden und Pflichten des Segelns. Ima, die Partnerin des Autors, am Ruder.

Unten: Klaus, der Autor, an der Pinne

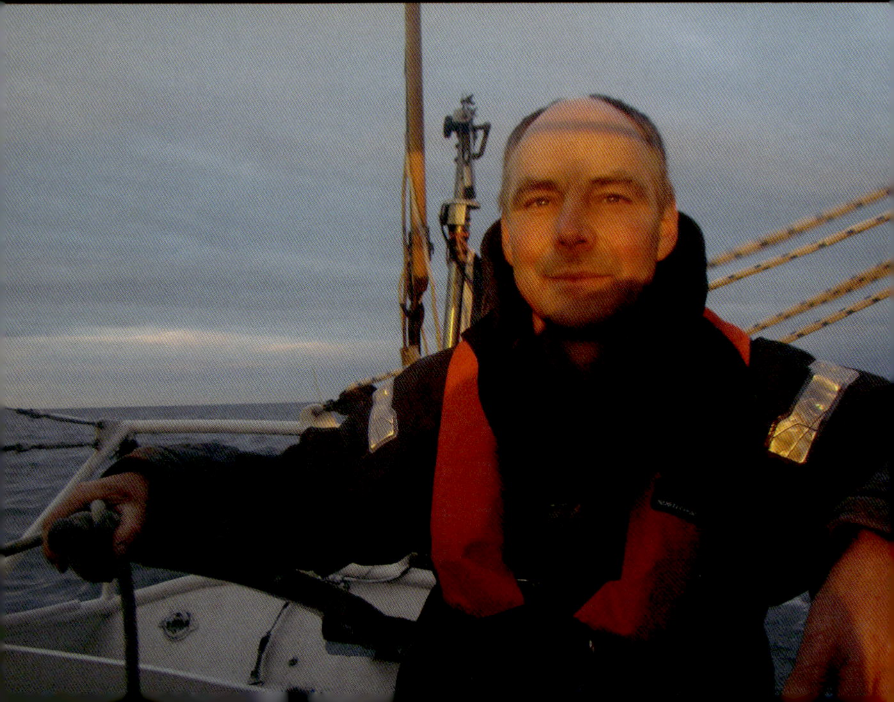

Néfertiti, unser Boot, findet bei Starkwind Schutz hinter Læsø, einer Insel im Kattegat (31. Grund »Weil es Landschutz gibt«)

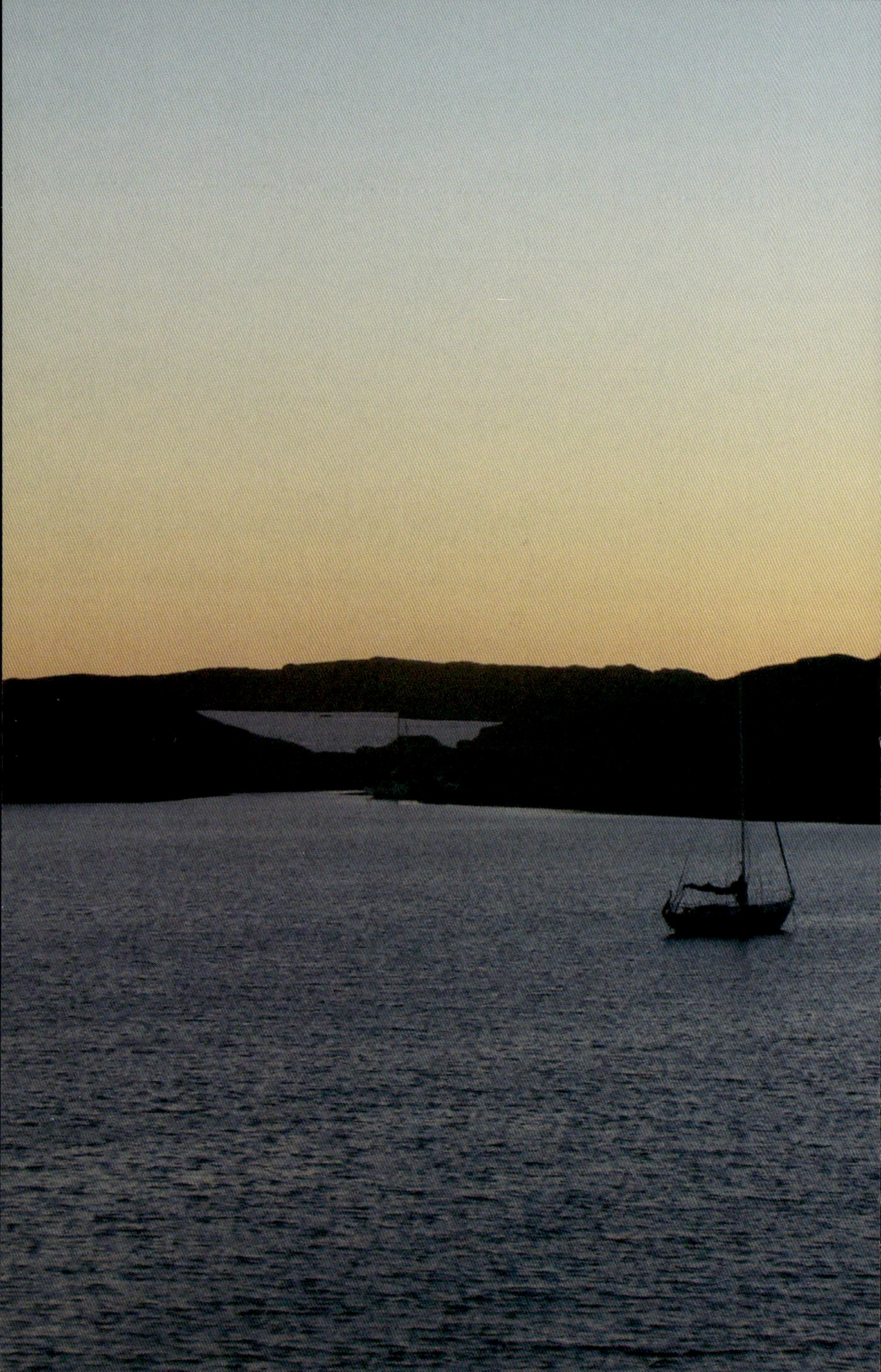

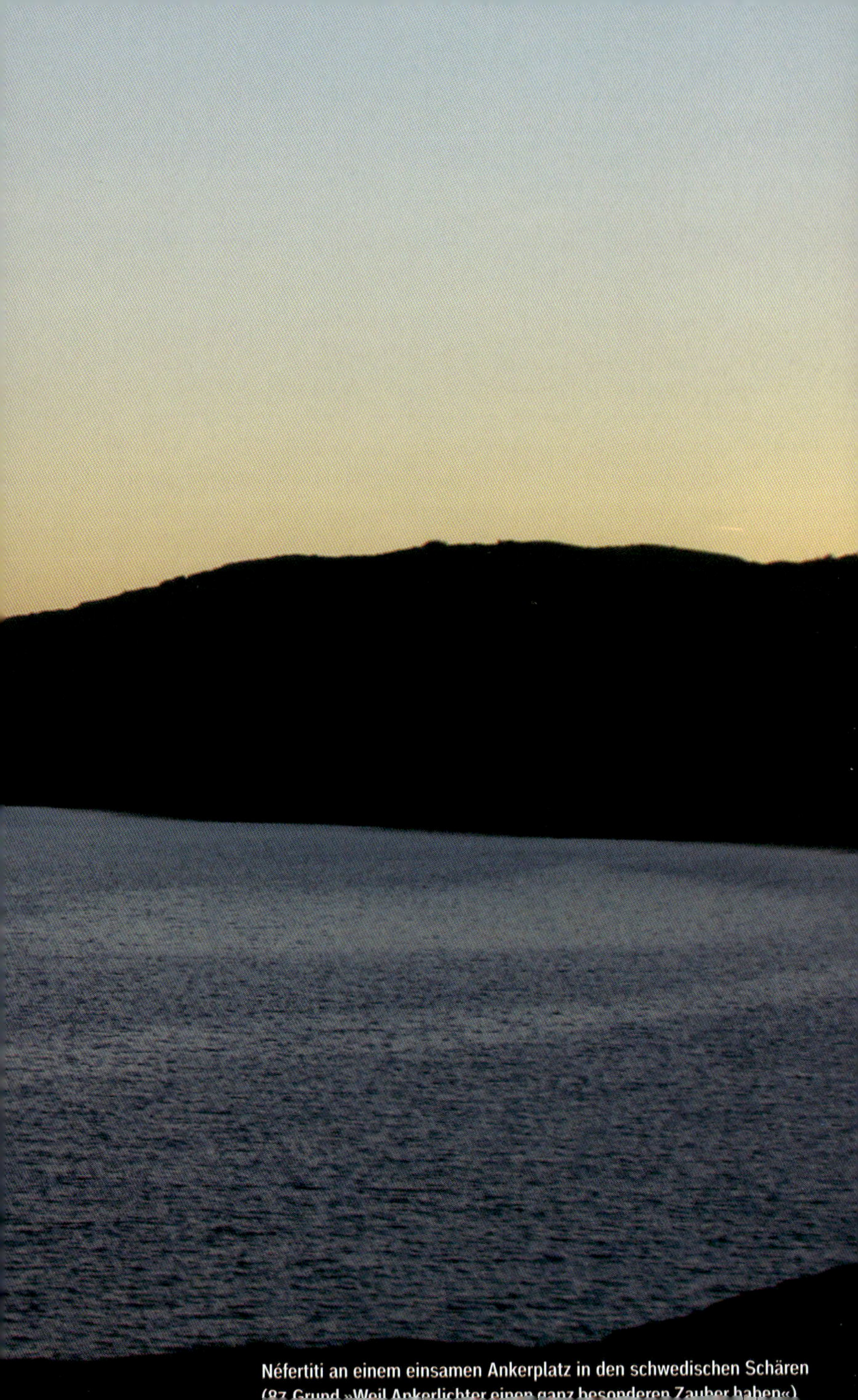

Néfertiti an einem einsamen Ankerplatz in den schwedischen Schären
(87. Grund »Weil Ankerlichter einen ganz besonderen Zauber haben«)

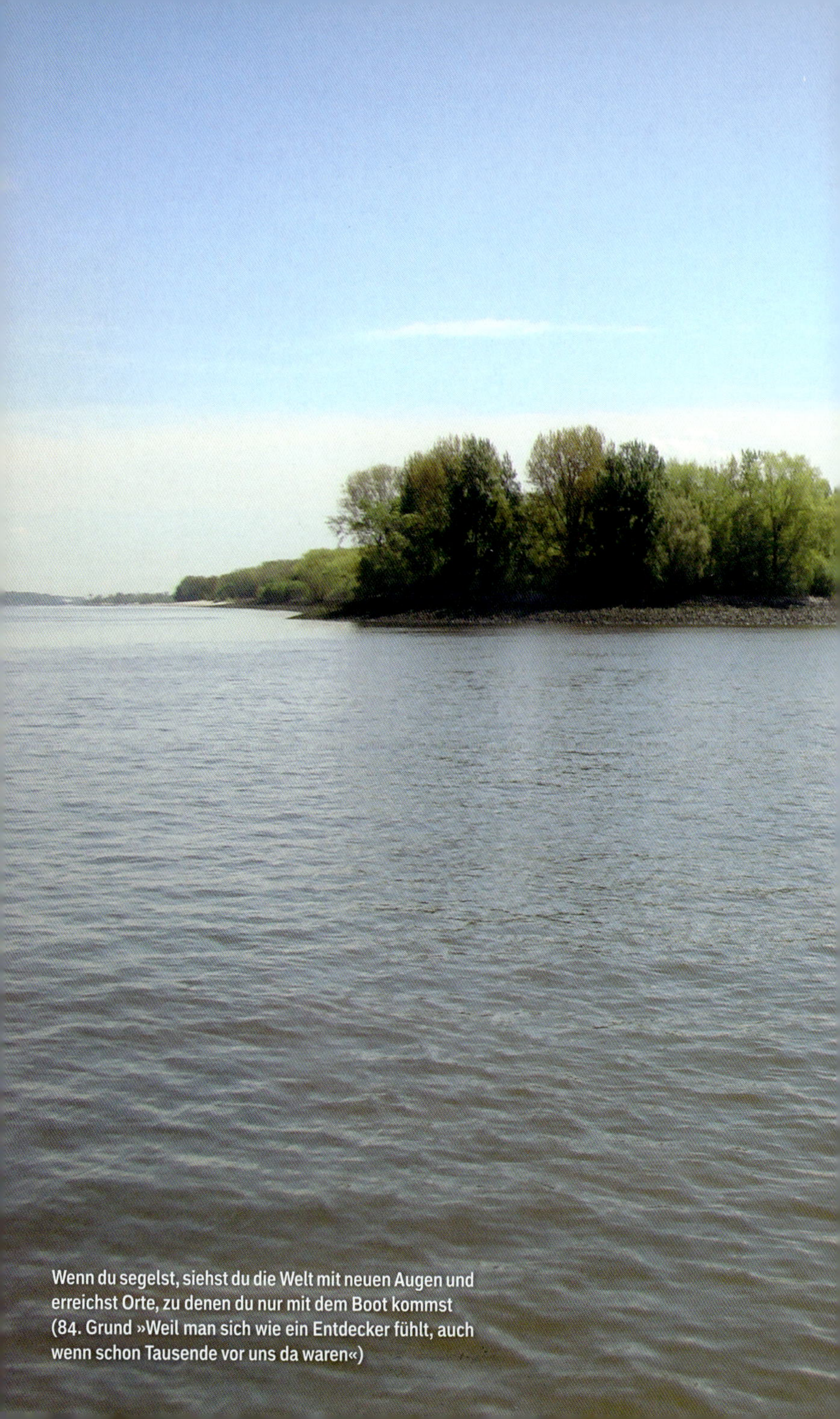

Wenn du segelst, siehst du die Welt mit neuen Augen und erreichst Orte, zu denen du nur mit dem Boot kommst (84. Grund »Weil man sich wie ein Entdecker fühlt, auch wenn schon Tausende vor uns da waren«)

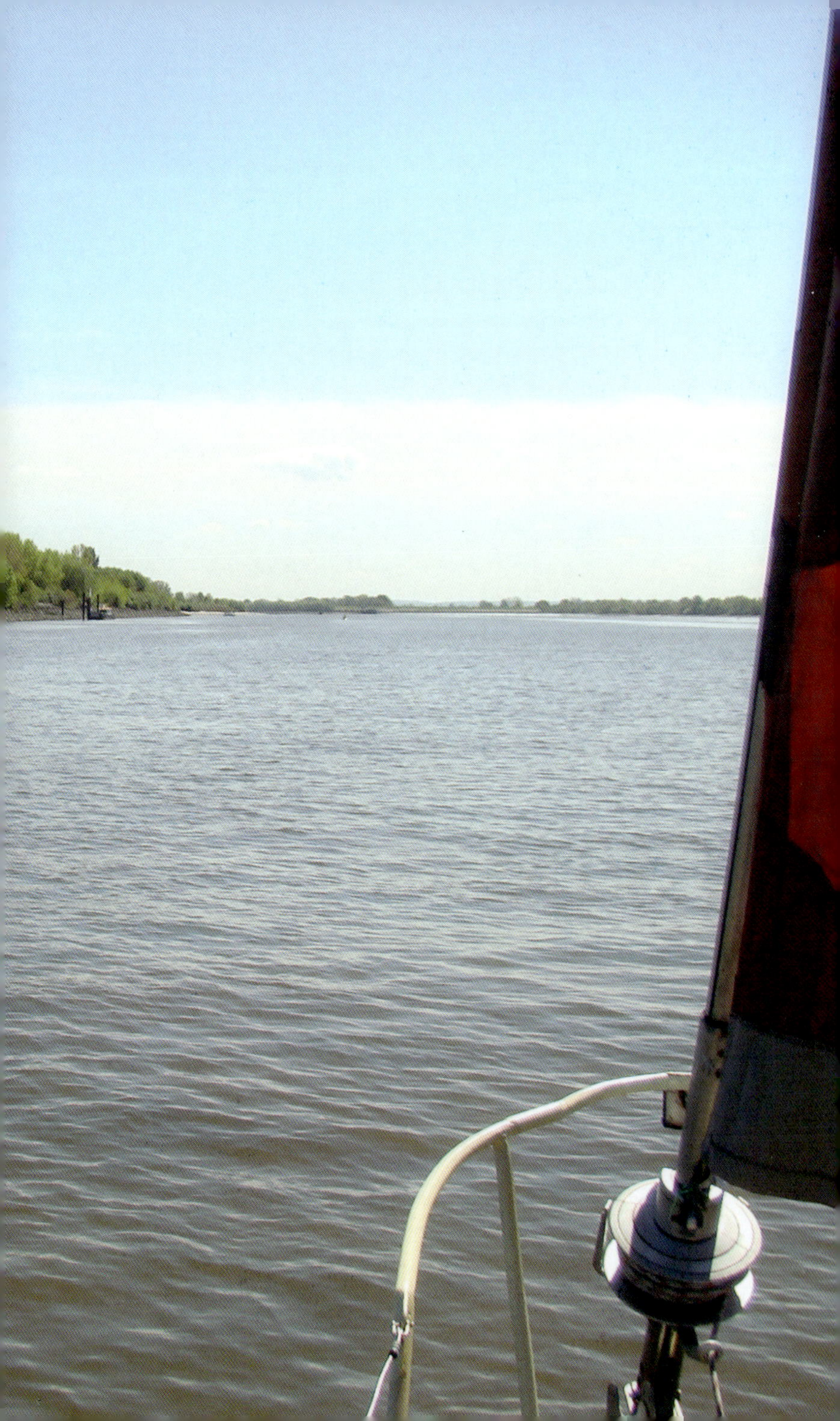

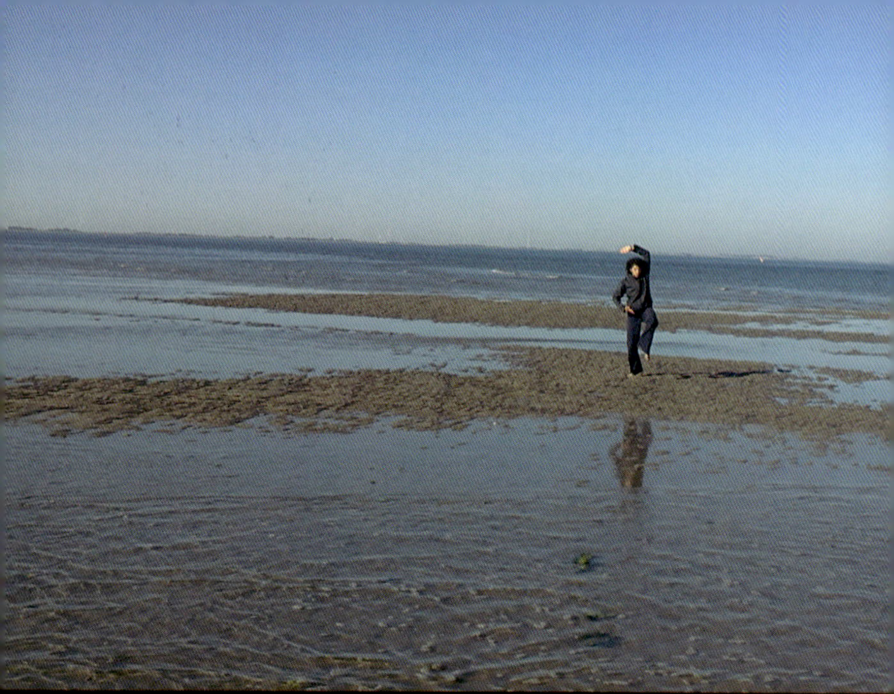

Oben: Ima, die letzte Bewohnerin dieser Wattinsel: In wenigen Minuten wird die Sandbank überspült sein. (27. Grund »Weil eines der geheimnisvollsten und schönsten Reviere direkt vor unserer Haustüre liegt: das Wattenmeer«)

Unten: Das Dinghy schenkt Freiheit für Ankerlieger

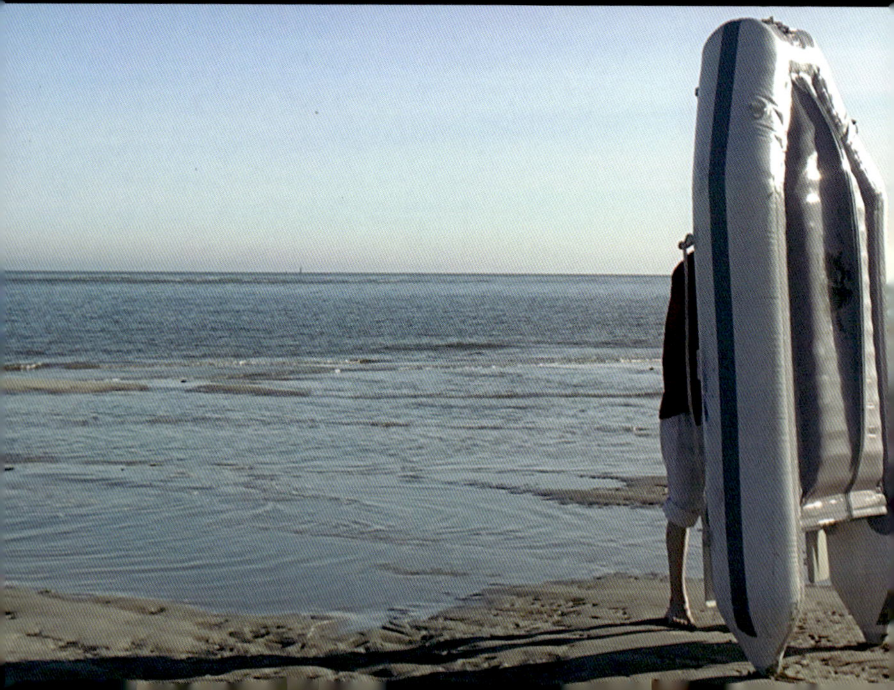

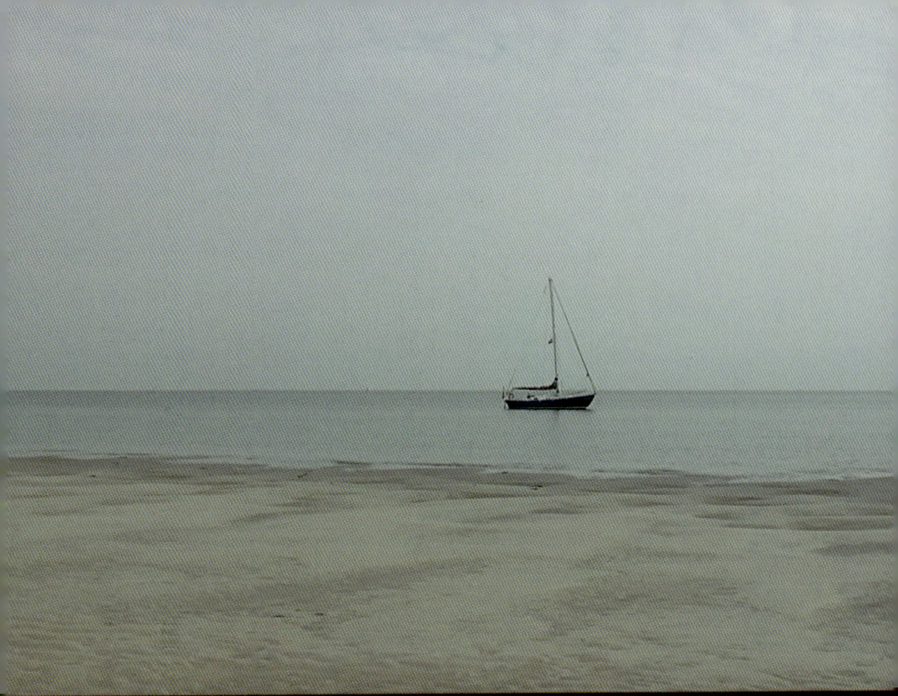

Oben: Einsamer Ankerplatz im Watt vor Terschelling
Unten: Ausspannen im Watt. Die Uhren ticken hier langsamer.

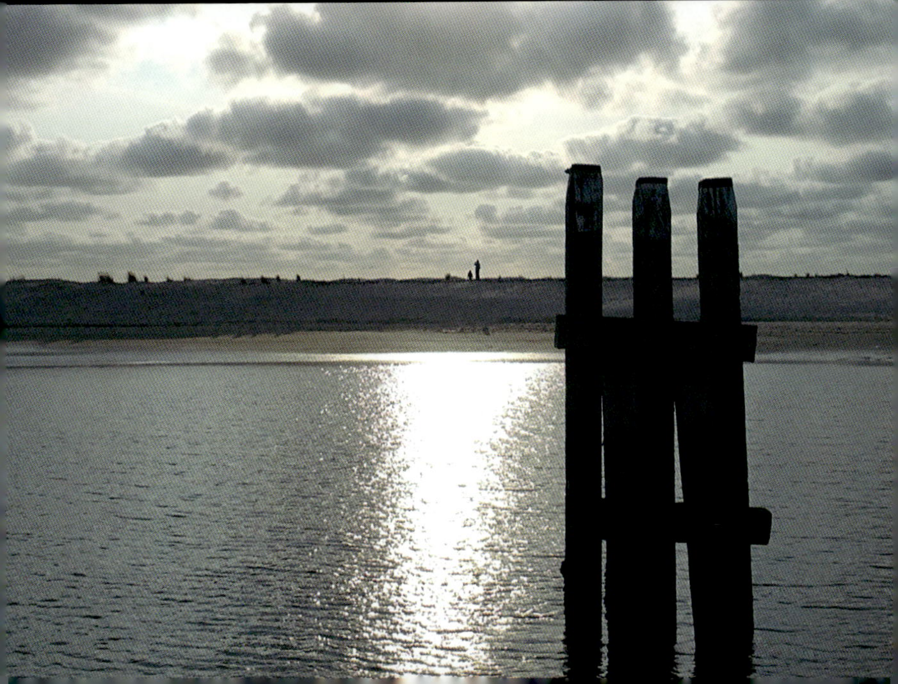

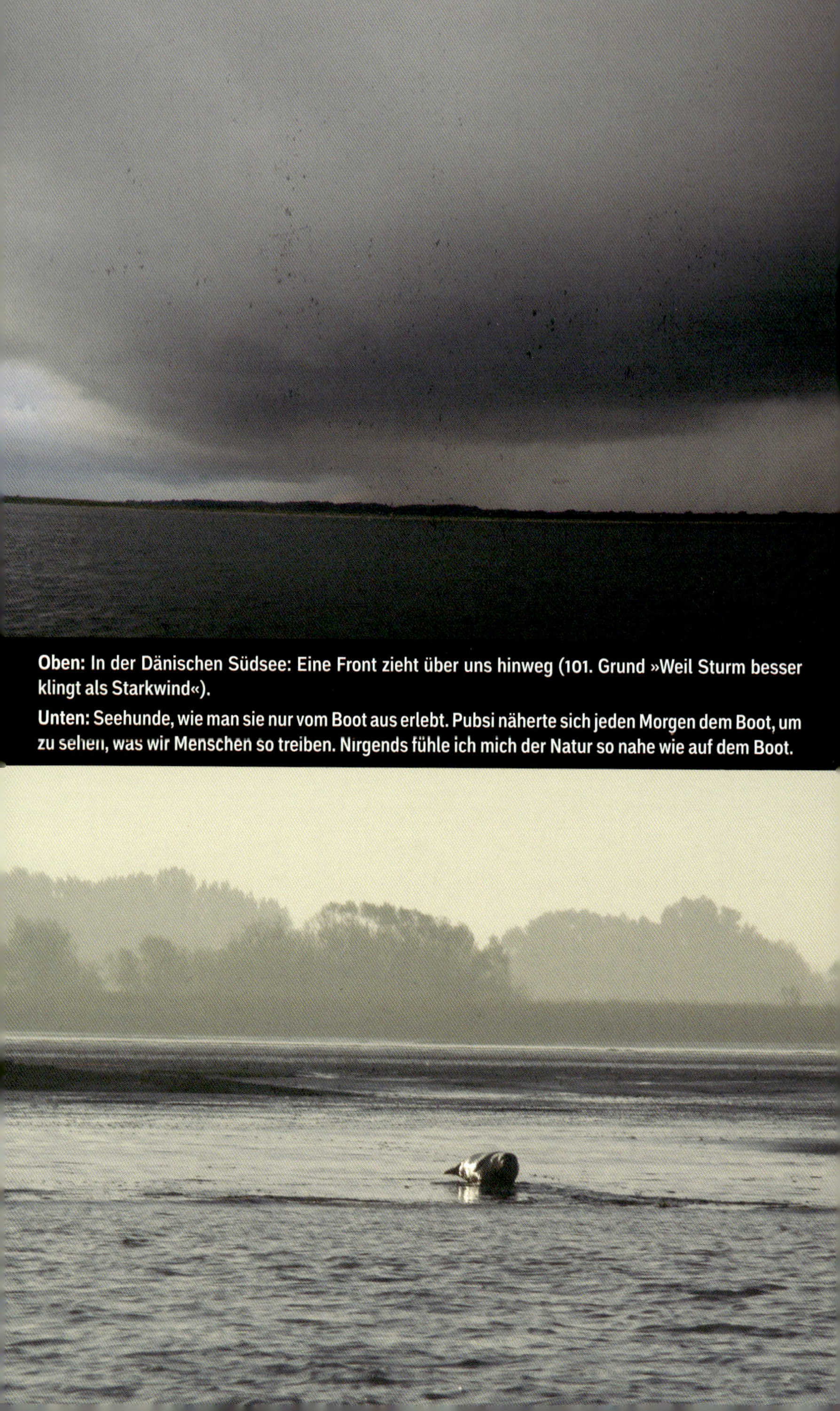

Oben: In der Dänischen Südsee: Eine Front zieht über uns hinweg (101. Grund »Weil Sturm besser klingt als Starkwind«).

Unten: Seehunde, wie man sie nur vom Boot aus erlebt. Pubsi näherte sich jeden Morgen dem Boot, um zu sehen, was wir Menschen so treiben. Nirgends fühle ich mich der Natur so nahe wie auf dem Boot.

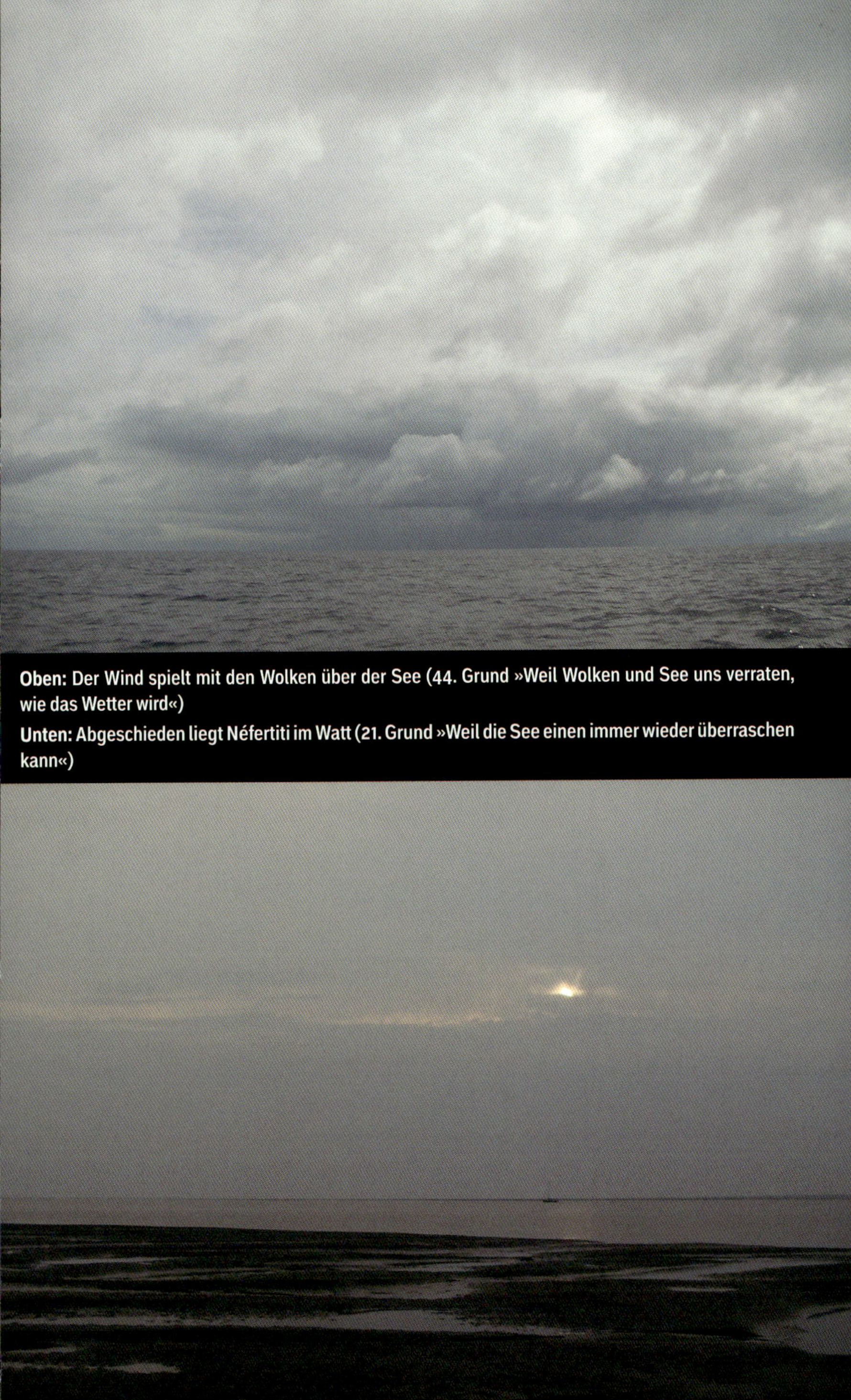

Oben: Der Wind spielt mit den Wolken über der See (44. Grund »Weil Wolken und See uns verraten, wie das Wetter wird«)

Unten: Abgeschieden liegt Néfertiti im Watt (21. Grund »Weil die See einen immer wieder überraschen kann«)

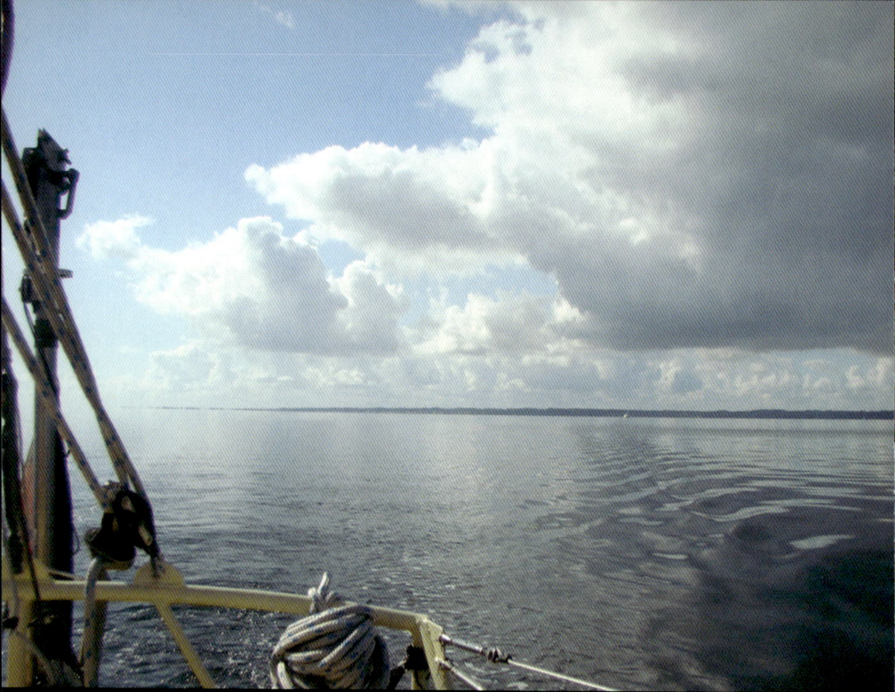

Oben: Die Wolken deuten auf Thermik, d. h. aufsteigende Luft. Bald könnte sich die Seebrise ausbilden. (26. Grund »Weil der Wetterbericht nicht immer lügt«)

Unten: Freiheit für den Rudergänger: Die Windfahne steuert Néfertiti in die Nacht hinein (65. Grund »Weil man nicht immer selbst steuern muss«)

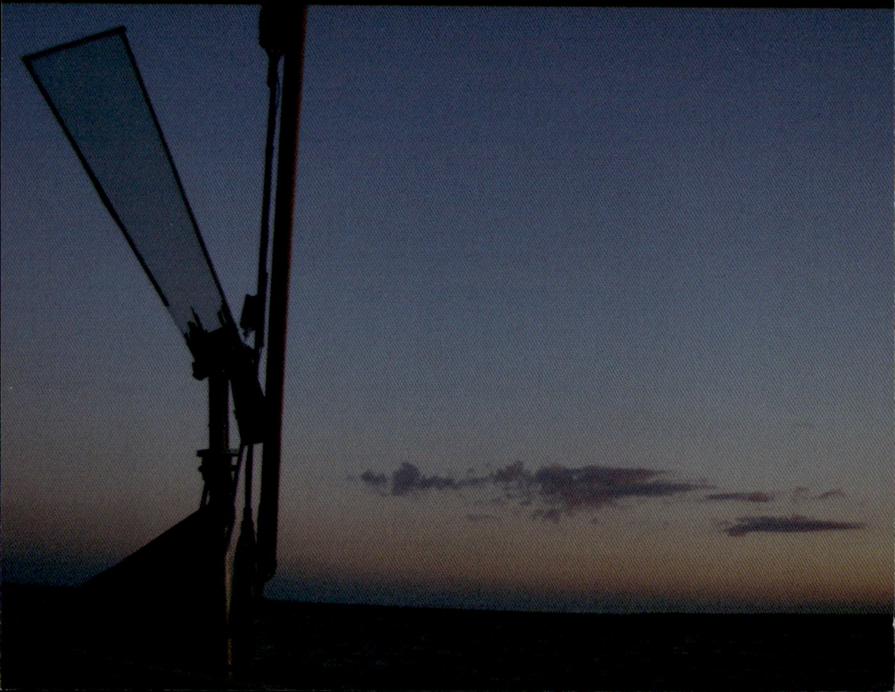

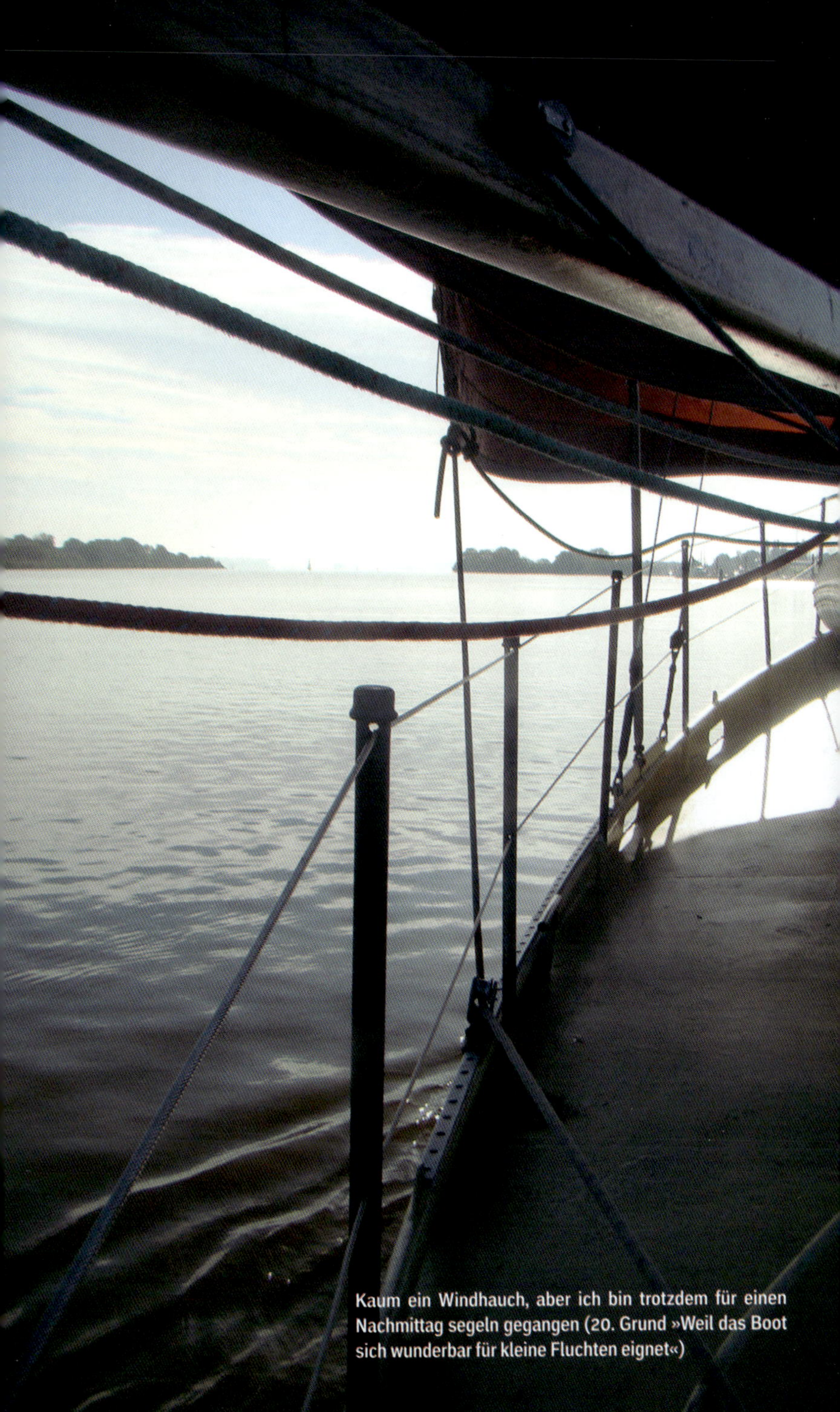

Kaum ein Windhauch, aber ich bin trotzdem für einen Nachmittag segeln gegangen (20. Grund »Weil das Boot sich wunderbar für kleine Fluchten eignet«)

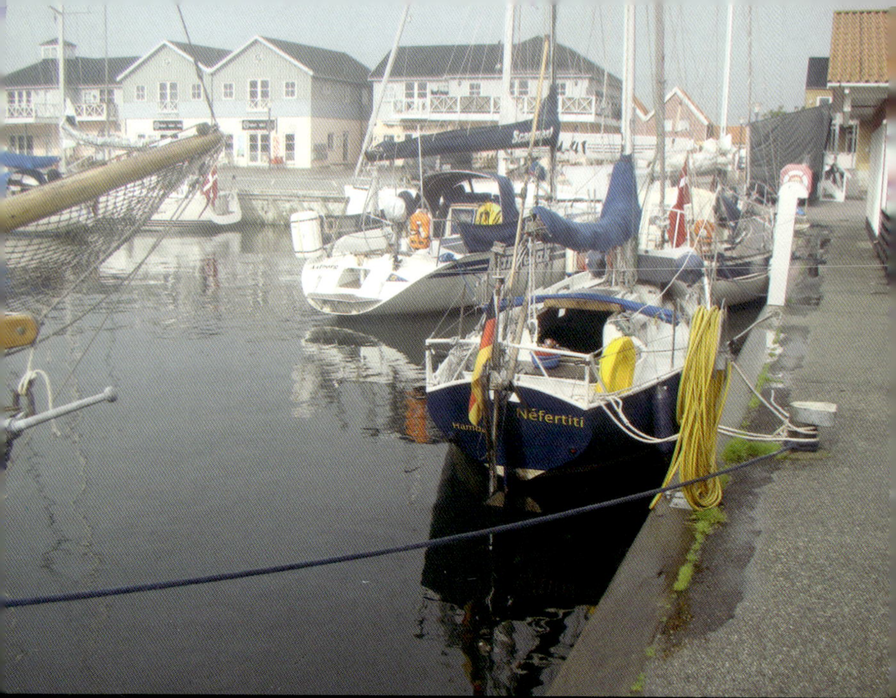

Oben: Manchmal geht es in Häfen eng zu. Néfertiti liegt noch alleine am Kai, die anderen müssen im Päckchen liegen. (91. Grund »Weil es ein paar einfache Geheimnisse gelungener Hafenmanöver gibt«)
Unten: Nach langem Warten werden wir endlich geschleust: Hinter den Schleusentoren wartet die See.

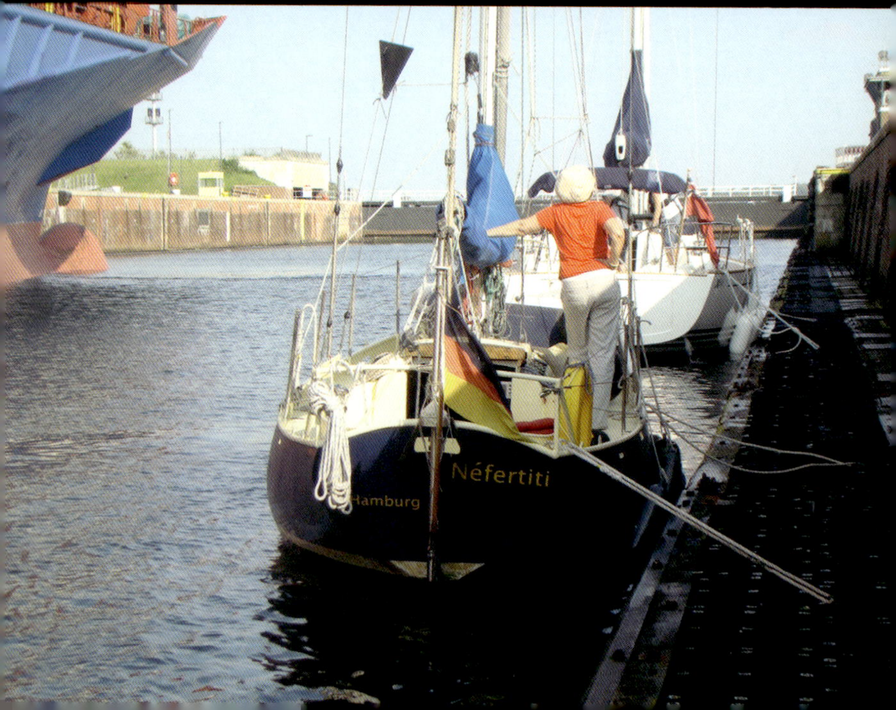

»Nee!«, kommt es unisono aus meinem und meiner Schwester Mund.

»Wir laufen nur anderthalb Knoten.« Tatsächlich werden wir gerade von einem anderen Segelboot überholt. Es hat keine Segel gesetzt. Am Heck spritzt das Kühlwasser der laufenden Maschine heraus. Mein Vater sucht nach Betätigung. Dann fragt er: »Habt ihr Hunger?« Tatsächlich hat man auf See immer Hunger.

»Au ja.« Außerdem ist er ein begnadeter Koch, und wir gewinnen so noch eine Stunde Leichtwindsegeln. Sobald der Spül gemacht ist, wird der Skipper ein Machtwort sprechen. Das wissen wir. Aber vielleicht wird ja bis dahin mehr Wind aufkommen …

34. GRUND

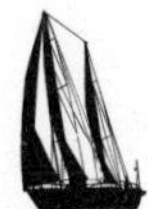

Weil das Großstädterherz beim Segeln heilen kann

Den Großteil der Menschheitsgeschichte haben wir in und mit der Natur gelebt. Wir sind nicht dafür gebaut, morgens in stinkenden Blechdosen zu sitzen, auf dem Weg zur Arbeit. Dort den ganzen Tag auf Monitore zu starren, dann wieder in stinkenden Blechdosen zu sitzen, um, nach Hause gekommen, flimmernde Mattscheiben anzuglotzen.

In den Häuserschluchten richten wir monatelang den Blick kaum einmal gen Himmel. Unser Leben im Revier des Betons schürt die Sehnsucht nach Natur.

Habe ich mich selbst nicht oft genug in diesem Netz verfangen? Aber ist das Leben? Würdest du dir einen Film ansehen, in dem der Held nur stundenlang unbeweglich auf irgendwelche Monitore starrt?

Es ist ungeheuer schwer, innezuhalten und wahrzunehmen, dass die spannendsten Erlebnisse unseres (All-) Tages von anderen erdacht und inszeniert wurden. Von Drehbuchautoren oder Spieleentwicklern.

Das Segeln schenkt uns einen Ausweg. Eine Chance, uns zurückzubesinnen auf uns selbst. Wir müssen uns beim Segeln in der Natur behaupten. Auf See hat man einen unverstellten Blick auf den Himmel. Auf die Wolkenspiele, auf Sonne und Sterne. Wir werden oft zum Himmel aufschauen, denn das Geschehen dort oben spielt für uns wieder eine unmittelbare Rolle. Du wirst dich selbst neu wahrnehmen und auch deine Partnerin, wenn sie mitkommt. Du wirst den Wind spüren und das Salz schmecken. Du wirst frieren, und dir wird heiß sein. Abends wirst du müde sein. Wohlig müde. Du wirst wissen, was du an dem Tag geschafft hast, und dich lebendig fühlen. Richtig lebendig fühlen.

Denn beim Segeln kann dein Großstädterherz heilen. Selbst wenn wir hinterher wieder in die Tretmühle müssen: Etwas hat sich verändert, und das hält eine Weile vor.

35. GRUND

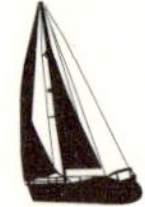

Weil mehr als nur ein Kraut gegen die Seekrankheit gewachsen ist

Die Schleusentore öffneten sich, und wir segelten hinaus auf die Nordsee. Es war ungemütlich. Grauer Himmel. Fünf Windstärken. Also durchaus handig. Die Kadé erklomm eine Welle und schoss danach ins Wellental. Gischt spritzte zur Seite. Der Wetterbericht hatte freundlicheres Wetter angesagt. Es nieselte. Dick eingemummelt in unser Ölzeug, saßen mein Vater, meine Schwester Ute und ich im Cockpit. Die Schwimmwesten machten uns klobig. Wir hatten Großes vor: Wollten in einem Schlag von Holland nach Schottland. Nach Edinburgh. Wir würden vier, fünf Tage unterwegs sein. Keiner sprach ein Wort. Wir hingen unseren Gedanken nach. Wahrscheinlich dachte jeder für sich, was die anderen auch dachten: Das kann ja heiter werden! Im ironischen Sinne. Wenn es schon so anfängt. Wir waren noch keine zwei Seemeilen von der Küste entfernt, da machte sich ein mulmiges Gefühl in meinem Bauch breit. Ich spürte den ersten Anflug von Seekrankheit …

Wenn es einen Grund gibt, nicht segeln zu gehen, dann ist es Seekrankheit. Durch die ständige Bewegung im Seegang erhält das Gehirn widerstreitende Information. Man hält sein Gleichgewicht mittels zweier Organe. Dem Gleichgewichtssinn und dem Auge, das sich an senkrechten und waagerechten Linien orientiert. Im Hafen gibt es im Boot senkrechte Linien, wie z.B. die Maststütze, die auch wirklich senkrecht sind. Bewegt sich das Boot nicht, liefern die beiden Organe identische Informationen.

Fahren wir hinaus, gibt es diese Linien für das Auge immer noch, aber sie sind im Seegang nicht mehr zwingend senkrecht oder waagerecht. Bzw. das Auge hält sie für waagerecht, aber der Gleichgewichtssinn sagt, dass dem nicht so ist. Beide Organe liefern jetzt widersprüchliche Informationen. Der Körper reagiert auf dieses unlösbare Dilemma mit Müdigkeit, Unkonzentriertsein, Übelkeit. In schlimmen Fällen Agonie, bis zum Selbstmordwunsch. Man kann sich helfen, wenn man konzentriert auf den Horizont schaut, die einzige wirklich waagerechte Linie, die man bei bewegter See zu Gesicht bekommt. In der Koje kann man die Augen schließen und damit die eine Informationsquelle ausschließen.

In dem Maße, in dem das Gehirn begreift, dass die an Land verlässlichen Senkrechten und Waagerechten auf See Täuschung sind, werden die allermeisten Menschen seefest. Bei mir dauert das meist zwei, drei Tage. Je nach den herrschenden Wetterbedingungen.

Es gibt eine ganze Menge von Mitteln gegen Seekrankheit. Ich will hier nur auf die eingehen, die mir selbst geholfen haben.

- Die Wahl deines Bootes hat große Auswirkungen. Manche Boote bewegen sich angenehmer im Seegang als andere. Moderne Boote sind meist nach zwei Prioritäten gebaut. Schnelligkeit und Geräumigkeit. Dem ersten ist die ständige Verkleinerung der vom Wasser benetzten Bootsoberfläche geschuldet. So wurden die Kiele mit der Zeit immer kürzer. (In der Länge, nicht in der Tiefe). Vereinfacht kann man sagen: Kurze Kiele laufen schneller, sind wendiger, aber machen nervösere Bewegungen im Seegang. Der Ruf nach Geräumigkeit führt zu hochbordigen Booten. Je höher man sitzt, desto größer ist aber der Hebel, mit dem eine Welle dich herumschubst. Während ich früher auf dem Kurzkieler meines Vaters auf fast jedem Törn in den ersten Tagen seekrank wurde, bin ich auf Néfertiti (ein klassischer Langkieler mit niedrigem Freibord) in vier Jahren nur einmal seekrank geworden …

- Ingwer ist ein altes Hausmittel gegen Reisekrankheit. Wir schneiden den Ingwer in Scheiben und brühen daraus einen Tee. Mit Zitrone, Traubensaft und Honig eine köstliche Medizin.
- Akupressurbänder sind umstritten. Ich schwöre auf sie. Sie stimulieren einen Energiepunkt zwei Fingerbreit unter dem Handgelenk. Man kriegt sie in jeder Apotheke, und sie haben keinerlei Nebenwirkungen.
- Innerlich Verantwortung übernehmen: Der Steuermann wird seltener krank als der Passagier. Der Skipper seltener als der Steuermann. Wahrscheinlich aus dem gleichen Grund, aus dem Selbstständige seltener krank werden als Angestellte. Der Skipper weiß, dass er nicht krank werden darf. Also wird er nicht krank! Man sieht, welch gewaltige Auswirkungen die Psyche hat. Sowohl im Positiven als auch im Negativen. Angst und Unsicherheit fördern die Seekrankheit.
- Ima schwört auf homöopathische Mittel. Coccolus ist das erste Mittel ihrer Wahl.
- Superpep ist ein Kaugummi, das im akuten Fall hilft. Mir macht es ein taubes Gefühl im Mund, und ich würde es nie für eine ganze Überfahrt benutzen. Aber wirklich gut für den Notfall. Auch wenn die Übelkeit einen schon erwischt hat.
- Vitamin C. Last but not least will ich zu dem besten Mittel kommen, das ich kenne. Man kann es in natürlicher Form zu sich neh-

men, oder auch als Pulver. Zwei, drei Tage vor dem Törn anfangen, eine Messerspitze voll Vitamin C genügt.

Kadé tanzte in den Wellen. Ich wusste damals von Seekrankheit nicht viel mehr, als dass sie mich immer erwischt und meine Schwester und meinen Vater nie. Weiß der Himmel, wie die das machen. Ute guckte mich plötzlich schräg von der Seite an: »Geht es dir nicht gut?«

»Nicht so richtig.« Mein Vater sah mich besorgt an und sagte dann: »Übernimm mal das Ruder!«

Ich griff nach der Pinne und war froh, steuern zu dürfen. Mich auf etwas außerhalb meines Magens konzentrieren zu können tat mir gut. Hielt die Seekrankheit in Schach.

Nach ein paar Stunden raumte der Wind und ließ nach. Außerdem kenterte die Tide, die bislang gegen den Wind gesetzt hatte, was immer zu verhältnismäßig steilem Seegang führt. Die Bewegungen des Bootes wurden angenehmer. Gegen Abend hatten sich Seegang und Magen weitgehend beruhigt. Als wir die Nachtwachen einteilten, war ich wieder ein vollwertiges Crewmitglied.

36. GRUND

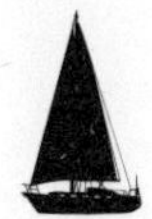

Weil es Verklicker gibt

Segler sind zwanghaft. Sie haben den süchtigen Blick. Auch wenn er himmelwärts gerichtet ist, liegt Seglers Götze doch viel näher: der Verklicker. Ein Fähnchen, das uns ständig verklickert, woher der Wind weht. Es funktioniert wie die Wetterfahne eines Kirchturms. Anders als die Wetterfahne, die immer die wahre Windrichtung anzeigt, zeigt der Verklicker allerdings meist den »scheinbaren Wind« an.

Man lasse sich von dem Namen nicht irreführen. Der scheinbare Wind ist genauso real wie der »wahre Wind«. Sobald ein Boot sich in Bewegung setzt, entsteht Fahrtwind, und der lenkt den »wahren Wind« ab. Je höher die Fahrt, desto vorlicher kommt dieser Wind ein. Für uns Segler ist dieser scheinbare der wichtigere Wind, denn nach ihm stellen wir unsere Segel. Streng genommen segelt jedes Boot also mit seinem eigenen Wind: Je nach Bootsgeschwindigkeit kommt es vor, dass verschiedene Boote auf gleichem Kurs mit ganz unterschiedlichen Segelstellungen segeln. Und trotzdem auf beiden Booten alles richtig gemacht wird!

Egal wie spannend das Gespräch im Cockpit gerade ist, der Blick des erfahrenen Rudergängers wird immer wieder abschweifen, den Segeln folgend aufwärts wandern zum Verklicker. Das ist kein Zeichen von Langeweile. Sondern dient (oft unbewusst) der Kontrolle der Segelstellung.

Ich liebe den Verklicker. Trotzdem ist es gut, sich nicht zum Sklaven dieser Hilfe zu machen. Denn spätestens wenn man mit der Jolle einmal nachts unterwegs ist oder das Toplicht defekt sein sollte, ist man plötzlich auf sein Segelgefühl angewiesen, da man im Dunkeln den Verklicker nicht mehr erkennen kann. Gut, dass das Boot auch auf andere Weisen zu uns spricht!

37. GRUND

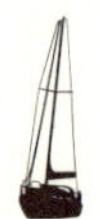

Weil Rollfocks das Segeln einfacher machen

Der Wind legt weiter zu. Eine Bö orgelt heran und drückt Kadé tief auf die Seite. Die Relingsstützen ziehen durch das Wasser. Mein Vater und ich gucken uns an.

»Wir sollten was tun.« Diesmal bin ich dran. Ich gehe unter Deck und krame aus der Hundekoje den Segelsack mit der Fock hervor. Stopfe mir den Segelsack für die Genua unter die Hosenträger meiner (unpraktischen) Ölzeughose, wuchte den Sack den Niedergang hinauf. Oben halte ich mich mit der einen Hand an der Reling fest und schleppe den Sack nach vorn. Das Boot bockt im Seegang, und ich sollte besser aufpassen. Vorne binde ich den Focksack erst einmal an die Reling, damit er nicht über Bord gehen kann. Ich gehe zum Mast zurück und löse das Fall. Die Genua steht back und kommt schnell herunter, aber nicht ganz, also kämpfe ich mich vor zum Bugkorb, das Fall immer in einer Hand, und ziehe die Genua mit der anderen vollends herunter. Bin im Bugkorb so gut festgeklemmt, dass ich das Fall nicht loszulassen brauche. Jetzt nehme ich es zwischen die Zähne und löse das Ende vom Segel, binde es an der Reling fest und mein loses Ende gleich dazu. Ich stopfe die Genua in den leeren Sack. Löse die Schoten und schieße sie auf, um sie mit in den Sack zu stecken. Die Fock hat auf der Kadé ihre eigene Schot (Für Segler: Selbstwendefock), die immer angeschlagen ist. Aber erst muss ich die Stagreiter öffnen, mit denen die Genua am Stag befestigt ist. Dazu verklemme ich mich wieder im Bugkorb. Das Boot tanzt heftig im Seegang. Der Schäkel, mit dem der Segelhals am Bug befestigt ist, lässt sich kaum öffnen. Gott sei Dank habe ich mein Taschenmesser dabei. Mit Schäkelöffner. Schließlich ist das Segel im Genuasack verstaut. Ich binde ihn ebenfalls an die Reling und ziehe den Focksack zu mir her. Hole die Fock heraus, stecke den leeren Sack wieder unter den Hosenträger und schäkele den Hals erst einmal fest. Dann werden die Stagreiter eingehängt. Ich löse mich von meinem guten Platz im Bugkorb und begebe mich zurück zum Mast, um die Schot bereit zu machen und an der Fock anzuschlagen. Wieder nach vorne, das Fall an der Fock befestigen. Zurück zum Mast und die Fock am Fall noch oben ziehen. Jetzt habe ich es fast geschafft. Nur noch den Genuasack losbändseln und nach hinten ins Cockpit schleppen. Er ist schwerer als der Focksack. Ich lasse den Sack durch den Niedergang fallen und lasse mich erst einmal auf die Cockpitbank sinken. Bin total ausgepumpt. Das waren zehn Minuten Schwerstarbeit auf dem bockenden Vorschiff.

Heute haben wir eine Rollfock. Dabei ist eine starre und hohle Stange über das Vorstag gesteckt. Unten ist eine Trommel fest mit der Stange verbunden. Auf dieser Trommel läuft die Reffleine. Das Vorsegel ist um die Stange gewickelt. Zieht man das Segel mithilfe der Schot heraus, wickelt sich die Reffleine auf die Trommel. Man sollte die Reffleine dabei immer etwas auf Spannung halten, damit sie sich sauber aufrollt. Sonst können sich Überläufer bilden, welche die Trommel blockieren könnten.

Zum Reffen fiere ich die Schot etwas auf und ziehe an der Reffleine. Das Vorliek der Rollfock wickelt sich auf, und schon habe ich aus der Segelfläche einer Genua die Segelfläche einer Fock gemacht. Das dauert keine halbe Minute und ist überhaupt nicht anstrengend, auch bei heftigem Seegang nicht. Außerdem brauche ich das sichere Cockpit nicht zu verlassen. Keiner muss mehr auf das Vorschiff. Man spart ein Segel, das zudem während des Törns immer angeschlagen bleibt und deshalb keinen Platz unter Deck beansprucht, der auf kleinen Booten immer Mangelware ist.

Rollfocks haben natürlich auch Nachteile. Normale Stagreitersegel ziehen besser als halb eingerollte Rollfocks. Früher gab es nur wenige Rollfockanlagen. Heute sind die Stagreitersegel in der Minderzahl. Wer aber glaubt, dass die Rollfock eine moderne Erfindung ist, irrt sich gewaltig. Das älteste mir bekannte Foto einer nach heutigen Prinzipien funktionierenden Rollfockanlage stammt aus dem Jahre 1890.

38. GRUND

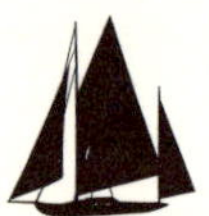

Weil es Kommandos gibt, die gebrüllt werden dürfen

Die Kommandosprache ist klar, einfach und wirkt überaus militärisch. Ich bin mit der Friedensbewegung erwachsen geworden und »militärisch« war für mich jahrelang ein Grund, mich damit nicht zu befassen. Der gebrüllten Kommunikation haftete etwas Spießiges an, was ich als junger Mensch unbedingt vermeiden wollte.

Auf den Booten, auf denen ich mitsegelte, schienen wir auch keine Kommandosprache zu brauchen. Mein Vater und ich waren ein so gut eingespieltes Team, dass wir auch ohne große Befehle wussten, was der andere warum tat, bzw. tun würde. Ein Anlegemanöver sah in etwa so aus:

Ich kramte Leinen und Fender aus der Backskiste, während mein Vater einen Liegeplatz anvisierte, und fragte meinen Vater: »Wo willst du anlegen?«

»Da vorne am Kai.«

Damit war alles gesagt. Ich wusste, auf welcher Seite Leinen und Fender anzubringen waren, bereitete alles vor, während mein Vater das Boot langsam an die Stelle manövrierte, egal wie kniffelig der Platz auch sein möge. Ich stieg mit der luvseitigen Leine über, er stoppte auf und übernahm die leeseitige Leine. Wenn ich das schreiende Chaos anderer Crews hörte, war ich sogar stolz auf unsere stillen Manöver.

Als ich später einhand unterwegs war, erübrigten sich Kommandos ohnehin. So kam es, dass ich erst spät mit der Notwendigkeit klarer Kommandos konfrontiert war. Besser gesagt: mit der Schwierigkeit.

Ich hatte Néfertiti gekauft, und Ima und ich überführten das Boot nach Hamburg. Plötzlich hatte ich jemanden an Bord, der nicht wusste, was zu tun war. Wie sollte sie auch. Sie hatte nie vorher gesegelt.

Klare Kommandos zu geben ist eine Kunst. Gute Kommandos sind kurz, unmissverständlich, und man darf auch keine Scheu vor Lautstärke haben. Wenn der Wind heult und der Motor läuft, wird man mit Flüsterstimmchen in zehn Meter Entfernung einfach nicht gehört.

Ich erinnere mich an ein Anlegemanöver, das ich in Laboe beobachten durfte. Eine Klassiker-Regatta führte dazu, dass das Hafenbecken voller alter Segelyachten war. Ein Zwölfer kam unter Segeln herein. (12er sind diese über Deck etwa 18 m langen wunderschönen alten Regattayachten, die seit 1906 international anerkannt sind.) Der Skipper führte sein Boot meisterlich. Nur mit Kommandos brachte er das Schiff an die Pier. Fasste nicht einmal die Pinne (die Steuerstange) an.

Das war die hohe Kunst, Kommandos zu geben!

39. GRUND

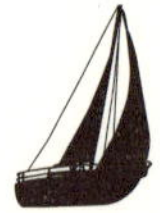

Weil Rückmeldungen doch hilfreich sind

»Vorleine fest!« – »Vorleine ist fest!« Rückmeldungen wirken noch militärischer als Kommandos. Geradezu pedantisch. Aber es gibt einen Grund, warum die Britische Marine Rückmeldungen für so wichtig hielt, dass das Unterlassen mit drei Tagen Arrest bestraft wurde.

Imas und mein erster gemeinsamer Törn: Wir hatten vor Den Oever (am Ijsselmeer) geankert und hatten Großes vor. Heute sollte es hinaus auf die Nordsee gehen. Dort wären wir von den Tiden abhängig. Also gab es einen ausgeklügelten Zeitplan. In aller Frühe gingen wir ankerauf. Der Anker kam voller Schlick an Deck und ich schnappte mir die Pütz, um ihn zu säubern. Ima rief vom Cockpit her: »Soll die Tonne an Steuerbord bleiben?« Ich war ganz in meine Arbeit vertieft und rief zurück: »Fahr rechts vorbei!« Keine Minute später ging ein Ruck durch das Schiff. Ich wurde nach vorne geschleudert, konnte mich aber festhalten. Wir waren aufgelaufen. Keine drei Meter links der Tonne. Ein klassisches Missverständnis. Hätte ich das formelhafte Kommando, wie ich es in den Tagen vorher immer benutzt hatte, auch diesmal benutzt, hätte ich gesagt: »Die Tonne bleibt an Backbord!« Und eine solche Antwort gab Imas Frage ja auch vor. Also das Kommando war schon schlecht. Wenn wir damals aber mit Rückmeldungen gearbeitet hätten, hätte Ima gerufen: »Tonne bleibt an Steuerbord«, und das hätte mich aufmerken lassen. So versuchten wir erfolglos von der Untiefe wieder herunterzukommen. Keine Chance. Erst Stunden später kam uns eine große Yacht zu Hilfe. Da war unser Zeitplan längst obsolet, sodass wir erst am nächsten Tag auf die Nordsee hinauskamen.

Kommandos und Rückmeldungen sind zugegebenermaßen eine formelhafte Art der Kommunikation. Aber das hilft, Missverständnisse auszuschließen, und dient der Schiffssicherheit. Mein eigener Weg, diese Kommunikation schätzen zu lernen, war lang.

40. GRUND

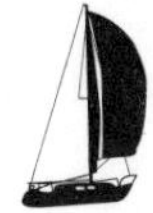

Weil die allermeisten Probleme auf See selbst gemacht sind

Mein Vater sagte einmal zu mir: »Das Gefährlichste beim Segeln ist die Autofahrt zum Hafen!« Das ist ein Satz, über den sich nachzudenken lohnt.

Warum scheint uns das Meer so gefährlich zu sein? Stellt euch eine Strandwanderung bei Starkwind vor. Der Sand wird aufgepeitscht und vom Wind weggeweht. Es tut weh, wenn er auf die nackte Haut prasselt. Die Brandung donnert auf den Strand. Wir sehen die Gewalt. Die Kraft, die in den Wellen steckt. Der Wind bringt uns fast aus dem Gleichgewicht, und wir müssen uns gegen ihn stemmen, um nicht umzufallen. Vielleicht sehen wir irgendwo da draußen sogar ein kleines Segel und denken an die Armen, die sich durch solches Wetter kämpfen müssen. Wir stellen uns vor, in diesem kleinen Boot da draußen zu sein. Wie es von den Wellen gestoßen wird. Schauderhaft …! Aber gefährlich?

In den allermeisten Fällen ist die Situation da draußen vielleicht unbequem, aber nicht gefährlich. Solange die Segel an die Bedingungen angepasst (gerefft) sind. Solange das Boot in einem guten Zustand ist. Solange der Navigator weiß, wo er sich befindet. Solange die Crew sich eingepickt hat … Die Liste lässt sich durchaus fortsetzen.

Aber all diesen Gründen, die das Segeln gefährlich machen können, ist eines gemeinsam: Sie sind (fast) immer selbst gemacht. Mit einem Minimum an Vorbereitung und Umsicht lassen sich die meisten Probleme auf See vermeiden. Das ist im Straßenverkehr ganz anders. Ein betrunkener Autofahrer verliert die Kontrolle über seinen Wagen und gerät auf die Gegenspur. Das ist einem Freund von mir passiert. Sein Kumpel, der auf dem Motorrad vorausfuhr, wurde von dem Wagen erfasst und muss sofort tot gewesen sein. Meinem Freund gelang es, mit seiner Maschine von der Straße hinunter auszuweichen, aber er kollidierte auf dem Feld mit einem abgestellten Hänger und zerschmetterte sich das Gesicht, das trotz vieler Operationen nie wieder ganz hergestellt werden konnte … Im Straßenverkehr vertraust du in jeder Sekunde (!) dein Leben Menschen an, denen du, wenn du ihnen im Dunkeln begegnest, möglicherweise nicht einmal die Hand reichen würdest.

Es kommt noch ein zweiter Punkt dazu: die Zeit. Im Straßenverkehr musst du deine lebenswichtigen Entscheidungen in Bruchteilen von Sekunden treffen. Auf See hat man für seine Entscheidungen (meist) deutlich mehr Zeit. Aber kommt uns das gefährlich vor? Nein, weil die Gefahren des Straßenverkehrs zu unserem Alltag gehören. Statistisch ist die Gefahr, im Straßenverkehr sein Leben zu verlieren, vielfach höher als beim Segeln über Ozeane.

Ein Segel, das reißt, ist im Allgemeinen alt und brüchig. Das gilt zumindest für die Segel, die mir gerissen sind. Ich hätte sie Monate vorher austauschen können. Sollen. Aber wenn man mit kleinem Budget arbeitet, schiebt man solch teure Anschaffungen, wie neue Segel, gerne hinaus. Reißt ein neues Segel, sind gewaltige Kräfte im Spiel. Ist mir noch nie passiert. Normalerweise hat da jemand versäumt, die Segelfläche an die Verhältnisse anzupassen. Die Gewitterwolke ignoriert, aus der diese heftige Bö herausschoss, oder der Rudergänger hat die Riffelung auf der Wasseroberfläche missachtet, die ihm Warnung hätte sein können. Nachts, wenn man nichts sehen kann, könnte man überrascht werden. Aber dann würde ein vorsichtiger Segler bei böigem Wind vorausschauend die Segel kürzen. Also wenn euch jemand von einer Bö aus heiterem Himmel erzählt, die sein Segel zerfetzte und gegen die er keine Chance hatte, könnt ihr das getrost als Seemannsgarn abtun. Irgendjemand hat da nicht aufgepasst. Bei auflandigen 6 Windstärken sind die Seegatten zwischen den Ostfriesischen Inseln lebensgefährlich. Ein umsichtiger Skipper versucht gar nicht erst, die Seegatten bei solchen Bedingungen zu passieren. Er würde beispielsweise nach Helgoland ablaufen, das bei jedem Wetter angesteuert werden kann. Oder zur Ems. Klar, das bedeutet noch ein paar Extra-Stunden Tortur. Aber allemal besser, als durch eine Grundsee im Seegatt Boot und Leben zu verlieren ... Auch wenn der Inselhafen schon in Sichtweite ist, ist er doch unter Umständen unerreichbar. Jemand, der sich vorbereitet hat, weiß das.

Was ich auf See am meisten fürchte, ist unsichtiges Wetter. Es erschwert die Navigation und vergrößert die Gefahr von Kollisionen. Wenn man kein Radargerät an Bord hat. Wer, wie wir, ein solches Gerät nicht bezahlen kann, kann aber immer noch etwas tun. Das, was die Seefahrer jahrhundertelang getan haben. Bei schlechter Sicht nicht auslaufen. (Nicht, dass ich mich immer daran gehalten hätte ...)

41. GRUND

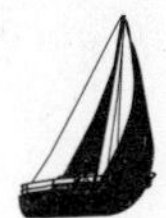

Weil man aus Patenthalsen lernen kann

Eine Patenthalse ist keine besonders raffinierte Erfindung, auch wenn der Name das nahelegt.

Die normale Halse ist ein Manöver, bei dem das Boot mit dem Heck durch den Wind dreht. Die Segel müssen von einer Seite auf die andere geholt werden. Bei großen Segelflächen treten dabei gewaltige Kräfte auf, sobald es etwas stärker weht. Deshalb wird dieses Manöver tunlichst kontrolliert ausgeführt.

Bei einer Patenthalse passiert im Prinzip das Gleiche. Allerdings unkontrolliert. Der Rudergänger ist versehentlich so weit vom richtigen Kurs abgewichen, dass der Wind das Segel von der verkehrten Seite erfasst und mit einer gewaltigen Kraft auf die andere Seite schlagen lässt. Dabei sind schon Masten gebrochen, Menschen über Bord gestoßen und Schädel zertrümmert worden. Die Patenthalse ist ein Fehler. Aus Fehlern kann man lernen.

Damit sind wir beim eigentlichen Thema dieses Kapitels. Auf See lernt man nie aus.

Gestern hast du noch den Seewind genau vorhergesagt. Und den Kurs entsprechend eingerichtet, obwohl der Wetterbericht etwas ganz anderes behauptet hatte. Deine Crew hält dich heute für einen Wetterpropheten, der die Wolken liest wie kein Zweiter. Plötzlich hast du einen Ruf zu verlieren. Aber heute bildet sich die erwartete Seebrise partout nicht aus, obwohl alles gleich ist, außer ein paar Wolken über Land. Naja. Eine Menge Wolken … Könnte es sein, dass die Wolkendecke verhindert, dass sich das Land darunter erwärmt? Du wirst in deinem Seglerleben viele Fehlentscheidungen treffen. Aber du wirst daraus lernen und wachsen. Wenn dir anfangs 7 Windstärken wie ein ausgewachsener Sturm erscheinen, wirst du irgendwann nicht nur begreifen, sondern auch fühlen können, warum man bei 7 Windstärken »nur« von Starkwind spricht, obwohl da auch schon gewaltige Kräfte im Spiel sind.

Du wirst gelassener werden. Auch wenn Dinge schiefgehen.

Irgendwann wirst du dich auf See sicher fühlen. Und nach einer Weile zu sicher! Aber keine Sorge: Die See hält für jeden die richtige Lektion bereit. Sie wird dich wieder auf das rechte Maß zurechtstutzen. So dass du ihr wieder mit Respekt begegnest. Diesen Respekt braucht man, um lernen zu können. Denn die See ist ein wundervoller Lehrmeister.

Eines Tages wirst du zurückblicken und entdecken, dass das vielleicht der wichtigste Grund ist, das Segeln zu lieben. Weil, ganz egal wie viele Seemeilen du auf dem Buckel hast: Du wirst auf See nie aufhören dazuzulernen!

42. GRUND

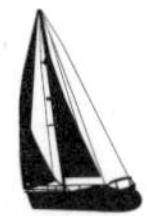

Weil man auch als Fahrtensegler Regatten segeln kann, aber nicht muss!

Ich bin Fahrtensegler. Durch und durch. Kann also nicht wirklich etwas über Segelwettfahrten erzählen. Und doch sind Regatten für mich ein wichtiger Grund, das Segeln zu lieben!

Am Morgen herrschte dichter Nebel am Ankerplatz, der Segeln unmöglich machte. Aber nun, nachdem die halbe Tide durch ist, ist die Sicht endlich so weit aufgerissen, dass wir ankerauf gehen können. Nordwest. 1–2 Bft. Uns bleiben noch drei Stunden mitlaufender Strom. Wir könnten bis Pagensand kommen. Groß und Rollfock leuchten braun in der Sonne, und Néfertiti gleitet langsam vom Nebenfahrwasser hinter Schweinesand ins Fahrwasser der Elbe. Ima liest (nur ein »kleines, kleines bisschen für das Studium«). Nördlich von uns ist ein anderes Segelboot unterwegs. Auf Parallelkurs und unter Segeln. Ein hochbordiges Kunststoffschiff. Alle Segler sind verkappte Regattasegler!

Ich zupfe an den Schoten. Die Rollfock etwas dichter. Nein, das war zu viel. Wieder ein paar Zentimeter auslassen. Und das Groß? Bei dem leichten Wind sollte es bauchiger gefahren werden … Ich konzentriere mich auf das Steuern. Das andere Boot zieht uns trotzdem davon. Zu groß ist der Geschwindigkeitsunterschied. Schade, so eine kleine Privatregatta hätte die Würze des Morgens sein können. Aber wir haben keine Chance.

»Mach dir nichts draus, Néfertiti! Deine Stärken liegen bei schwerem Wetter.« So oder ähnlich trösten wir Fahrtensegler uns immer wieder, wenn wir eine solche Regatta verlieren.

Immerhin können wir fast anliegen, schrammen auf Legerwall dicht an den Stacks entlang, während für unseren Kontrahenten, schon ein gutes Stück voraus, der Wind immer vorlicher einzukommen scheint. Anstatt zu wenden, bleibt er auf dem Bug, der immer ungünstiger wird. (Wir laufen auf gleichem Bug schon gut 60° mehr Höhe.) Vielleicht haben wir doch eine Chance? Ich konzentriere mich wieder. Er bleibt auf dem ungünstigen Bug, bis er unser Ufer erreicht und im Windschatten der nächsten Insel, Lühesands, verhungert. Ha. Das werden wir anders machen! Kaum, dass der Wind auch für uns vorlicher dreht, wenden wir.

Da überhaupt kein Schiffsverkehr herrscht, wende ich bald wieder zurück und halte uns so mit kurzen Schlägen kreuzend im tiefsten Fahrwasser, wo immer die stärkste Strömung läuft, und die schiebt mit anderthalb Knoten. Wir segeln sozusagen mehr nach Echolot als nach Verklicker. Néfertiti holt auf. Wir kommen näher und näher. Erst, als wir das andere Boot fast eingeholt haben, kann er sich aus dem Flautenloch befreien und kreuzt unseren Kurs dicht vor unserem Bug. Beidseitiges Winken. (Mit Entermessern im Blick. Die drüben haben die Herausforderung auch angenommen.)

Das andere Boot folgt der Taktik langer Schläge. Erst dicht unter Land (im gestörten Wind des Ufers, hihi) wendet das Segelboot zurück. Da wir den freieren Wind haben (der immer stärker weht), können wir ihn noch eine Weile halten, aber er läuft weniger Höhe, und je weiter er sich vom Ufer entfernt, desto schneller wird er, und irgendwann haben wir nichts mehr dagegenzusetzen. Da hilft kein Zupfen an der Rollfock und auch kein leichtes Abfallen … Jetzt läuft auch er im freien Wind und im stärksten Strom. Die Regatta haben wir verloren.

»Tee?« Ima steht am Niedergang, die Thermoskanne in der Hand.

»Au ja.«

Ima reicht mir einen Becher. Die Sonne scheint. Eine leichte Brise. Das Leben kann so schön sein. Der Leuchtturm Lühesand kommt in Sicht. Ich mag dieses kleine Häuschen. Bald wird die Tide kentern. Wir werden es wohl so gerade bis Pagensand schaffen. Von achtern kommt zügig eine weitere Yacht auf, die uns wohl beide überholen wird.

Derweil ist unser Kontrahent wieder weit voraus. Aber er wiederholt seinen Fehler. Obwohl der Wind für ihn immer ungünstiger wird, bleibt er auf dem unvorteilhaften Bug. Während der Wind bei uns nicht nur zunimmt, sondern raumt. Heißa! Néfertiti kommt wieder schnell näher. Lauf, altes Mädchen lauf! Die dritte Yacht überholt uns in Luv. Ein wunderschöner Oldtimer. Schnell und gut gesegelt. Fahrtenseglers Willkür: Die werden einfach nicht gewertet. Die segeln außer Konkurrenz!

Inzwischen hat auch unser Kontrahent die geraumte Bö erwischt, aber er ist jetzt so dicht unter Land (Legerwall), dass er wenden muss und damit auf den ehemals günstigeren, aber jetzt ungünstigeren Bug wechselt (weil der Wind geraumt hat). Anstatt so schnell wie möglich zu wenden, bleibt er auf dem schlechten Bug und kreuzt unser Kielwasser abgeschlagen hinter uns.

Nun. Unser Triumph ist nicht vollkommen: Die Bö zieht vorbei, und vor Pagensand, kurz BEVOR wir die Segel bergen und ins Nebenfahrwasser Pagensands motoren, überholt unser Regattagegner uns wieder. Aber ich glaube, Néfertiti ist trotz allem ganz zufrieden mit mir, während Ima von alledem nichts mitbekommen hat. Als ich in den Wind drehe, um beizuliegen und das Groß herunterzuholen, schaut sie von ihrem Buch auf und sagt: »Sind wir schon da?«

»Ja.« Ich rolle die Rollfock ein und starte den Motor. Schließlich ankern wir unter der Ostspitze der Insel, um die gegenläufige Tide abzuwarten. Ich liebe diese kleinen Regatten. Sie sind die Würze eines schönen Segeltages. Und das Beste ist: Es gibt immer ein Boot, das ungefähr genau so schnell ist … ähm … das einen Ticken langsamer ist als das eigene.

43. GRUND

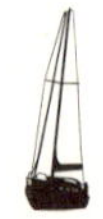

Weil weder Holländisch Segeln noch Dänisch Kreuzen wirkliches Segeln sind

Néfertiti läuft hoch am Wind. Wir können gerade noch anliegen und nähern uns dem schmalen Fahrwasser nach Svendborg. Von achtern kommt eine Segelyacht auf. Wir haben die Regatta angenommen, aber keine Chance. Stetig kommen die anderen näher. Als sie uns eingeholt haben und vorbeiziehen, wird auch deutlich warum. Hinter dem Heck sind deutlich Schraubenverwirbelungen zu sehen. Außerdem spritzt das Kühlwasser der mitlaufenden Maschine aus dem Auspuff. Eigentlich müsste er einen schwarzen Kegel mit der Spitze nach unten zeigen. Ein Sichtzeichen, um allen anzuzeigen, dass er unter Maschine fährt, denn wer die Maschine mitlaufen lässt, gewinnt damit nicht nur die zusätzliche Geschwindigkeit eines Motorbootes, sondern auch die Ausweichpflichten eines Motorbootes. Aber die drüben sehen das anscheinend nicht so eng.

In der Ostsee wird die gleichzeitige Benutzung von Segeln und Maschine Dänisch Kreuzen genannt (zumindest von deutschen Seglern), und in der Nordsee heißt es Holländisch Segeln. Ich vermute, dass die Holländer es Belgisch Segeln nennen, und die Dänen? Irgendwer nennt es sicher auch Deutsches Segeln. Wir nennen es Dieselwind.

Für Segler ist es etwas ehrenrührig. Vielleicht »vergisst« deshalb mancher Segler den Schwarzen Kegel. Beim zweiten Mal fühlt es sich schon etwas weniger ehrenrührig an, und irgendwann denkt man nicht mehr darüber nach. Sobald die Fahrt unter drei Knoten sinkt, geht die Hand des Skippers zum Anlasser.

In den letzten Jahrzehnten sind die Maschinen immer stärker geworden. Früher war es selbstverständlich, dass ein Segelboot seine höchste Geschwindigkeit unter Segeln erreichte. Der Motor war eine

Hilfsmaschine. So schwach, dass der Gesetzgeber schon ab 5 PS einen Führerschein verlangte. Heutzutage ist die Grenze auf 15 PS hochgeschraubt. Wer daraus schließt, dass heute auch die Motoren dreimal so stark sind, liegt ganz richtig. Entsprechend werden die Maschinen nicht mehr nur für Hafenmanöver benutzt. Ist der Wind zu schwach, wird die Maschine angeworfen, kommt er aus einer ungünstigen Richtung auch. Und wenn er zu stark ist auch. Im gleichen Maße, wie die PS-Zahlen gewachsen sind, hat auch der Dieselwind zugenommen. Wir haben es auch schon (häufiger) gemacht. Im Watt muss man bestimmte Stellen zu bestimmten Zeiten passiert haben. Schade finde ich es trotzdem.

44. GRUND

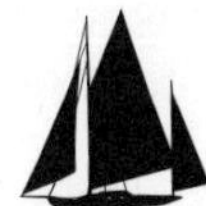

Weil Wolken und See uns verraten, wie das Wetter wird

Auf hoher See sieht man ringsumher nur den leeren Horizont. Das Meer. Alles ist in ständiger Veränderung begriffen. Ich liebe diese Weite, die man an Land so selten sieht. Die eigentlichen Hauptakteure des Spektakels sind die Wolken. Zarte Schleier oder dunkel drohende Ungetüme. Mal atemberaubend schnell ziehend und mal statisch wie ein Stillleben. Dramatisch grau in allen erdenklichen Schattierungen und dann wieder fröhlich weiß. Abends auch mal leuchtend orange oder verhalten violett. Oft gestalten sie die Atmosphäre des Himmels und manchmal auch die an Bord.

Ich liebe dieses Farbenspiel am Himmel, aber Wolken sind viel mehr. Wolken liegt immer eine Abkühlung der Luft zugrunde: Luft steigt auf und kühlt sich ab. Ab einer bestimmten Temperatur (dem Taupunkt) kann die gespeicherte Luftfeuchtigkeit nicht mehr gehalten werden. Sie kondensiert: Eine Wolke ist geboren. Wer sich auf See hinauswagt, sollte lernen, Wolken zu lesen. Jeder kann das.

Dunkle Regenwolken kennt man ja auch an Land. In der Stadt fürchtet man den Regenschauer. Man will nicht nass werden. Beim Segeln fürchtet man eher die Böen oder die Sichtverschlechterung, die mit dem Regen einhergeht.

Haufenwolken, die an einem sonnigen Tag von der Küste auf das Meer hinausgetragen werden und sich dort auflösen, sind ein Vorbote des Seewindes. Wenn sie allerdings über der Küste hängen bleiben und sich verdichten, wird die Seebrise sich nicht entwickeln.

Einzelne große Wolken haben mitunter ihr eigenes Windsystem. Luft steigt auf, und in Bodennähe muss Luft nachströmen. Wind zur Wolke hin wäre die Folge. Anders, wenn es aus der Wolke heraus regnet. Der Regen kühlt die unteren Luftmassen ab, und diese Luftmassen fallen unten aus der Wolke heraus. Treffen sie auf die Wasseroberfläche, müssen sie zur Seite ausweichen: Böen wehen von der Wolke weg.

Auch die Annäherung eines Tiefdruckgebietes geht mit spezifischen Wolkenbildern einher. Man kann den Verlauf gut vorhersagen:

Die ersten Vorboten sind menschengemacht. Wenn sich Kondensstreifen von Flugzeugen bilden und immer länger am Himmel stehen bleiben, ist das ein erstes Warnzeichen. Ein weiteres sind Zirren (Cirrus): sehr hohe oft hakenförmig aufgebogene Schleierwolken. Diese ersten Hinweise auf ein Tief sind nicht eindeutig. So sagt ein alter Meteorologenspruch: »In Frauen und Zirren kannst' dich irren!« Aber sobald man diese ersten Vorzeichen bemerkt, sollte man der Wetterentwicklung eine besondere Aufmerksamkeit widmen. Bei Annäherung eines Tiefs wehen in diesen großen Höhen deutlich rechtgedrehte (im Uhrzeigersinn gedrehte) Winde verglichen mit dem Bodenwind. Je ausgeprägter diese Rechtdrehung und je schneller diese Wolken ziehen, desto ausgeprägter wird die nahende Warmfront sein. (Es kann durchaus vorkommen, dass am Boden Wind aus südlichen Richtungen herrscht, während der Höhenwind aus Nordwest kommt.)

Handelt es sich um ein ausgeprägtes Tiefdrucksystem, wird das Barometer anfangen zu fallen. Immer schneller, je näher die Warmfront herangezogen ist. Fällt das Barometer 6 hPa in drei Stunden, ist mit Starkwind zu rechnen, fällt es in der Zeit sogar um 8 hPa, mit Sturm. (Das Gleiche gilt übrigens auch bei schnell steigendem Barometerstand.)

Außerdem wird man auf hoher See Dünung beobachten, die den zu erwartenden stärkeren Winden vorauseilt. Am Himmel werden sich die Schleierwolken verdichten (Cirrostratus) und tiefer sinken (Altostratus). Auf mittlerer Höhe kommt eine zweite Wolkenschicht dazu. Sie besteht aus leicht aufgetürmten Haufenwolken (Cumulus), die sich ebenfalls zu einer mehr oder weniger zusammenhängenden Wolkendecke verdichten (Stratocumulus oder Stratus). Die Warmfront ist jetzt noch etwa 200 Seemeilen entfernt. Da Tiefs normalerweise mit Geschwindigkeiten von 10–40 Knoten ziehen, ist mit dem Durchgang der Warmfront in 5–20 Stunden zu rechnen. Vor der Warmfront wird heftiger Regen fallen, oft Dauerregen. Mitunter stundenlang.

Bei Annäherung der Front nimmt der Wind zu und ist erst einmal rückdrehend (entgegen der Uhrzeigerrichtung). Erst bei Durchgang der Warmfront dreht der Wind dann im Uhrzeigersinn. (Ich beziehe mich in diesem Buch immer auf unsere Breiten. Auf der Südhalbkugel passiert alles spiegelverkehrt.) Es wird spürbar wärmer. Der Regen geht in Niesel über oder hört ganz auf. Das Barometer hört auf zu fallen. (Es sei denn, das Tief ist noch im Wachsen begriffen und vertieft sich weiter.)

Wenn man sich etwas mit der Materie beschäftigt, ist das alles vorauszusehen. Auch von dir.

Im Warmluftsektor herrscht Grau vor. Grau in grau. Stratus oder etwas aufgelockert Stratocumuluswolken.

Vor der folgenden Kaltfront fällt wieder heftiger Regen. Hoch aufgetürmte Gewitterwolken gehen mit der Annäherung der Kaltluft einher. Der Wind nimmt zu. Oft blitzt und donnert es.

Beim Durchgang der Kaltfront dreht der Wind plötzlich recht. Er ist meist böig. Das Barometer steigt plötzlich. Der Durchgang der

Kaltfront markiert den Höhepunkt mit den schwersten Wetterbedingungen. Auch danach kann es noch tüchtig wehen, aber der Wind wird stetiger. Der Himmel reißt auf. Die Sonne lacht. In der Folge bilden sich vereinzelte Haufenwolken (Cumulus), und der Barometerstand steigt allmählich weiter. Wir haben das Schlechtwetter auf See abgewettert.

Eigene Wetterbeobachtungen ergänzen den amtlichen Wetterbericht großartig. Ganze Bücher wurden über das Thema geschrieben. Ich kann das hier nur anreißen, in der Hoffnung, dein Interesse für dieses Thema zu wecken. Wenn du dich damit beschäftigst, wirst du bald den Himmel mit ganz anderen Augen betrachten. Und die gewonnenen Erkenntnisse werden dir auch an Land von Nutzen sein.

45. GRUND

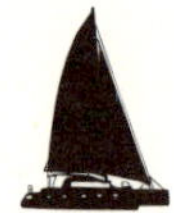

Weil man Logbuch führt

Das Logbuch ist oft der ganze Stolz eines Skippers. Liebevoll scheint jede passierte Tonne markiert, jede aufziehende Regenfront, jeder Winddreher. Jede Bewegung des Barometers. Windrichtung und Stärke, Geschwindigkeit und Loggestand, jede Kursänderung des Bootes. Dieselstand morgens und abends, Wetterberichte und Besegelung. Das Logbuch dient der Buchhaltung des Abenteuers.

Auch Jahre später macht es Spaß, die Seiten durchzublättern und sich plötzlich wieder an Begebenheiten zu erinnern, die man längst vergessen hatte. Wenn du mit einem anderen Skipper gemütlich in der Kajüte zusammensitzt und über vergangene Abenteuer erzählst (oder neue planst), wird er irgendwann sein Logbuch hervorziehen. Die meisten Skipper gehen früher oder später dazu über, das Logbuch mehr als eine Art Tagebuch aufzufassen. Neben den technischen, navigatorischen und meteorologischen Anmerkungen werden immer mehr persönliche Erlebnisse festgehalten, Gefühle und Stimmungen. Auch im segelfreien Winter macht es Spaß, das Logbuch zur Hand zu nehmen, sollte die Sehnsucht nach dem Meer überhandnehmen.

Aber das Logbuch ist auch ein Dokument, das vor Gericht Relevanz hat. Jedes seegehende Schiff ist verpflichtet, ein Logbuch zu führen. Sieht man genau hin, stellt man fest, dass fast alle Logbücher von Freizeitskippern Lücken aufweisen. Lange nicht jede Kursänderung wird protokolliert, nicht jedes Drehen des Windes festgehalten. Bei kleiner Crew macht das auch nur begrenzt Sinn. Wenn das Wetter schlechter wird und die Seekrankheit droht, ist es oft besser, auf die Buchhaltung zu verzichten. Lieber gesund und einsatzbereit im Cockpit sitzen, als seekrank Buch zu führen, bis die Seekrankheit so schlimm geworden ist, dass auch das nicht mehr geht.

Das kann dem Skipper eines kleinen Bootes zum Verhängnis werden, sollte sein Logbuch plötzlich als Beweismittel in einem Prozesses zugelassen werden.

Deshalb rät einer der bekanntesten deutschen Blauwassersegler, selbst Richter im Ruhestand, nach einem Unfall als Erstes das Logbuch über Bord zu werfen. Er argumentiert, dass nur die wenigsten seiner Kollegen als Nicht-Segler ein solches Yachtbordbuch adäquat beurteilen könnten. Die Lücken würden immer nur als Unverantwortlichkeit des Skippers ausgelegt werden.

46. GRUND

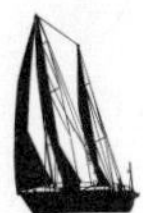

Weil man ins Kielwasser starren kann

Néfertitis Bug fällt in die Welle, schneidet ins Wasser. Gischt spritzt zur Seite und bleibt als Schaum auf der Wasseroberfläche liegen, zieht schnell an der Bordwand entlang. Die Blasen bleiben achteraus. Verlieren sich im Nirgendwo. Néfertiti zieht eine schaumige Spur: das Kielwasser.

Ich liebe es, ins Kielwasser zu starren. Ich liebe seine Vergänglichkeit. In Kürze ist keine Spur mehr von unserem Hiersein zu sehen. Ich schaue in die sich auflösenden Luftblasen und merke kaum, wie die Zeit vergeht. Würden wir Menschen uns doch nur mehr um diese Vergänglichkeit bemühen. Unsere Bahn auf diesem Planeten ziehen, ohne immer und überall Spuren zu hinterlassen … Aus Habgier und ungezügeltem Profitdenken. Dabei wird der Einzelne durch immer mehr Haben nicht einmal glücklicher. Der Blick zurück ins Kielwasser macht mich nachdenklich. Manchmal traurig. Manchmal fröhlich. Wir Menschen haben auch Abdrift. Nicht nur als die Menschheit, die ihren Planeten zerstört. Auch als einzelner Mensch:

Wolltest du wirklich dahin, wo du gerade bist? Es kann nicht schaden, wenn du jetzt einen Moment innehältst und einen Blick auf dein eigenes Kielwasser wirfst …

Dieser gelegentliche Blick zurück ist auch navigatorisch von Nutzen. Selten verläuft die Schaumspur genau achteraus. Meist entsteht ein kleiner Winkel zur verlängerten Mittschiffslinie. Dieser Winkel entspricht der Abdrift durch den Wind. Der Wind bringt ein Schiff nicht nur vorwärts, sondern schiebt ein Boot auch immer etwas zur Seite. Diese Versetzung zur Seite nennt man Abdrift. Die Werte sind je nach Boot, Kurs zum Wind und Wetterbedingungen unterschiedlich. (Werte zwischen 5° und 20° sind durchaus normal.) Das ist eine Größe, die man für die Navigation unbedingt braucht.

Der Blick zurück verrät mir: Néfertiti segelt im Moment mit etwa 10° Abdrift. Das ist keine Überraschung. Ich hatte diesen Wert im Vorfeld geschätzt und in den Kompasskurs mit eingerechnet. Néfertitis Bug taucht tief in eine Welle ein, Gischt spritzt an Deck und wird vom Wind bis zu mir ins Cockpit getragen. Fühlt sich seltsam warm an. Über allem lacht die Sonne. Mein Blick löst sich vom Kielwasser. Herrliches Segeln. Wirklich kein Moment, um melancholischen Gedanken nachzuhängen …

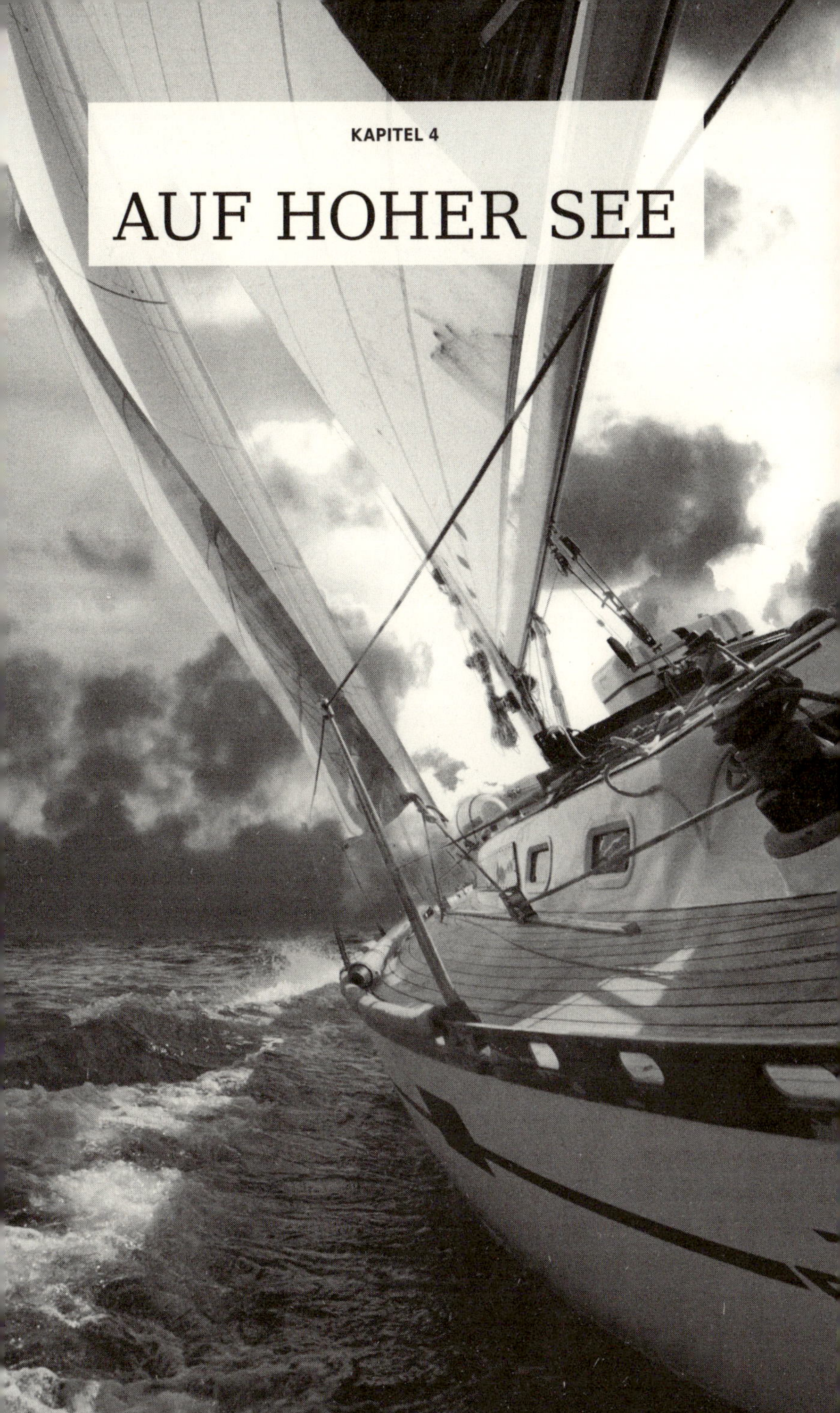

KAPITEL 4

AUF HOHER SEE

47. GRUND

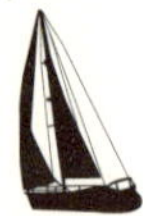

Weil das große Glück in den kleinen Dingen wohnt

Néfertiti rollt schwer in der aufgewühlten See. Der Regen hat wieder nachgelassen, aber das sind doch längst nicht mehr die angesagten drei bis vier Windstärken. Dick eingepackt in Fleecejacke und Ölzeug, sitze ich an der Pinne. Ich friere trotzdem. Dabei haben wir Sommer.

Da ruft Ima durch das geschlossene Schot: »Gas an!« Ich rufe zurück: »Ich habe noch Tee in der Thermoskanne!«

»Ich will dir eine Wärmflasche machen!«

Ich bin ja nicht aus Zucker, aber als ich wenig später die Wärmflasche unter mein Ölzeug schiebe, fährt ein wohlig warmes Gefühl durch meinen Körper.

Néfertiti boxt sich durch eine Welle, Gischt spritzt zu beiden Seiten. Köstliche Wärme. Es fängt wieder an zu regnen, aber das ficht mich nicht mehr an.

»Danke, Ima. Das ist toll!« So fühlt sich also Glück an.

Ein anderer Tag. Ein anderer Törn. Néfertiti ankert hinter Halmø, einer kleinen (fast) unbewohnten Insel der Dänischen Südsee. Wir befinden uns auf der Rückfahrt und wollten heute eigentlich nach Kiel segeln. Aber es herrscht Totenflaute.

Anstatt die Segel aufzuspannen, spanne ich die Persenning als Sonnendach über das Cockpit. Es herrscht eine Bullenhitze. Nicht ein Kräuseln stört das Spiegelbild Néfertitis auf dem Wasser, das wie bleiern unter uns liegt. Man kann bis auf den Grund hinabsehen.

Für morgen sind drei Windstärken aus Nordost bis Ost angesagt. Ideal für uns. Deshalb werden wir erst morgen segeln.

Das fühlt sich wunderbar an! Die Freiheit, heute nicht den ganzen Tag mit Motor fahren zu müssen, sondern einfach hierzubleiben, ist eines dieser kleinen Dinge, in denen das große Glück wohnt.

Meine Versuche, etwas von dieser Freiheit in mein Landleben zu integrieren, scheitern regelmäßig. Warum eigentlich?

Es gibt unzählige dieser kleinen Freuden. Die dampfende Tasse Tee oder eine heiße Suppe auf Wache. Der atemberaubende Sonnenuntergang auf See. Die Freude, sich durch ein Wattfahrwasser gemogelt zu haben, das eigentlich zu flach schien. Der Regenbogen in der Gischt. Das Streicheln des Windes auf deiner Wange. Selbst das Prasseln der Regentropfen auf das Kajütdach kann mich glücklich machen, oder das Aufschieben des Luks am Morgen und der erste erwartungsvolle Blick zum Himmel. Das Gluckern und Glucksen des an der Bordwand vorbeistreichenden Wassers. Imas Lächeln, wenn sie sich unbeobachtet wähnt und sich über den weiten Blick auf See freut. Die wohlige Müdigkeit nach einem langen Segeltag.

Ich glaube, das Geheimnis liegt in der Aufmerksamkeit. Auf See fällt es mir leichter, diese kleinen Dinge wahrzunehmen, als im Alltag an Land.

48. GRUND

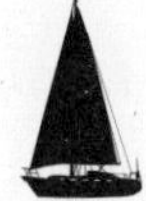

Weil Segeln Luxus ist

Wenn Laien das Wort »Yacht« hören, denken sie an sonnengebräunte Grazien, die sich auf dem Vordeck rekeln und Champagner schlürfen. Wenn das kein Grund wäre, das Segeln zu lieben! Die Wirklichkeit sieht zumeist anders aus: Man schläft gleichzeitig auf dem Klo und in der Küche. Alles bewegt sich dauernd auf und ab, selbst auf 13-m-Schiffen ist die »Dusche« meist nur ein Schlauch mit Duschkopf neben der Kloschüssel.

Dabei ist Segeln tatsächlich Luxus. Auch auf einem kleinen Boot ohne Toilette. Der Luxus, aufzutauchen aus dem Sumpf des Alltags.

Alles hinter sich lassen zu können und sich auch mental vom Wind einmal richtig durchpusten zu lassen. Segeln wirkt wie ein Respawn im wirklichen Leben.

Beim Segeln bewegst du dich in der Natur. Deine Entscheidungen haben unmittelbare Konsequenzen, mit denen du leben musst. Du entscheidest dich, bei widrigem Wetter auszulaufen? Jede Welle wird dich an deine Entscheidung erinnern, jede Bö, die das Boot tief auf das Wasser drückt, jeder Gischtspritzer, jeder Regentropfen ins Gesicht. Aber wenn du den geschützten Ankerplatz erreichst, ist auch das aus dem Ankommen erwachsende Wohlgefühl eine Konsequenz deiner Entscheidung. Du wirst dich eins fühlen mit den Elementen, und das ist wirklicher Luxus in unseren westlichen Industriewelten. Viel mehr als das oberflächliche Klirren von Champagnergläsern.

49. GRUND

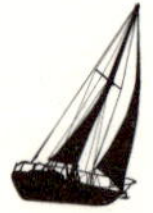

Weil man Mann-über-Bord-Manöver üben kann

Bevor wir auslaufen, frage ich Neulinge an Bord gerne: »Wie tief geht es vom Deck bis zum Wasser runter?« Sie antworten je nach ihrem Schätzvermögen: »50 Zentimeter?«

»Nicht ganz.«

»75?«

»Es sind tausend Meter! Wenn du runterfällst, bist du tot!«

Ich meine das genauso drastisch, wie es klingt. Ich halte die Mann-über-Bord-Situation für das Gefährlichste, bzw. die wahrscheinlichste Gefahr, die dir beim Segeln begegnen kann. Natürlich kommt es vor, dass ein Segelboot sinkt oder im Sturm zerschlagen wird, dass es strandet. Aber das passiert eher selten, und wenn, dann sind oft zumindest stundenlange (mitunter jahrelange) Nachlässigkeiten bei der Schiffsführung der Auslöser. Beim Überbordgehen reicht eine Sekunde, ein falscher Tritt.

Es gibt verschiedene Arten, ein Mann-über-Bord-Manöver zu fahren. Jede hat ihre eigene Philosophie. Aber im Prinzip fährt man immer eine Art Kreis, der mal größer und mal enger ist, mal wirklich rund und mal eher eckig. Immer ist es das Ziel, das Boot möglichst schnell in unmittelbarer Nähe des Verunglückten zum Stehen zu bringen, eine Leinenverbindung herzustellen, um dann den Verunglückten zu bergen.

Meist kann der Steuermann schnell reagieren, sodass sich das Boot gar nicht erst weit von der Unfallstelle entfernt. Aber manchmal ist die Manövrierfähigkeit eines Bootes eingeschränkt. Z.B.: Auf Kursen vor dem Wind werden oft die Vorsegel ausgebaumt und der Großbaum gegen Patenthalsen mittels Bullenstander gesichert. (Für Noch-nicht-Segler: Das ist eine Leine, die den Großbaum fixiert.) Vielleicht segelt man unter Spinnaker und muss dieses Segel erst bergen, bevor man gegen den Wind zurückfahren kann.

Bis der Spinnaker geborgen ist, bzw. alle Fesseln gelöst sind, sind schnell 3–4 Minuten vergangen, wenn eine eingespielte Crew am Werk ist. Wenn derjenige, der an Bord zurückgeblieben ist, Panik bekommt, weil ein Leben von ihm abhängt, braucht er leicht drei- oder viermal so lange. Wenn er dann auch noch unerfahren ist … Ein Boot, das »nur« mit 4 Knoten läuft, legt in einer Minute etwa 123 m zurück. Bei starkem Seegang ist es also schon nach einer Minute schwer, einen kleinen Kopf zwischen den Wellen auszumachen. Gut, wenn mindestens zwei Leute an Bord zurückgeblieben sind. Dann tut einer nichts anderes, als ununterbrochen den Verunglückten im Auge zu behalten und die ganze Zeit mit ausgestrecktem Arm auf ihn zu zeigen. Aber wie soll ein alleine Zurückgebliebener den Verunglückten im Auge behalten, wenn er gleichzeitig Segel bergen muss? Wie soll er den Verunglückten wiederfinden, wenn er zehn Minuten brauchte? Bei Tage ist das schwer genug. Was ist bei Nacht oder Nebel?

Hilfe bietet die Elektronik. Die meisten GPS-Geräte haben heutzutage eine Mann-über-Bord-Taste, die sekundenschnell die Position festhält. Wenn Strom herrscht, fährt man zu der Stelle zurück und folgt dann der Richtung, in die der Strom setzt.

Trotzdem bleibt Zeit ein kritischer Faktor. Je nach Temperatur des Wassers sinken die Überlebenschancen des Verunglückten rapide. Bei 15° C, bleiben immerhin etwa sechs Stunden, den Mann lebend zu bergen. Bei 10° C bleiben nur etwa 1 ½ Stunden, bei 5° C nur noch 55 Minuten und bei 0° Celsius nur acht Minuten! Panik verkürzt die Zeiten noch. Aber wer bleibt ruhig, wenn das Boot sich »nur« fünf Minuten lang immer weiter von ihm entfernt, anstatt umzudrehen und ihn an Bord zu holen?

Viele Segler propagieren sofort einen Kreis zu fahren und das Boot zu stoppen, bzw. mit Gewalt und Maschinenkraft (Vorsicht: Verletzungsgefahr durch die drehende Schraube!) zum Verunglückten zurückzufahren. Egal welche Segel wie stehen. Selbst wenn die Segel zerreißen. Man ist so dicht dran, dass man den Verunglückten nicht aus den Augen verliert. Ich selbst neige auch dazu. Wenn man dann nicht schnell eine Leinenverbindung herstellen kann, wird das Boot allerdings schneller abtreiben als der Mann.

Gehen wir davon aus, wir haben alles richtig gemacht und eine Leinenverbindung hergestellt. Jetzt kommt erst der schwerste Teil: den Mann auch an Bord zu holen. Selbst wenn der Verunglückte nicht übergewichtig ist. Gut, wenn er noch selbst mithelfen kann. Gut, wenn man eine Talje (Flaschenzug) zur Verfügung hat. Aber im Seegang kann sich das Boot wild gebärden. Plötzlich ist es zwei Meter über dem Verunglückten. Er kann den Kiel sehen. Wenn es von der steilen Welle kippt, muss der Verunglückte aufpassen, nicht vom Schiffsrumpf erschlagen zu werden. Was, wenn er so kraftlos ist, dass er sich selbst nicht helfen kann?

Versuche mal, im Hafen, bei ruhigen warmen Verhältnissen ohne Hilfe aus dem Wasser zurück an Bord zu klettern. Mit nassen Klamotten, die bleischwer an dir ziehen. Dann hast du einen Vorgeschmack auf das, was dich bei tobender See erwartet!

Mann-über-Bord-Manöver sollten immer wieder geübt werden. Damit jedem an Bord in Fleisch und Blut übergeht, was zu tun ist.

Damit man in der Stresssituation selbst nicht noch groß überlegen muss, sondern automatisch handeln kann.

Ich glaube, die vorstehenden Zeilen geben einen Eindruck, wie gefährlich es ist, über Bord zu fallen. Deshalb ist die beste Gegenmaßnahme, gar nicht erst über Bord zu fallen.

Schon bei der Auswahl des Bootes kann man die Risiken verkleinern. Manche Boote bewegen sich im Seegang sanfter als andere. Bei hochbordigen Booten sitzt man sozusagen am langen Hebel. Das macht heftige Bootsbewegungen noch abrupter. Außerdem ist es schwieriger, einen über Bord Gefallenen zu bergen. Die Seereling sollte ausreichend hoch und kräftig sein. An strategischen Stellen (z.B. auf dem Kajütdach) sollten Handläufe angebracht sein, an denen man sich gut festhalten kann. Geh einmal im Hafen von vorne nach hinten: Findet man überall einen sicheren Griff? Die Seereling alleine reicht nicht, denn wenn man sein Gleichgewicht in Richtung Seereling verliert, kann der Winkel so ungünstig sein, dass man sich mit dem tiefen Griff einfach nicht halten kann. (Bei extremen Seegangsbedingungen ist es übrigens keine Schande, sich auf allen vieren über Deck zu bewegen!)

Kletterer, die eine 1.000 m hohe Wand durchsteigen, sichern sich mit einem Seil. Denn wenn sie hinunterfallen, sind sie tot. Das sollten wir Segler auch tun. Deshalb halte ich die Life-Line für noch wichtiger als die Schwimmweste. Man braucht allerdings Fixpunkte, die stark genug sind, den Ruck auch zu halten!

50. GRUND

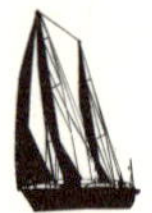

Weil Bordtoiletten nicht nur den weiblichen Seglern das Leben erleichtern

Der Gang auf die Toilette ist an Bord zugegebenermaßen so eine Sache. Das Boot arbeitet schwer im Seegang. Die meisten zögern den Moment hinaus, wenn sie ein dringendes Bedürfnis überkommt. Besonders, wenn am Horizont schon die Seekrankheit droht. Schließlich pickt man sich aber doch aus und steigt den Niedergang hinunter.

Für Männer: An Bord eines Bootes pinkelt man im Sitzen! Auch der Standhafteste wird sich das Stehen abgewöhnen, sobald er nur einmal bei Seegang versucht hat, die Schüssel zu treffen.

Aber vor der Erleichterung muss man seine Rüstung ablegen. Schwimmwesten sind mit einem Schrittgurt versehen, der verhindern soll, dass man im Wasser aus der Weste unten herausrutscht. Dieser Gurt muss gelöst werden und dann sicher festgesteckt werden, damit er nicht versehentlich in die Schüssel baumelt. Falls man die Schwimmweste überhaupt anbehalten kann. Viele teure »gute« Ölzeughosen sind mit einem Latz und Hosenträgern ausgestattet, was an Bord eines Bootes furchtbar unpraktisch ist. Denn um die Träger zu öffnen, bzw. später wieder zu schließen, muss man alles ausziehen, was sich über dem Latz befindet. Schwimmweste samt Sicherungsgurt und Ölzeugjacke. Wenn gebraucht, sind diese Sachen meistens nass und in der bis dahin trockenen Kajüte alles andere als willkommen. Bei verschiedenen Ausrüstern wurde ich immer wieder darauf hingewiesen, dass die »besseren« Ölzeughosen mit Latz seien. Ich kann euch nur wärmstens empfehlen: Besteht auf den Gummibund. Auch wenn die zugehörige Hose eine schlechtere Qualität haben sollte … Bei solchem Wetter, das nach Ölzeug schreit, wird das Boot bocken und schlagen, während du dich aus deinem Ölzeug pellst. Das Boot wird dich bei Seegang von einer Seite auf die andere schubsen. Ich bin an keinem anderen Ort eines Bootes so oft seekrank geworden wie auf der Toilette. Je einfacher und schneller sich der Toilettengang erweist, um so besser!

Noch lustiger wird es, wenn die Toilette nicht funktioniert. Tatsächlich überfordert das Zusammenspiel von Ventilen und Pumpe manchen Neuling, der noch nie damit zu tun hatte. Unbedingt in ruhigen Gewässern ausprobieren, bevor es raus auf deinen ersten Törn geht. Zumal Bordtoiletten zu Verstopfungen neigen.

Unsere Toilette ist einmal kaputtgegangen, und wir mussten uns mit einem Eimer behelfen. Meine Freundin ist keine Seglerin, aber ich glaube, sie hat nichts an Bord so sehr gehasst wie diesen Eimer. Als ich schließlich eine neue Toilette eingebaut hatte, wurde ich mit Dankesbezeugungen überhäuft. Noch nie hat sich eine Frau bei mir für etwas so oft bedankt wie meine Freundin für diese Toilette. Noch Wochen später. Vergiss Brillantringe, wenn du deiner Angebeteten eine Freude machen willst!

51. GRUND

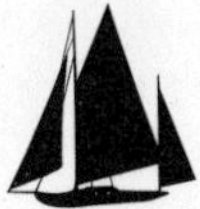

Weil man kein Boot braucht, um über den Atlantik zu segeln

Jedenfalls kein eigenes. Timo Peters, der König der Anhalter, ist über den Atlantik getrampt. In seinem Reiseblog (bruderleichtfuss.com) erzählt er von der bemerkenswerten Reise und gibt viele Tipps zum Thema Mitsegeln.

Timo flog nach Malaga und trampte von dort nach Gibraltar. Er kam bei einem Couchsurfer unter, der zu ihm sagte: »Hier sind die Wohnungsschlüssel. Bleib so lange, bis du ein Boot gefunden hast.«

Tatsächlich musste er nicht lange warten, obwohl Timo schon etwas spät in der Saison dran war. (Von Juni bis November können auf dem Atlantik Hurrikans wüten. Da segelt niemand freiwillig über den Atlantik.) Timos Strategie, eine Mitfahrgelegenheit zu ergattern, war so einfach wie wirkungsvoll. Er trieb sich drei Tage in den verschiedenen Häfen Gibraltars herum, sprach mit allen Hafenmeistern, hängte Zettel an die Schwarzen Bretter und sprach mit jedem, den er traf. Der ganze Hafen sollte wissen, dass er eine Mitsegelgelegenheit über den Atlantik suchte. Jeder Hafen. Nach drei Tagen hatte er zwei Angebote zur Auswahl.

Obwohl er sich mit seinem Skipper hervorragend verstand, trennten sich ihre Wege in Gran Canaria. Timos Skipper wollte den Atlantik unbedingt allein in Angriff nehmen. Wieder hat Timo Glück: Im Vorfeld hatte er Phil, den Skipper der Libertalia, nach einer Mitsegelgelegenheit gefragt. Der hatte Timo eigentlich abgesagt, weil die Crew schon vollständig schien. Allerdings überlegte es sich ein Mitsegler anders und Timo rückte auf seinen Platz nach. Er musste nur mit der Fähre von Gran Canaria nach Fuerteventura übersetzen. Wenig später waren sie unterwegs nach Brasilien.

Nicht alle haben so viel Glück wie Timo. Nicht immer lassen sich so schnell Boote finden. Wenn du dich von Timos Reise inspirieren lässt, rechne damit, dass die Bootssuche auch ein paar Wochen dauern kann.

Ich kenne Timo persönlich und bin sicher, dass seine offene warmherzige Art ihm bei der Bootssuche geholfen hat. Außerdem war er vollkommen flexibel, was das Ziel auf der anderen Seite des Großen Teichs anging. Karibik, Vereinigte Staaten oder Brasilien? Er wäre überallhin mitgesegelt. Außerdem besaß er Segelvorkenntnisse.

Vernimmst du den Ruf des Abenteuers? Aber hast kein eigenes Boot? Dann denke einmal über diese Art des Trampens nach!

52. GRUND

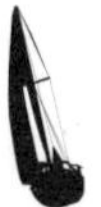

Weil einer seinen sicheren Sieg verschenkt hat

Alle Sportarten feiern ihre Helden und Legenden. Immer gibt es Einzelne, die Besonderes vollbracht haben. Einer dieser herausragenden Menschen unter den Seglern ist für mich Bernard Moitessier. Dabei hat er die einzige große Regatta seines Lebens nicht zu Ende gesegelt.

1968 hatten mehrere Segler unabhängig voneinander den Plan gefasst, als Erste nonstop um die Erde zu segeln. Einhand. Südwärts um die drei großen Kaps herum. Durch die Schreienden Fünfziger und die Brüllenden Vierziger. Sturmgepeitschte Seegebiete, die zu den gefährlichsten der Erde gehören. Wo auch immer wieder Eisberge gesichtet werden. Einer der Segler und Favoriten, Knox-Johnston, bat die *Sunday Times*, ihn zu sponsern. Während der Recherchen fanden die Mitarbeiter der Zeitung heraus, dass mehrere Segler sich für diese Fahrt rüsteten, und schufen kurzerhand eine Regatta, an der neun Segler teilnahmen. Die kürzeste Fahrt wurde mit 5.000 Pfund dotiert, und der Erste, der ankam, sollte einen Goldenen Globus erhalten. So hieß denn auch die Regatta: Golden Globe Race. Die Regeln waren denkbar einfach: Start und Ziel in England. Der Erste musste nicht zwangsläufig der Schnellste sein, denn es gab ein Startfenster von fünf Monaten. Der Erste startete am 1. Juni.

Bernard Moitessier, ein Franzose, der in Indochina aufgewachsen ist, startete erst am 22. August, als sein erster Konkurrent bereits das Kap der Guten Hoffnung gerundet hatte. Moitessiers Buch über dieses Rennen *Der verschenkte Sieg* beschreibt seine innere Wandlung, die Harmonie mit dem Meer und den Meeresbewohnern, den Alltag an Bord seines knapp 12 m langen Schiffs.

Nachdem Moitessier das letzte Kap (Kap Hoorn) gerundet hat, liegen die gefährlichsten Gewässer in seinem Kielwasser. Er liegt nach gesegelter Zeit in Führung. Vor ihm ist nur noch Knox-Johnston, der 69 Tage vor ihm gestartet ist. Moitessiers Joshua ist deutlich schneller, und er gilt als Favorit für beide Preise. Aber Moitessier plagen Zweifel. Er fürchtet die Rückkehr in die westliche Zivilisation. Er hat, wie er selbst schreibt, Angst um seine Seele. Moitessier dreht ab und segelt ein weiteres Mal um das Kap der Guten Hoffnung und Kap Leuwin und findet schließlich Zuflucht auf Tahiti. Er beendet damit die längste Seereise, die bis dahin ein Mensch gemacht hatte.

Robin Knox Johnston gewann die Regatta, aber Bernard Moitessier wurde zur Legende. Sein Buch wurde in viele Sprachen übersetzt. Die Tantiemen hatte der Segler dem Papst vermacht, der damit etwas Gutes für die Menschheit tun sollte.

Das war weniger naiv, als es auf den ersten Blick aussieht. Moitessier hatte sich davon versprochen, dass der Papst sich erklären müsste, was er denn nun konkret mit dem Geld Gutes für die Menschheit tun wolle. Moitessier hatte erwartet, dass sich die Medien dieser Geschichte annähmen. Aber der Papst wollte das Geld nicht und die Medien die Geschichte nicht. Erst Jahre später resignierte Moitessier und forderte seinen Verleger auf, die Tantiemen an ihn selbst zu überweisen.

1994 starb er in der Nähe von Paris und wurde auf seinen Wunsch im bretonischen Dorf Le Bono beigesetzt.

53. GRUND

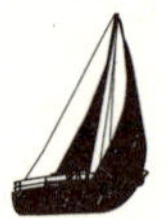

Weil eines Mannes Schicksal Kathena hieß

Es gibt einen Menschen, den man in einem Buch wie diesem nicht ignorieren kann. Ohne eine Hommage an den berühmtesten deutschen Fahrtensegler wäre dieses Buch unvollständig.

Der Weltenbummler Wilfried Erdmann war der erste Deutsche, der einhand um die Welt gesegelt ist (1965–68), in einem nur 7,60 m langen Boot aus Holz.

Als er in Helgoland anlegte und erzählte, dass er gerade nonstop von Kapstadt in 131 Tagen hergesegelt sei, glaubte man ihm zuerst nicht. Zu klein das Boot, zu jung der Mann und dann auch noch ohne Segelschein! Glücklicherweise konnte er seine Fahrt beweisen. Das Buch *Mein Schicksal heißt Kathena* erzählt von dieser Reise.

Die Prophezeiung des Buchtitels erfüllte sich übrigens, denn alle seiner späteren Boote hießen Kathena mit einem Zusatz (z.B. Kathena faa oder Kathena nui).

Ein Jahr nach seiner Rückkehr heiratete er und fuhr in die Flitterwochen. Drei Jahre lang. Das frisch vermählte Paar segelte mit einem 8,90 m langen Stahlboot um die Welt. Auf der Barfußroute. 1972 kehrten sie zurück und gründeten eine Segelschule im Mittelmeer.

1976–79 segelten sie inzwischen zu dritt mit Sohn Kym von Neuseeland nach Frankreich.

1984–85 unternahm er seine bis dahin spektakulärste Reise. Einhand, nonstop um die Welt. 271 Tage brauchte er von Kiel nach Kiel. Mit Kathena nui, einer kuttergetakelten Aluminium Slup.

Ich bin ihm leider nicht persönlich begegnet, aber was ich an ihm schätze, ist seine kompromisslos ehrliche Art zu schreiben. Er klammert nichts aus. Nicht die schweren Momente, nicht die Krisen und Zweifel. Er schreibt von Ängsten. Er stilisiert sich nicht zum Superhelden. Er bleibt menschlich.

2000–01 segelte er ein zweites Mal nonstop um die Welt. Mit dem gleichen Boot. Diesmal entgegen der vorherrschenden Windrichtung. Um Medaillen ging es ihm dabei vermutlich nicht, denn die höchste deutsche Sportlerehrung, das Silberne Lorbeerblatt, hatte er schon für seine erste Nonstop-Fahrt erhalten. Von Cuxhaven nach Cuxhaven brauchte er 343 Tage. Ich glaube, nicht ermessen zu können, was das wirklich bedeutet, eine so lange Zeit alleine auf See zu verbringen.

Wilfried Erdmann widmete sein Leben dem Segeln. Ich will und kann hier gar nicht alle Reisen aufführen, über die dieser große Segler geschrieben hat. Aber mir ist aufgefallen, dass er immer wieder neue Herausforderungen suchte, die nicht zwingend immer spektakulärer und weiter sein mussten. Nur anders. 1990, nach dem Ende der DDR, segelte der Blauwassersegler in einer Jolle rund Mecklenburg-Vorpommern. Er schrieb darüber ein Buch genauso wie über eine Nordsee-Umrundung oder seine Weltumsegelungen. Alle ein, zwei Jahre war er unterwegs. Im Internet werden ihm pekuniäre Gründe unterstellt. Abgesehen davon, dass ich darin nichts Schlimmes sehen kann, lese ich zwischen den Zeilen immer nur einen Grund: die Liebe zur See. So schreibt er an einer Stelle sinngemäß: »Das Meer ist der einzige Ort, an dem ich mich nie fremd gefühlt habe.«

54. GRUND

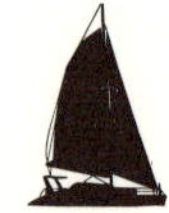

Weil es Bastian Hauck gibt

Es ist schon spät im Jahr. Die Saison vorbei. Bastian überquert die Ostsee. Von Visby nach Swinemünde. Nach einem Sommer auf der Ostsee ist er nun auf dem Heimweg. Der Wind ist heftiger als angesagt und kommt aus einer ganz anderen Richtung: Gegenan. Vor Lulea war er auf eine Unterwassermole gekracht. Seine Tadorna war dabei stärker beschädigt worden, als es anfangs den Anschein hatte. Das notdürftig in Visby abgedichtete Holzboot macht so viel Wasser, dass er immer häufiger pumpen muss. Und der Wind dreht so, dass er Swinemünde nicht mehr anliegen kann. Also fällt er weiter ab. Richtung Kolberg. Tadorna macht viel Wasser. Irgendwann läuft die elektrische Pumpe fast ununterbrochen. In der zweiten Nacht gibt die Batterie auf. Das bedeutet das Aus für Positionslichter, Funk und die elektrische Bilgepumpe. Aber Bastian hat noch eine mechanische Lenzpumpe. Alle halbe Stunde pumpt er das Wasser außenbords. Aber die alte Pumpe aus Aluguss ist der Dauerbelastung nicht gewachsen. Sie bricht auseinander. Irreparabel. Er befindet sich in der Nähe des Fahrwassers der Großschifffahrt. Soll er Rot schießen? Hier würde die Seenotrakete wahrscheinlich gesehen. Weiter Richtung Polen wird es keine Schiffe mehr geben. Was geht einem da durch den Kopf? Allein, bei stürmischem Wetter auf einem sinkenden Boot?

Bastian Hauck ist ein toller Mensch. Und ein toller Segler. Einer, der nicht aufgibt. Einer, der anderen Mut macht. Er ist jung an Diabetes erkrankt. Trotzdem hat er mit einem kleinen Folkeboot die Ostsee umsegelt. Meist einhand. Zweimal. Über die erste Reise schrieb er das Buch *Raus ins Blaue*, und über die zweite Reise drehte er den Film *Post aus Haparanda*. Das Schwierigste sei das Lossegeln, sagt er.

Ich hatte das Buch mehrfach gelesen, saß in meinem Stammcafé und traute meinen Augen kaum. War das nicht Bastian Hauck, der da mit ein paar Leuten hereingekommen war und jetzt ein paar Tische weiter saß und Händchen mit seiner Freundin hielt? Ich kämpfte einen inneren Kampf. Einerseits spreche ich eigentlich keine wildfremden Personen an. Andererseits schätzte ich sein Buch und hätte ihm gerne ein Kompliment gemacht. Außerdem kam er mir durch die Lektüre gar nicht so wildfremd vor. Aber erst als sie bezahlten, fasste ich mir ein Herz und fragte: »Sind Sie nicht Bastian Hauck?« Er war es, und ich kann euch sagen, im wahren Leben kommt er genauso sympathisch rüber wie in seinem Buch.

Es war die Zeit, da ich Néfertiti gekauft hatte, aber mir die Mittel fehlten, sie von Holland nach Hamburg zu holen. Bastian gab mir einen Haufen guter Tipps und ermutigte mich, ihm eine Mail zu schreiben, wenn ich Rat oder Hilfe mit meinem alten Segelboot bräuchte. Seine Leute waren schon hinausgegangen, und nach einer langen Weile sagte er: »Oh. Ich glaube, die warten auf mich.« Seitdem haben wir uns immer wieder kurz getroffen. Er ist immer noch so offen und hilfsbereit wie damals. Ein typischer Segler halt.

Anlässlich dieses Buchkapitels habe ich Bastian in Schleswig besucht: Habe selbst an Bord Tadornas gesessen, was ich mir beim ersten Lesen des Buches niemals hätte träumen lassen. An Bord erzählte mir

Bastian die Geschichte seiner letzten Ostseeüberquerung zu Ende: »Knietief im Wasser stehend schöpfte ich das Wasser mit einer Pütz und entschied mich weiterzusegeln.« Ich schaue auf die Bodenbretter und kann mir doch nicht wirklich vorstellen, was Bastian hier mitgemacht hat. »Dann drehte der Wind weiter, und ich konnte auch Kolberg nicht mehr halten. Ich hätte einfach nicht mehr Höhe laufen können! Das ließ Tadorna nicht mehr mit sich machen.«

Ihm bleibt nur noch Ustka. Bastian hat noch einen Notplan: Er könnte vor dem Wind ablaufen. Dabei würde das Boot weniger belastet und weniger Wasser machen. Aber bis Estland gäbe es keinen Schutzhafen mehr. Er wäre gut zwei Tage länger auf See. Also bleibt Bastian erst einmal auf Kurs. Kämpft sich pützend weiter Richtung Polen.

»Während der Sturm immer weiter zulegte, erreichte ich mit meiner angeschlagenen Tadorna Ustka. Das war mein Glück. Denn in den folgenden Tagen entwickelte sich der Sturm zu einem schweren Sturm mit Orkanböen. Wenn ich Richtung Estland abgelaufen wäre, was ja mein Notfallplan war, hätten wir die volle Gewalt dieses Sturmes zu spüren bekommen. Ich glaube nicht, dass Tadorna dem in ihrem angeschlagenen Zustand gewachsen gewesen wäre.«

Wer fürchtet, dass Bastian das Segeln aufgegeben habe, weil es auf seinem Blog so ruhig geworden ist, sei eines Besseren belehrt. Die letzten Jahre war er hauptsächlich in der Dänischen Südsee unterwegs. Kleine Etappen. Gemütliches Segeln mit seiner Freundin Mona und einer vollkommen überholten Tadorna.

»Aber irgendwann mache ich wieder eine lange Fahrt. Vielleicht zum zehnjährigen Jubiläum der ersten Ostseeumrundung.« Mach das, Bastian! Wir würden uns alle darüber freuen.

55. GRUND

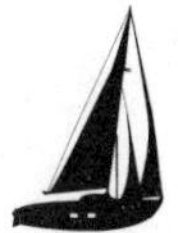

Weil Segeln auch im Sitzen fit macht

Das Boot boxt sich durch eine kurze, steile Welle. Typischer Ostseehack. Vier Gestalten sitzen im Cockpit und trainieren ihre Fitness, ohne dass es in ihr Bewusstsein dränge. Aber permanent gleichen sie die Bewegungen des Bootes aus, spannen sich Muskeln an und entspannen sich wieder. Die reinste Rückenschule. Wie das Sitzen auf dem großen Ball. Wer segelt, trainiert im Sitzen. Und ich spreche nicht einmal explizit vom Jollensegeln.

Zum Sitzen kommen die Manöver. Anker Hand über Hand aufholen, die Genuaschot kurbeln oder das Groß reffen. Immer ist Körperkraft gefordert. Natürlich gibt es längst elektrische Ankerspills, und auch das Großsegel lässt sich auf Knopfdruck im Mast aufwickeln. Solche Segler werden nicht ganz so fit (Pech gehabt). Dafür haben sie aber meist auch ihr ganzes Leben lang die größeren Beiträge an die Krankenkassen abgeführt …

Was zu kurz kommt ist die Beinmuskulatur. Aber dafür gibt es ja noch Landgänge.

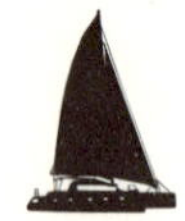

Weil man die Ausweichregeln in zehn Minuten lernen kann

Ich bin sicher, dass man die Grundlagen der Ausweichregeln auf dem Meer in zehn Minuten lernen kann. (Auf Binnengewässern gelten manchmal Sonderregeln, z.B. was das Ausweichen von Ruderbooten angeht.)

Machen wir die Probe aufs Exempel:

Es gibt eine Hierarchie, wer wem ausweichen muss, die der unterschiedlichen Manövrierfähigkeit verschiedener Boote (und Schiffe) geschuldet ist. Im Prinzip kann man sagen, wer leichter ausweichen kann, muss auch ausweichen.

1. Manövrierunfähigen Booten muss jeder ausweichen.
Logisch, oder? Direkt danach kommen die manövrierbehinderten Boote. Das sind z.B. Schleppnetzfischer, die ihr Fanggerät draußen haben. Denen müssen die folgenden Boote ausweichen. Sowohl manövrierunfähige als auch manövrierbehinderte Boote zeigen ihre Behinderung am Tage durch bestimmte Sichtzeichen und in der Nacht durch bestimmte Lichter an.

2. Bleiben Segelboote, Motorboote und Ruderboote:

- Segelboote müssen nur anderen Segelbooten ausweichen. Sie stehen in der Hierarchie also ziemlich weit oben.
- Motorboote müssen Segelbooten ausweichen. Sie stehen in der Hierarchie in der Mitte.
- Ruderboote müssen allen ausweichen. Sie stehen in der Hierarchie ganz unten.

  (Die Eselsbrücke lautet: Segel vor Motor vor Muskel!)

Es gibt zwei sehr wichtige Ausnahmen von dieser Hierarchie: Boote, die ein Fahrwasser benutzen, haben Vorrang gegenüber allen (!) Booten, die ins Fahrwasser einlaufen, auslaufen oder es queren.

Und: Überholer müssen sich immer freihalten!

Jetzt müssen wir uns nur noch die Fälle ansehen, in denen zwei gleichrangige Boote einander begegnen.

Treffen z.B. zwei Motorboote aufeinander, gilt wie im Straßenverkehr: Rechts vor Links. Kommen sie sich entgegen, müssen beide nach rechts ausweichen. (Segelboote, die zusätzlich zu den Segeln die Maschine mitlaufen lassen, gelten als Motorboote. Sie müssen das Mitlaufen der Maschine durch Sichtzeichen anzeigen.)

Nur bei Segelbooten wird das etwas differenzierter gehandhabt. Treffen zwei Segelboote unter Segeln aufeinander, gilt:

1. Backbordbug vor Steuerbordbug! (Das Boot, dessen Segel auf der Backbordseite ausgestellt sind, hat Vorfahrt vor dem Segelboot, bei dem die Segel nach steuerbord ausgestellt sind.)
2. Haben beide die Segel auf der gleichen Seite, gilt:
   Lee vor Luv! (Das Boot hat Vorfahrt, das auf der windabgewandten Seite des anderen segelt. Man geht davon aus, dass das andere den freieren Wind hat und deshalb schneller segeln und leichter manövrieren kann.)

Das waren schon alle Regeln. Blieben nur noch die Sichtzeichen zu lernen. Aber die lernen sich mit Abbildungen besser. Mir ging es in dem Kapitel nur darum, dir die Scheu vor der Materie zu nehmen.

Grundsätzlich ist noch wichtig, dass der Ausweichpflichtige sein Manöver früh und durchgreifend fährt. Und in einer Art und Weise, die den anderen klar erkennen lässt, dass der Ausweichpflicht nachgekommen wird.

Das Boot, das Vorfahrt genießt, wird im Gesetzestext »Kurshalter« genannt. Der Name ist Programm, denn er ist seinerseits verpflichtet den Kurs beizubehalten. (Wenn keine Hindernisse im Wege sind.) Nur wenn der Ausweichpflichtige seiner Ausweichpflicht nicht nachkommt, darf (und muss) der Kurshalter das »Manöver des letzten Augenblicks« einleiten. Denn eine Kollision ist unter allen Umständen zu vermeiden.

Jetzt die Probe aufs Exempel:

Ein Motorboot und ein Segelboot treffen auf hoher See aufeinander. Die Gefahr einer Kollision besteht. Wer ist ausweichpflichtig?

Ein Motorboot folgt dem Fahrwasser der Elbe. Ein Segelboot kreuzt das Fahrwasser, und es besteht die Gefahr eines Zusammenstoßes. Wer ist ausweichpflichtig?

Zwei Segelboote unter Segeln begegnen einander. Die Gefahr einer Kollision besteht. Der eine segelt auf Backbordbug, der andere auf Steuerbordbug. Wer muss ausweichen?

Bliebe im Prinzip nur noch eine Frage zu klären: Wie schätzt man in der Praxis ab, ob die Gefahr eines Zusammenstoßes besteht? Dafür gibt es einen einfachen Trick: die stehende Peilung.

Stell dir vor, ein großes Containerschiff kommt von Steuerbord. Eure Kurse kreuzen sich irgendwo voraus. Nun peilst du das andere Schiff an. Dazu brauchst du keinen Kompass. Vielleicht steht es gerade hinter der zweiten Relingsstütze. Du fährst geradeaus (!) weiter und beobachtest die Peilung. Wenn das Schiff nach einer Weile etwas vor der Relingsstütze zu sehen ist, besteht keine Gefahr einer Kollision. Vorausgesetzt, beide halten Kurs und Geschwindigkeit bei, wird das Schiff vor deinem Bug durchgehen.

Wenn die Peilung nach hinten wandert, wird das Schiff hinter deinem Heck durchgehen. Nur wenn die Peilung nach einigen Minuten immer noch die gleiche ist, wenn das Schiff immer noch hinter der zweiten Relingsstütze zu sehen ist, dann herrscht Kollisionsgefahr, und der Ausweichpflichtige muss etwas unternehmen. Das nennen wir »stehende Peilung«.

Noch ein Wort zu Begegnungen mit der Großschifffahrt. Auch wenn sie dir gegenüber im freien Seeraum ausweichpflichtig sind (Probe aufs Exempel: Warum?), solltest du nicht auf dein Recht pochen. Im Falle einer Kollision bist du immer der Verlierer. Nimm obige Situation:

Solange der andere noch weit weg ist, brauchst du deinen Kurs nur unmerklich um zwei, drei Grad nach Steuerbord zu verändern, und schon beginnt die Peilung, nach vorne auszuwandern.

Warum nach Steuerbord? Weil es bei Begegnungen mit anderen Schiffen grundsätzlich besser ist, hinter dem Heck des anderen Schiffs durchzugehen. Auf solche Weise defensiv zu segeln wird dir manches graue Haar ersparen!

57. GRUND

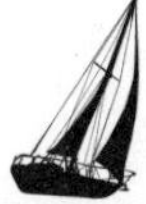

Weil man auch schwere Stürme überleben kann

Ich stelle hier mal die Frage der Fragen. Jene Frage, welche von Segelanfängern immer wieder gestellt wird: »Hast du schon einmal einen richtigen Sturm auf See erlebt?«

Ich segele seit 30 Jahren, und die Antwort wird euch verwundern. Immer wieder bin ich in schlechtes Wetter geraten. Bin bei Starkwind und stürmischem Wetter unterwegs gewesen. Aber ich habe in all den Jahren nur einen einzigen wirklich schweren Sturm erlebt. Hatte ich Angst? Ja. Ich hatte Angst. So weit man als junger Mensch Angst haben kann. Man weiß ja mit Anfang 20 noch nicht, wie wertvoll das Leben ist. Insbesondere das eigene …

»Und wie war es?! Sag schon!« War es toll? Ja, es war toll. Ein Grund, segeln zu gehen. Und Angst einflößend zugleich.

Wir waren unterwegs nach Schottland, meine Schwester Ute, mein Vater und ich. Zum Caledonean Canal. Loch Ness war das erklärte Ziel der Reise. Und nein, das Seeungeheuer haben wir nicht gesehen, jedenfalls nicht das namens Nessie.

Wir waren in Holland aufgebrochen und in einem Schlag bis Edinburgh durchgesegelt, wo wir ein paar regnerische Tage verbrachten. Am Morgen unseres Aufbruchs herrschte schönes Wetter mit leichten Winden. Wir versuchten, den Wetterbericht von Norddeich Radio zu empfangen. Aus den Lautsprechern tönte nur Rauschen und Knistern. Atmosphärische Störungen. Heute würde ich das als erstes Warnsignal werten, aber wir waren zu unerfahren. So beschlossen wir, ohne Wetterbericht zu segeln. Vor dem Hafen setzten wir den neuen Blister (ein 70 m^2 großes Leichtwindsegel). Schönstes Segeln bei sommerlichem Sonnenschein. Wir waren noch im Firth of Forth, als eine Bö einfiel. Das riesige Segel drückte uns platt auf das Wasser. Ich klammerte mich an der Reling fest. 90° Krängung. Das habe ich davor und danach nie wieder auf einem Dickschiff erlebt. Ute war vom Kartentisch auf die andere Seite geflogen und stand jetzt auf dem Herd. Nach einem Augenblick, der wie eine Ewigkeit schien, richtete sich das Boot wieder auf. Der Wind fasste in den Blister, und wir segelten weiter, als sei nichts geschehen. Niemand war verletzt. Es war nicht wirklich etwas passiert. Nur dass wir die zweite Warnung ignoriert hatten.

Kadé segelte an der Küste entlang. Ein kleiner Hafen kam in Sicht, in den wir eigentlich einlaufen wollten, aber es lief gerade so schön, und plötzlich stand die Idee im Raum, die Nacht durchzusegeln. Wir waren ja vier Tage durchgesegelt, um nach Edinburgh zu kommen, und das war wunderschön gewesen. Der eingespielte Bordrhythmus. Das Meer. Die Wolken. Alle wollten die schöne Erfahrung wiederholen. Obwohl sich der Himmel verändert hatte. Viele Cumuluswolken zogen in großer Höhe mit einer atemberaubenden Geschwindigkeit über uns weg. Ich sagte sogar noch zu meiner Schwester: »Da oben weht richtig Wind.« Aber wir zogen keine Schlussfolgerungen aus der Beobachtung. Das war die dritte Warnung.

Nachdem wir alle Warnungen in den Wind geschlagen hatten, mussten wir fühlen. Zunächst herrschte zwar noch schönstes Segelwetter, aber der Wind legte zu. Wir tauschten den Blister gegen die Fock und banden nach und nach zwei Reffs ins Groß. Als es dämmerte, war nicht mehr die Rede von schönstem Segeln. Mein Vater übernahm die erste Wache, und ich sollte die Hundewache übernehmen, Ute dann die erste Wache im Hellen. Das hatte sich in den Nächten vorher schon bewährt.

Irgendwann weckte mich mein Vater. Ich schaute auf meine Armbanduhr. Zu früh! Meine Wache würde erst in einer Stunde anfangen. Er sagte: »Wir müssen etwas machen!« Der Wind heulte, wie ich noch nie Wind hatte heulen hören.

»Soll ich das Vorsegel wechseln?« Mein Vater schüttelte den Kopf: »Das mache ich lieber selbst.« Er startete den Motor und drehte das Boot in den Wind. Ich übernahm das Ruder, und mein Vater rutschte auf allen vieren aufs Vorschiff, um die Fock zu bergen. Er, der über die körperliche Kräfte eines Bären verfügt, kämpfte mit dem Segel und kämpfte … Der Bug stieg hoch, höher und fiel dann hinter dem Kamm der Wellen ins Bodenlose. Ich sah, wie mein Vater sich festklammerte und mit der anderen Hand versuchte, das Segel zu bändigen. Ein drückendes Gefühl bemächtigte sich meiner und schnürte mir die Kehle zu. Was sollte ich nur machen, wenn er über Bord gehen sollte? In dem Inferno?! Schließlich hatte er das Segel unten und in den Segelsack gestopft und krabbelte zurück und warf den Sack durch das Niedergangsluk in die Kajüte hinunter.

»Vielleicht sollten wir die Sturmfock nicht setzen, sondern nur mit dem gerefften Groß segeln? Es ist lebensgefährlich da vorne!« Ich nickte: »Das ist bestimmt besser!«

»Dann geh mal wieder auf Kurs.« Ich fiel ab und mein Vater stoppte die Maschine. Mein Vater guckte mich an: »Und?«

»Geht gut.« Inzwischen war Mitternacht durch. Meine Wache hatte angefangen. Mein Vater blieb noch einen Moment bei mir sitzen: »Ich glaube nicht, dass Ute die Kraft hat, Ruder zu gehen. Wir müssen das zu zweit machen. Was denkst du?«

»Ist okay. Das schaffen wir auch zu zweit.«

»Dann will ich mal …« Er verschwand in die behagliche Kajüte. Schiebeluk zu und ich war allein. Auf ihn wartete jetzt die warme Koje.

Von achtern kam eine gewaltige Welle. Ich konnte den weißen Kamm auch im Dunkeln erkennen. Der Wellenkamm brach, ich versuchte, Kadé so zu steuern, dass wir den Teil der Welle erwischten, der nicht brach. Schon war das Meeresungetüm heran, hob das Boot an. Kadé nahm Fahrt auf, surfte den Wellenhang hinab. Erstaunlich leicht schlüpften wir über den Kamm und wurden langsamer. Schon kam die nächste Welle. Auf und ab. Ich steuerte konzentriert, und abgesehen von Nässe und Kälte machte das Aussteuern der Wellen sogar Spaß. Irgendwann kamen uns die Lichter eines Schiffs entgegen. Ein großer Versorger für Bohrinseln. Er hatte alle Deckslichter an. Beklemmung machte sich breit. Das Schiff kämpfte sich durch den Sturm. Fuhr mit langsamster Fahrt gegen die Wellen an. Der Bug stieg hoch. Ich konnte das Unterwasserschiff sehen. Den ganzen Kiel. Das erste Drittel des Schiffs hing in der Luft. Die Welle zog durch, und der Bug krachte aus der Höhe ins Wellental … Erst durch die Außensicht auf das andere Schiff kam mir richtig zu Bewusstsein, welches Inferno die Dunkelheit mildtätig überdeckt hatte. Jetzt mussten wir uns der Wirklichkeit stellen: Der schlimmste Sommersturm tobte, den Schottland seit 20 Jahren erlebt hatte. Mit Orkanböen.

Langsam verwandelte sich die Schwärze der Nacht in Dunkelgrau und Grau. Der neue Tag dämmerte herauf. Trotzdem blieb die Sicht schlecht. Von achtern kam eine Welle herangerauscht. Der ganze Kamm weiß. Kein Pass, durch den wir schlüpfen konnten. So hoch, so steil, dass wir unmöglich darüberklettern konnten. Mir schnürte sich die Kehle zu. Ich klammerte mich am Süll fest und versuchte, uns zum flachsten Teil des Wellenkamms zu steuern. Dann war die Welle heran, hob uns eigentlich fast sanft an. Wir stiegen wie an einer Bergflanke bergan, erreichten den Kamm, und schon war die Welle durch, dahinter kam eine genauso steile zweite Welle. Der Kamm brach, und weißer Schaum fiel auf mich ins Cockpit. Die Welle lief unter uns durch, und da kam die dritte. Dann segelten wir wie auf einem Hochplateau. Ich erinnere mich noch, dass mich nur ein Gedanke anfiel: Was für eine atemberaubende Schönheit! Ein paar Minuten herrschte Frieden, bis die nächste Gruppe von Wellen heranmarschierte. Heute weiß ich, dass das kein vereinzeltes Phänomen war. Man nennt sie die drei Schwestern. Oft ist die mittlere Welle die schlimmste.

Irgendwann war meine Wache vorbei, und mein Vater trat Utes Wache an. Was freute ich mich auf die Koje. Auf den warmen Schlafsack. Während ich mich aus dem nassen Ölzeug schälte, wurde ich seekrank. Unter Deck schienen die Bewegungen noch viel wilder zu sein. Oben gab es einen lauten Knall. Ein heftiges Vibrieren ging durch das ganze Schiff.

»Was ist?«

»Nichts passiert. Ich habe nur eine Patenthalse gebaut.« Bei einer Patenthalse achtet der Steuermann nicht auf die Windrichtung. Der Wind greift von der verkehrten Seite hinter das Großsegel und lässt es auf die andere Seite schlagen. Dabei sind gewaltige Kräfte am Werk. Wir hatten zwar eine Baumbremse, aber bei solchen Bedingungen kann eine Patenthalse den Mast kosten.

Ute reichte mir ein Superpep, ein Kaugummi gegen Seekrankheit. Ihr ging es bestens, keine Ahnung, wie sie das aushielt. Sie las sogar Handbücher.

Das Kaugummi half mir bis in die Koje. Ich behielt meine Klamotten an und schlüpfte so wie ich war in den Schlafsack. Augen zu. Seekrankheit weg. Naja. Fast. Solange ich draußen am Ruder saß, hatte ich es gar nicht gemerkt, aber ich war fix und fertig. Oben gab es wieder einen ohrenbetäubenden Schlag, der das ganze Schiff vibrieren ließ. Der Baum war wieder auf die andere Seite geschlagen: Eine weitere Patenthalse. Wir lauschten noch eine Weile, aber langsam schien sich mein Vater einzugrooven. Ich war noch nicht eingeschlafen, da schlug mein Vater mit der flachen Hand auf das Kajütdach.

»Was ist?!«

»Ich muss mal.«

»Okay. Ich komme!« Mühsam schälte ich mich aus dem Schlafsack. Kämpfte sofort wieder mit der Übelkeit. Nein. Die Ölzeughose würde ich nicht anziehen. Meine Wollhose war eh schon feucht. Wenn ich mich zu lange hier aufhielt, würde ich mich übergeben. Ute schaute von ihrer Lektüre auf (sie ist vollkommen seefest!) und sagte: »Wir könnten vielleicht nach Aberdeen.« Und las mir vor, während ich mir Jacke und Schwimmweste überzog.

»Klingt gut. Sprich mal mit Papi drüber.« Ich öffnete das Luk und kletterte an Deck. Übernahm die Pinne, während mein Vater in die warme Kajüte hinunterstieg. Der Wind heulte. HEULTE! TOBTE! BRÜLLTE! Nicht nur in den Böen. Ich hatte ja keine Vergleichserfahrungen, kannte nur theoretisch die Beaufortskala. Nach einer Weile rief mein Vater durch das geschlossene Luk: »Klaus, kannst du weiter steuern. Wir könnten nach Aberdeen gehen. Da gibt es allerdings keinen Yachthafen. Ich werde mal mit der Port Control sprechen.«

Ich war froh, steuern zu können. Musste mich zwar einmal auf das Seitendeck übergeben, aber die nächste Welle spülte es weg. Die zwei Patenthalsen gaben mir zu denken. Mir wurde klar, dass ich von uns dreien derjenige war, der uns am ehesten heil durch den Sturm steuern könnte. Im ersten Moment empfand ich das als Bürde. Eigentlich wollte ich schlafen. Zurück in die warme Koje. Aber ich stellte mich innerlich darauf ein, bis zum Ende dieses Sturmes zu steuern.

Ich habe nicht wirklich Worte für das, was darauf folgte. Ich glaube, ich geriet in einen meditativen Zustand. Es gab nur noch das Boot, den Wind und die nächste Welle. Immer wieder kamen Angst einflößende Wellen von achtern auf. Aber mein tiefster Eindruck war Ehrfurcht. Was für eine atemberaubende Schönheit! Wasser, Schaum, Wolken: Ein Gemälde in ständiger Bewegung. So ritten wir durch ein wildes Gebirge. Und plötzlich hatte ich diese innere Gewissheit, dass wir durchkommen würden. Ich fühlte mich im Einklang mit den Elementen. Mein Körper war in einem Modus, den ich glaubte, ewig durchhalten zu können, auch wenn dieser Sturm noch tagelang wehen sollte. So fühlte es sich jedenfalls an. Zu dem Zeitpunkt hatte sich meine Einstellung so weit geändert, dass es sich nicht mehr wie ein Kampf auf Leben und Tod anfühlte, sondern mehr wie ein Tanz. Vielleicht hatte auch nur die Tide gekentert und der Seegang wurde handiger, weil Strom und Wind jetzt in die gleiche Richtung setzten. Aber ich fühlte mich dem, was da auch immer kommen mochte, gewachsen.

Die Port Control von Aberdeen hatte meinem Vater nahegelegt, den Hafen anzulaufen, obwohl dieser nur für Berufsschifffahrt eingerichtet war. Inzwischen war die Wache meines Vaters vorbei. Trotzdem fragte er mich, ob er mich wieder ablösen sollte, aber ich wollte nicht. Wollte weiter mit den Wellen tanzen. Und ich war froh, alleine an Deck zu sitzen. Allein mit dem Meer.

»Nein danke! Ich mache das schon!« Er war wahrscheinlich auch froh, nicht wieder hinaus zu müssen. Ich gab das Ruder bis zu unserer Ankunft nicht mehr aus der Hand.

Am Morgen erreichten wir Aberdeen, und ich war ein anderer Mensch.

58. GRUND

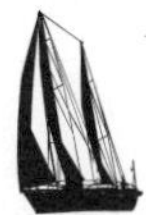

Weil man sich von einem Segelfilm auf den Geschmack bringen lassen kann

Segler sind erstaunlicherweise nicht immer gut auf Segelfilme zu sprechen. Oft werden »Segelfilme« nicht für Segler gedreht. Man zielt auf ein breiteres Publikum. Segeln ist nur eine Zutat. Deshalb wird es meist den Erfordernissen einer massentauglichen Geschichte untergeordnet. Das breite Publikum merkt das nicht, der Segler aber schon. Die Degradierung zur Zutat führt zu Handlungsweisen, die dem Segler unglaubwürdig erscheinen. Dazu kommt (ich sage das als Filmemacher), dass der Dreh auf einem kleinen Segelboot zu den herausforderndsten Drehorten gehört, die denkbar sind. Wenn dann noch Regisseur, Autor und Kameramann selbst keine Segler sind, entstehen Filme, die eingefleischten Seglern die Haare zu Berge stehen lassen.

Ende August 2013 kam ein Film heraus, der alle diese Herausforderungen meisterte. Erzählerisch, filmisch und seglerisch: *Turning tide – Zwischen den Wellen* von Christophe Offenstein.

Zum Inhalt: Kurz vor dem Start zur Vendée Globe, einer Einhandregatta nonstop rund um die Welt, hat der Skipper des Teams DCNS einen Unfall, und Yann Kermadec rückt nach. Der Underdog hat einen glücklichen Start und liegt nach wenigen Tagen in Führung, als er ein Hindernis rammt und im Schutz einer der Kanarischen Inseln ankert, um im geschützten Wasser die Reparatur durchzuführen. Das Reglement verbietet Hilfe von außen. So führt Yann die Notreparatur mit Bordmitteln aus. Als Yann endlich wieder Segel setzen kann, ist er auf den 15. Platz zurückgefallen. Er startet eine Aufholjagd. Erst ein paar Tage später bemerkt er, dass sich auf den Kanaren ein 16-jähriger Junge an Bord eingeschlichen hat. Yann will den Jungen schnellstmöglich loswerden, denn eine zweite Person an Bord führt unweigerlich zu seiner Disqualifikation …

Der Film ist das Regiedebüt des französischen Kameramanns Christophe Offenstein. Segeln ist ein integraler Bestandteil. Der Film wurde unter realen Bedingungen auf dem offenen Meer gedreht. Alle Segelszenen sind authentisch, aber die Geschichte so universell, dass sie auch Nicht-Segler berührt. So gewann er den Publikumspreis des Festivals Internacional de Ciné de Gijon.

59. GRUND

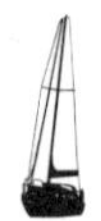

Weil man auf blauem Wasser segeln kann

Wer da segelt, wo nicht Sand und Schlick das Wasser braun färben, da, wo man trotz durchsichtigen Wassers keinen Grund sehen kann, der segelt (meist) auf blauem Wasser. Es sieht wirklich blau aus, denn der blaue, wolkenlose Himmel spiegelt sich im Wasser.

Daher hat das Blauwassersegeln seinen Namen. Es ist für viele die Königsklasse des Fahrtensegelns. Wir Segler verstehen darunter

Ozeanüberquerungen und Weltumsegelungen. Wochenlang auf See sein. Jedes Wetter so nehmen müssen, wie es kommt. Auf dem Weg zu anderen Kontinenten und fremden Kulturen.

Die meisten Blauwassersegler haben sich jahrelang auf ihr größtes Abenteuer vorbereitet. Einmal einen Ozean überqueren. Gibt es auch nur einen Segler, der davon nicht schon einmal geträumt hat?

Mancher bekommt Respekt vor der unermesslichen Weite. Vor der großen Einsamkeit. So gibt es eine beliebte Rallye für Fahrtensegler, die ARC. Man segelt von Gran Canaria aus nach St. Lucia in der Karibik. Mir selbst erschließt sich allerdings nicht, warum man, die große Einsamkeit suchend, dann doch wieder in der Herde loszieht, aber viele brauchen das Gefühl von Sicherheit, das die Gruppe vermittelt. Tägliche Funkrunden lassen den Atlantik nicht so groß erscheinen. Jedenfalls erfreut sich diese Rallye großer Beliebtheit, und für manchen ist es ein guter erster Schritt zum Blauwassersegeln.

Man veranschlagt für eine Weltumsegelung etwa drei bis fünf Jahre. Die reine Segelzeit macht da nur einen verhältnismäßig kleinen Teil aus. Die Gesamtdistanz einer Weltumsegelung auf der Passatroute beträgt etwa 25.000–30.000 Seemeilen. Bei einem angenommenen Tagesetmal von 100 Seemeilen (das entspricht etwa 4 Knoten Fahrt) kann man sich leicht die Anzahl der Seetage ausrechnen: Es sind nur etwa 250–300 Tage! Wer fünf Jahre segelt, liegt also vier Jahre davon irgendwo vor Anker oder im Hafen. Erstaunlich, oder?

Das bedeutet mehr als genug Zeit, um Land und Menschen kennenzulernen. Nicht jeder überwindet die Sprachbarrieren oder die eigene Bequemlichkeit. Mancher stellt nach dem großen Abenteuer fest, dass er hauptsächlich andere Yachties kennengelernt hat, und die eigenen Mitsegler(innen). Das muss nicht falsch sein, aber bist du deswegen um die Welt gesegelt?

Navigatorisch gilt die Weltumsegelung auf der Passatroute als eher einfach. Segeln auf der Nordsee soll anspruchsvoller sein. Allerdings bewegt man sich durch Seegebiete, in denen zu bestimmten Zeiten Hurrikans wüten können. In der Hurrikansaison sollte man dort keinesfalls unterwegs sein.

Die Kosten einer Weltumsegelung sind kaum zu verallgemeinern. Jeder hat seinen eigenen Lebensstil und wird den nicht vollkommen verändern, nur weil er jetzt auf einem Boot lebt. Der eine geht zu Fuß in die Stadt, und der andere nimmt immer das Taxi, einer liebt Ankerplätze und ein anderer Marinas (wobei man nicht überall auf der Welt die Wahl hat), dem einen reicht ein 8-Meter-Boot und der andere braucht 18 Meter ...

Es ist heutzutage schwierig, in den Gastländern eine Arbeitserlaubnis und legale Arbeit zu finden. Arbeitsplätze sind überall rar. Wer von unterwegs Geld mittels Internet verdienen kann, ist klar im Vorteil.

Nike Steiger (Videoblog auf YouTube: white spot pirates) finanziert ihr Segeln mittels Crowdfunding über patreon.com. Dafür produziert sie wöchentlich ein Video auf Englisch.

Viele Blauwassersegler warten bis zur Rente. Glücklich, wer fest mit unabhängigen, regelmäßigen Einkommen rechnen kann. Uns anderen hilft wohl nur: Sparen!

60. GRUND

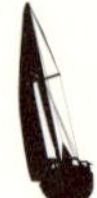

Weil man sich unterwegs schnell mal abkühlen kann

Ich bin einmal über Bord gegangen. Mitten auf der Biscaya. Freiwillig. Es war auf meinem ersten großen Seetörn mit Rudi. Wir waren unterwegs von Brest nach A Coruna. Weit und breit kein Schiff in Sicht, kein Land. Nichts, außer der großen blauen Weite. Wir lagen seit Stunden bekalmt. Kein Lüftchen regte sich, und es war tropisch heiß. Aber noch immer setzte diese furchtbare alte Dünung. Hob das Boot und senkte es wieder. Ohne Druck in den Segeln war das Boot ihr ausgeliefert. Einen Moment stand es senkrecht. Die erste Welle ließ es um 5° krängen. Im Wellental rollte es auf die andere Seite und krängte dort um 10°, dann rollte es wieder zurück bis auf 15°. So schaukelte sich unser Boot auf, bis es knapp 40° zu einer Seite krängte. Dann lag es plötzlich wieder still und senkrecht, bis die nächste Welle kam und das Spiel wieder von vorne begann. Anfangs hatten wir die Segel dichtgeholt stehen lassen, aber jeden an Bord zermürbte das endlose Schlagen der Segel, und der Skipper hatte sicher auch die Abnutzung im Hinterkopf, sodass er irgendwann befohlen hatte, die Segel zu bergen, bis Wind aufkommen würde. Dieses endlose Rollen marterte uns, zerrte an unserer Moral. Ich kämpfte plötzlich wieder mit der Seekrankheit, die ich unter normalen Bedingungen doch längst überwunden glaubte. Da fragte mein Vater in die Runde: »Wer hat Lust, mit mir schwimmen zu gehen?«

Was für eine tolle Idee! Ich war sofort Feuer und Flamme. Nur runter von dem Boot! Wir hängten die Badeleiter über Bord und sprangen ins kühle Nass. Welche Erfrischung! Welche Wohltat, dem schaukelnden Schiff entkommen zu sein. Dieses endlose Blau um uns herum. Ich hielt den Kopf unter Wasser und schaute in die Tiefe hinab. In eine oben sonnendurchflutete Kathedrale. Tiefer nur bodenlose Schwärze. Kein Grund zu sehen. Der lag schließlich gut tausend Meter unter uns. Was mochte in dieser Schwärze lauern? Eine leichte Beklemmung machte sich in meinem Innersten breit. Ich musste an den Hai denken, der vor Brest stundenlang unserem Kielwasser gefolgt war. Mein Vater, ein ehemaliger Expeditionstaucher, ließ sich Taucherbrille und Schnorchel reichen. Er tauchte in die Tiefe hinunter. Ich folgte ihm mit den Augen, bis er wieder an die Oberfläche kam, den Schnorchel ausblies und weiter nach unten schaute. In mir breitete sich das mulmige Gefühl weiter aus. Ich wollte zurück an Bord.

In der Dünung, die von oben gar nicht so wild ausgesehen hatte, bewegte sich das Boot ja nach wie vor. Rollte von einer Seite auf die andere. Einen Moment schien das Deck in Griffweite, dann war es wieder weg. Ich kam nicht heran. Rudi stand oben an der Reling und fragte: »Was ist?«

»Ich komme zurück!« Aber das war leichter gesagt als getan. Ich konnte den Kielansatz sehen und wusste, dass ich das Deck kaum zu fassen bekommen würde. Dann eben die Badeleiter greifen. Ich achtete auf den Rhythmus der Wellen und schwamm auf die Leiter zu. Unsanft stieß das Boot gegen meinen Schädel, und ich wurde unter Wasser gedrückt, kriegte aber die Leiter zu fassen und ließ nicht los. (Damals war ich Kletterer und schaffte einarmige Klimmzüge.) Beim nächsten Rollen wurde ich hochgezogen. Nur die Beine waren noch im Wasser. Dann rollte das Boot wieder zurück. Die Badeleiter war oben nur eingehakt und verrutschte. Ich kriegte den Fuß nicht auf die unterste Stufe der Leiter, das Rollen brachte mich aus dem Gleichgewicht. Ich griff höher, packte den Relingsdraht, und plötzlich hatte mein Fuß doch die unterste Stufe gefunden. Jetzt brauchte ich mich nur noch hochzustemmen und über die Reling zu steigen.

Ich sank erst einmal auf der Cockpitbank nieder und atmete tief durch. Puh! Das Rollen schien mir gar nicht mehr so schlimm, und die Seekrankheit war auch weg. Wenig später kam mein Vater zurück an Bord. Er hatte nicht weniger zu kämpfen.

Als er sich neben mir niederließ, sagte er: »Puh! Das war ja schwieriger, als man denkt!« Dabei herrschten ja eigentlich relativ ruhige Bedingungen! Zumindest für die Hochsee. Wie mag das erst bei schwerer See sein?

61. GRUND

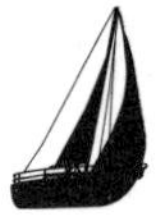

Weil Seeluft hungrig macht

Auf Ozeanüberquerungen muss man kochen, aber viele Segler, die nur ein paar Stunden von Hafen zu Hafen segeln, verzichten unterwegs auf das Kochen. Ihnen reicht eine Schnitte oder ein Apfel. Eigentlich schade, denn wenn man seefest ist, schmeckt auf See alles köstlich. Wir kochen, wenn sich der Hunger meldet. Das ist oft um die Mittagszeit herum, wenn man noch unterwegs ist. Beim Segeln verschiebt sich die Gewichtung der Dinge mehr zu den einfachen körperlichen Bedürfnissen hin. Oder liegt es an der Seeluft? Oder weil man auf See allgemein wacher und aufmerksamer ist? Jedenfalls scheint alles lecker zu schmecken. Oder ist es die Dankbarkeit dafür, dass sich jemand trotz Seegangs an den Herd gestellt hat? Jedenfalls gerät eine warme Mahlzeit auf See leicht zu einem der Höhepunkte des Tages.

Der Grund für die Kochunlust auf See sind die Bewegungen des Bootes im Seegang. Selbst wenn einen die Seekrankheit nicht im Griff hat: Mit einer Hand hält der Koch sich fest. Aber wie mit der verbleibenden Hand ein Zwiebel schälen? Nicht nur Neulinge mögen es geräumig unter Deck. Man überträgt einfach die Normen des Landlebens auf Boote. Konstrukteure kommen wieder besseres Wissen den Kundenwünschen nach, obwohl im Seegang eine enge Kombüse, in der man sich sicher verkeilen kann und freihändig arbeiten, viel besser geeignet wäre. Wer auf See kochen möchte, braucht eine seegängige Kombüse.

Auf unserem 64 Jahre alten kleinen Segelboot ist es kein Problem, auch bei Seegang in der Kombüse zu arbeiten. Viele halten den kardanisch aufgehängten Herd für das ultimative Merkmal einer seetauglichen Pantry. Ein kardanisch aufgehängter Kocher kann um die Längsachse und Querachse eines Bootes schwingen. Er steht immer mehr oder weniger waagerecht und gleicht alle Schlingerbewegungen des Bootes aus. Das ist sicher hilfreich und doch überbewertet.

Unser Kocher ist festgeschraubt und macht alle Bewegungen des Bootes mit. Wir behelfen uns mit einer Reling, die Töpfe und Pfannen an Ort und Stelle hält, und generell mit hohen Töpfen, die ein Überschwappen sicher verhindern. Wenn es hart auf hart kommt, haben wir noch mit unserem Dampfkochtopf eine letzte Geheimwaffe, denn da schwappt mit Sicherheit nichts heraus. Außerdem hilft er, den Gasverbrauch in Grenzen zu halten.

Unser liebstes Küchenutensil ist übrigens die Thermoskanne. Nichts geht über einen heißen Ingwertee bei ungemütlichem Wetter.

Wenn die Thermoskanne eine breite Öffnung hat, kann man auch Suppen einfüllen und heiß halten.

Menschen sind unterschiedlich. Wenn ich alleine unterwegs bin, reichen mir auch schon einmal die berüchtigten Ravioli aus der Dose. Weilt Ima an Bord, ist unsere Küche immer anspruchsvoller. (Auch wenn ich hinter dem Herd stehe.)

Große Boote sind oft landmäßig mit Kühlschrank ausgestattet. Auf kleinen Booten ist das Frischhalten dagegen ein Problem. Wer von Hafen zu Hafen segelt, kann sich in jedem Hafen neu mit Frischproviant eindecken und kauft einfach kleinere Mengen. Wir haben keinen Kühlschrank an Bord, aber decken Käse und Butter usw. mit einem feuchten Tuch ab. Durch die Verdunstungskälte halten sich die Sachen länger frisch. (Und die Butter zerläuft auch im Hochsommer nicht.) Wenn man den Behälter mit den frisch zu haltenden Sachen in einen zweiten Behälter stellt, der mit etwas Wasser gefüllt ist, und dafür sorgt, dass die Ränder des Tuches im Wasser zu liegen kommen, braucht man das Tuch nicht immer wieder neu zu befeuchten.

62. GRUND

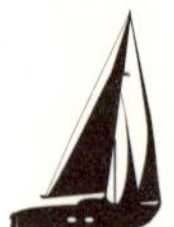

Weil es Meeresleuchten gibt

Die Nacht ist lau. Meine Wache. Ich sitze still im Cockpit. Die Windfahnensteuerung hält uns auf Kurs. Ab und zu ein Rundblick, ein Auge auf den Kompass. Alles in Ordnung. So hänge ich meinen Gedanken nach, während die anderen unten in ihren Kojen schlafen. Müde greife ich nach der Thermoskanne. Weit und breit kein Schiff. Mein Blick wandert achteraus, und plötzlich bin ich hellwach!

Unser Kielwasser glüht grün. Ein märchenhafter Anblick. Hunderte Lichtblitze im Wasser. Selbst die Bugwelle phosphoresziert, und das Kielwasser ist ein schillerndes, glitzerndes Gemälde. Sollte ich die anderen wecken? So etwas bekommt man nicht alle Tage zu sehen.

Wer noch nie Meeresleuchten gesehen hat, wird kaum glauben, dass es so etwas gibt. Und wer es gesehen hat, wird den Anblick nie wieder vergessen.

Die Ursachen des zauberhaften Leuchtens sind nicht restlos erforscht. Anscheinend stecken hinter der leuchtenden Magie Dinoflagellanten. Das sind biolumineszierende Einzeller, die den Algen zugeordnet werden. Auf Berührungsreize reagieren sie mit Lichtblitzen. Das passiert eigentlich ständig, aber am Tage wird das sanfte Leuchten vom Sonnenlicht überstrahlt, und selbst in der Nacht kann das menschliche Auge es nur wahrnehmen, wenn Massen dieser Einzeller zusammen leuchten.

Wer dieses Wunder sehen möchte, muss also nachts unterwegs sein. Eigentlich kommt dieses Phänomen überall vor, aber in Nord- und Ostsee ist es verhältnismäßig häufig zu beobachten. Auf hoher See hat man die besten Chancen, aber es kann auch einen nächtlichen Strandspaziergang unvergesslich machen. Leider lässt sich kaum vorhersagen, wann das Meer anfängt zu leuchten. Scheinbar sind mehrere laue Nächte hilfreich, in denen sich die Einzeller besonders stark vermehren, aber eine Garantie ist das nicht.

Nach kurzem inneren Kampf beschließe ich, in die Kajüte zu steigen und die anderen zu wecken. Bald stehen wir drei im Cockpit und bestaunen dieses märchenhafte Wunder der Natur.

Ein paar Minuten später ist es so plötzlich vorbei, wie es begonnen hatte.

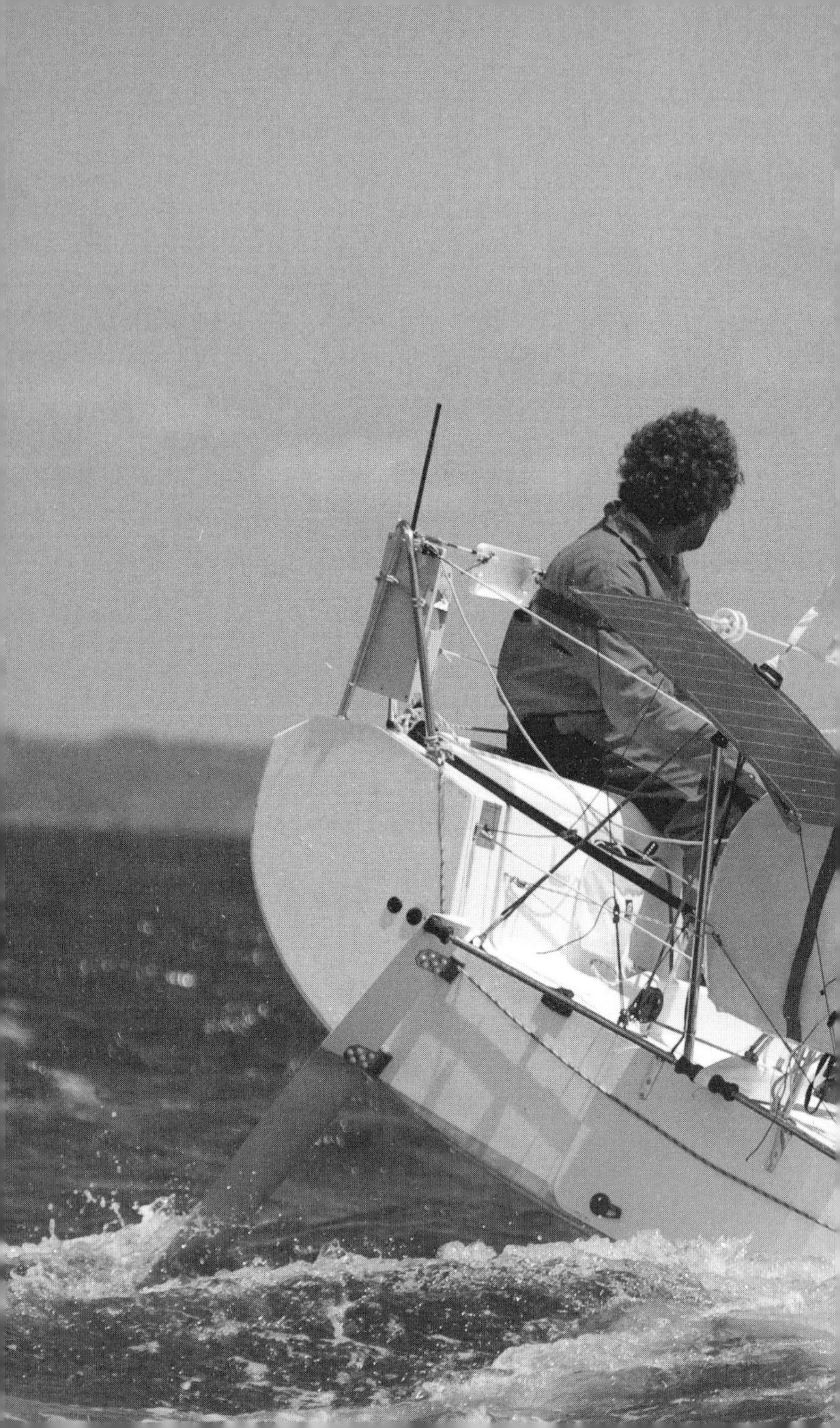

KAPITEL 5

LANDFALL

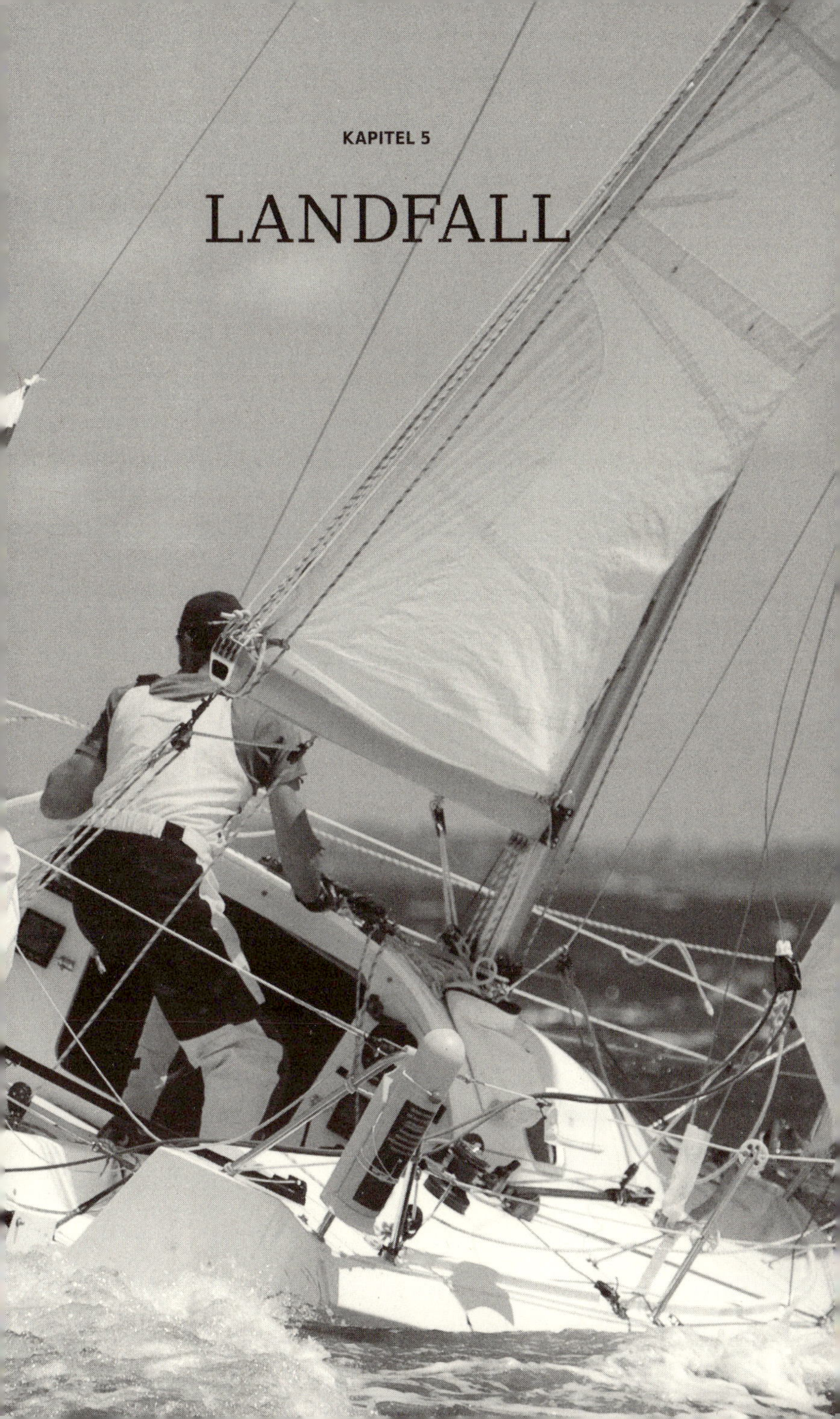

63. GRUND

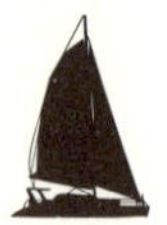

Weil es in Wirklichkeit viel mehr Sterne gibt

Nachts. Meine Wache. Ich sitze im Cockpit und bin froh über meinen Pullover, dabei haben wir August. Wir segeln über die Biscaya. Die anderen schlafen. Auch ich habe nicht viel zu tun. Ausguck halten (kein Schiff weit und breit) und ab und zu den Kurs kontrollieren (die Selbststeueranlage hält uns perfekt auf Kurs).

Unter uns sind tausend Meter Wasser und über uns ein fremder Sternenhimmel. Myriaden von Sternen. Nicht die paar Sternchen, die man von Land aus sieht. Ein Funkeln und Glitzern, als wären wir in einer anderen Welt. Und vor der ganzen Pracht pendelt im Auf und Ab der Wellen unser Toplicht am Ende des Mastes.

Ich schaue hoch, kann mich von dem Anblick nicht losreißen. Das kleine hin und her schwingende Positionslicht und die Ewigkeit dahinter. Plötzlich fühle ich mich klein. Beklemmung macht sich in mir breit. Es ist nicht leicht, der Unendlichkeit zu begegnen, wenn man sich so winzig und unbedeutend fühlt.

Was nehmen wir Menschen uns wichtig mit unseren Eitelkeiten und Aktienkursen. Mit unseren kleinlichen Feindschaften und dummen Kriegen. Angesichts dieser Schöpfung!?

Schnell wandert mein Blick zurück zum Kompass. Ich vermeide, weiter hochzugucken. Schaue lieber auf das rote Licht des Kompasses. Noch eine halbe Stunde. Dann beginnt Heinis Wache. Nach einer Weile schaue ich doch wieder nach oben. Die Beklemmung hat sich gelöst. Was für ein atemberaubender Anblick. Ich glaube, ich werde Heini eine halbe Stunde mehr Schlaf gönnen, um noch ein bisschen länger hier sitzen zu können …

64. GRUND

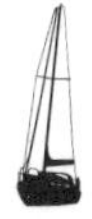

Weil der Flautenschieber nicht nur in Flauten hilft

Ima steigt den Niedergang hoch und setzt sich auf ihren Lieblingsplatz am Niedergang. Néfertiti dümpelt bei leichtem Wind auf einer unbewegten See. Ihr Blick wandert zur Logge: »Wir fahren nur anderthalb Knoten!«

Das ist das Dilemma des Seglers. Manchmal tobt der Kampf, wie hier, zwischen Segler und Nicht-Segler, aber mitunter tobt er auch im Segler selbst. Denn die harmlose Feststellung Imas ist in Wirklichkeit der Eröffnungszug für ein zwischen uns immer wieder neu auszukämpfendes Geplänkel: Sollen wir den Motor anwerfen oder nicht?

Seglers Verhältnis zu seinem »Flautenschieber« ist nicht ungetrübt. (Schon der Name spricht Bände, schwingt da doch die Hierarchie schon mit: Nur wenn kein Wind herrscht …) Die meisten Segler sind durch eine Art Hassliebe mit ihrem bestgepflegten Stück an Bord verbunden. Ja, Bootsmotoren werden gehätschelt und getätschelt, dass jeder Automotor vor Neid erblassen würde. Schließlich sind Segler im Notfall auf ihn angewiesen, sind überzeugt, ohne Motor in den überfüllten Häfen keine Hafenmanöver fahren zu können. Andererseits ist der Motor wie alle verzogenen Gören unzuverlässig. Im entscheidenden Moment will er nicht anspringen. Seglers Lamento über den Motor ist lang und laut, und teilweise scheint das Schimpfen über die Maschine zum guten Ton zu gehören. Aber wenn man fair ist, muss man sagen, dass jeder denkbare Moment, in dem die Maschine ausfallen könnte, ein entscheidender ist: Entweder will man den Hafen gerade verlassen oder man will einlaufen. Sollte der Motor unterwegs einmal nicht anspringen, steht ja noch das spätere Einlaufen an!

Uns hat der Motor zweimal im Stich gelassen: Einmal hatte der Skipper (auf der allerersten Fahrt mit dem neuen Boot) vergessen, den Gashebel auf Vollgas zu stellen, und das zweite Mal hatte jemand versehentlich und unbemerkt den Elektroschalter für den Motor ausgestellt. Beide Male haben wir den Fehler vor dem Einlaufen bemerkt.

Wie bei manch anderem verzogenen Kind wäre vielleicht echte Liebe hilfreicher als noch ein neues Spielzeug, wie der x-te Ölwechsel, Austausch der Zündkerzen oder des Luftfilters, denn Bootsmotoren laufen doch gemessen an Automotoren relativ wenig. Aber damit tut sich der Segler schwer, denn seine Liebe gilt den Segeln. Dem stillen Dahingleiten und nicht dem lauten Dieseldröhnen. Und selbst, wenn er zu denen gehört, die die Maschine anwerfen, sobald die Fahrt unter drei Knoten sinkt, geschieht das mit schlechtem Gewissen. Insbesondere, wenn er sich die letzten Stunden mit einer anderen Yacht unter Segeln gemessen hat.

Wenn wir die Maschine außerhalb des Hafens benutzen, ist es das Eingeständnis, dass man ankommen will, lieber früher als später, auch unter Einsatz »unlauterer« Mittel. Das Eingeständnis, dass es uns nicht mehr um Sport geht, sondern um Tran-sport.

Ima wendet sich zu mir um und sagt: »Du willst den Motor nicht starten, oder?« Wie gesagt: Das ist nicht das erste Mal, dass wir ein Gespräch wie dieses führen. Ich überlege, was ich als Wiedergutmachung anbieten könnte. Vielleicht eine abendliche Rundumwohlfühlmassage?

Da zieht eine Riffelung auf uns zu. Wind! Schon fangen die Segel an zu ziehen, und die Bugwelle stimmt ein fröhliches Plätschern an. Die Logge steigt auf drei Knoten, und das Problem ist erst einmal vertagt. Ima sagt: »Glück gehabt!« Ich bin in Gewinnerlaune und sage: »Weißt du was? Heute Abend kriegst du eine richtig lange Superdupermassage!«

»Äää-echt?«

»Versprochen.« Ein Skipper muss sich schließlich auch um Stimmung und Moral der Mannschaft kümmern …

65. GRUND

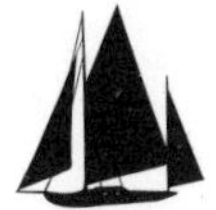

Weil man nicht immer selbst steuern muss

Die nächste dunkle Wolke zieht schnell heran. Das Groß ist schon im zweiten Reff, aber nun ist es höchste Zeit, auch die Rollfock zu reffen. Ich bin alleine an Bord. Der Wetterbericht hatte Starkwind und Schauerböen angesagt, und ich habe Respekt vor den Schauerböen. Die Wolke droht schwarz über uns. Kaum habe ich die Rollfock verkleinert, orgelt die erste Bö heran. In den Wanten faucht der Wind eine Oktave höher, und Néfertiti neigt sich zur Seite. Es fängt an zu regnen. Ich steige in die Kajüte hinunter und schalte vorsorglich die Positionslichter ein. Vor uns ist kein anderes Schiff in Sicht. Ich schiebe das Luk zu und stelle den Dampftopf mit der Suppe auf den Herd. Das Tropfen auf das Kajütdach geht in ein Prasseln über. Eine Welle hebt Néfertiti hoch, läuft unter uns durch und Néfertiti sinkt ins Wellental. Alles handig. Eigentlich gemütlich.

Ich schaue durch das durchsichtige Kunststoffschott achteraus. Auf die Windfahnensteuerung, die uns sicher durch diese Naturgewalten steuert.

Einhandsegler segeln kaum ohne Windsteueranlage. Blauwassersegler genauso. Aber auch wer einen langen Törn mit kleiner Crew macht, wird sie zu schätzen wissen. Denn soviel Spaß es macht, ein paar Stunden an der Pinne zu sitzen, so anstrengend kann es werden, wenn man auf mehrtägiger (mehrwöchiger) Fahrt gezwungen ist, ununterbrochen am Ruder zu gehen. Die Selbststeueranlage ist unermüdlich, leidet nie unter Kälte, wird nie abgelenkt, nie seekrank, und steuert, einmal getrimmt, genauer als jeder menschliche Rudergänger. Alles, was sie braucht, ist ab und zu ein bisschen Fett und ein paar neue Steuerseile, bzw. etwas elektrischen Strom.

Es gibt zwei grundlegende Systeme.

Der elektrische Autopilot verfügt über einen eingebauten Fluxgatekompass. Man stellt einen Kurs ein, und die Selbststeuerung korrigiert jede Abweichung. Das ist gleichzeitig der größte Vorteil und Nachteil dieses Systems. Wenn man gezwungen ist, einen bestimmten Kurs zu laufen, ist sie Gold wert. Vor allem unter Motor.

Unter Segeln wird die Schwäche des elektrischen Autopiloten deutlich: Der Wind, mit dem wir segeln, nennt sich scheinbarer Wind. Er setzt sich aus dem wahren Wind und dem Fahrtwind zusammen. Aber weder der wahre Wind noch der Fahrtwind wehen gleichmäßig. Jede Änderung in der Geschwindigkeit des Windes und des Bootes führt dazu, dass sich die Richtung des scheinbaren Windes ändert. Von normalen Winddrehern mal ganz abgesehen! Es ist der elektrischen Selbststeuerung unmöglich, auf diese Winddreher zu reagieren. Das führt dazu, dass man ständig die Segelstellung korrigieren muss oder schlecht segelt. Außerdem macht der Elektromotor Geräusche, die manchen stören.

An Bord Néfertitis fahren wir deshalb eine Windfahnensteuerung, das zweite System.

Eine Windfahne wird parallel zur Windrichtung ausgerichtet. Wird das Boot beispielsweise durch eine Welle aus dem Kurs gedreht, ist die Windfahne nicht mehr parallel ausgerichtet, und der Wind dreht sie (wie eine Wetterfahne), bis sie wieder in Windrichtung zeigt. Diese Drehung der Windfahne wird mechanisch auf das Ruder übertragen. Das Ruder schlägt aus und steuert das Boot wieder auf den alten Kurs zurück.

Die Windfahnensteuerung steuert das Boot also immer in einem bestimmten Winkel zum Wind. Sind die Segel einmal für diesen Kurs getrimmt, braucht man sie nicht mehr zu bedienen. Aber auch hier ist der größte Vorteil gleichzeitig der größte Nachteil. Sollte der Wind unbemerkt um 180° drehen, segelt man wieder zurück, wo man hergekommen ist. Die meisten Windfahnensteuerungen tun sich schwer bei leichten Winden von achtern. Dafür brauchen sie keinen Strom.

Noch ein Tipp: Wenn eine Selbststeuerung schlecht steuert, liegt es meist daran, dass das Boot nicht ausgetrimmt ist, sprich: Die Segel stehen falsch, und das Boot hat deshalb die (zu starke) Tendenz, in den Wind zu drehen oder abzufallen.

Zehn Minuten später ist die Schauerwolke durchgezogen. Ich schiebe das Luk auf und werfe einen Blick rundum. Die Sicht ist wieder aufgerissen. Wir sind immer noch allein. Ich schalte die Positionslaternen wieder aus. Setze mich noch einmal auf meine Koje und löffele die Schale heißer Suppe auf. Gleich werde ich an Deck gehen und die Rollfock ausreffen.

66. GRUND

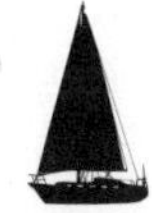

Weil man nachts segeln kann

»Ich muss verrückt sein!« Die Nacht ist längst hereingebrochen. Eine von diesen stockfinsteren Nächten. Nur mein Vater und ich sind an Bord, und er wiederholt noch einmal: »Ich muss total verrückt sein.« Aber es schwingt dieser gewisse Ton mit, der verrät, dass ein Teil von ihm toll findet, was wir gerade machen. Dieser Ton, wenn man seine Bequemlichkeit überwunden hat, den immer gleichen Pfaden entronnen ist, wenn sich trotz aller Entbehrungen auch ein bisschen Stolz auf die eigene Verrücktheit ins Empfinden mischt.

Denn wir hätten schon vor Stunden im Hafen sein können. Im Hellen angekommen sein können. Stattdessen kreuzen wir in der Humber Mündung gegen Wind und Strom. Wir machen nur quälend langsam Weg gegen Luv gut. Überall blitzt und blinkt es. Dazu kommen unzählige Positionslichter, denn hier fährt auch nachts viel Berufsschifffahrt.

Nachts segeln ist toll. Im Allgemeinen ist die Navigation nachts einfacher. Aber wenn das Fahrwasser eng ist und viele Tonnen dicht an dicht in die Nacht blinken, kann die Vielzahl der Lichter auch verwirren. Zumal bei manchen Tonnen die Verdunklung deutlich länger ist als die Lichterscheinung. Man braucht ein gutes räumliches Vorstellungsvermögen.

Hafeneinfahrten sind nachts mitunter sehr schwer auszumachen, weil die kleinen Leuchtfeuer auf den Molen im Lichtermeer der dahinterliegenden Stadt, mit seinen blinkenden und bunten Leuchtreklamen, einfach untergehen.

Das Segeln selbst kann sich in der Nacht deutlich schwieriger gestalten als am Tage. Man sieht die dunkle Kräuselung nicht, die bei Licht eine herannahende Bö ankündigt. Auch manche größere Welle trifft das Boot ohne Vorwarnung. Jetzt ist Segelgefühl gefragt. Gut, wenn jetzt das Boot zu einem spricht. Wenn dir der Luftzug um Wange und Ohr reicht, um die Windrichtung zu erspüren.

Nicht jede Nacht ist gleich dunkel. Wenn du deine erste Nachtfahrt bei Vollmond und klarem Himmel planst, wird vieles leichter.

Wer Nachtsegeln in seinem Repertoire hat, verfügt über eine Geheimwaffe, wenn man in Zeitnot gerät. Z.B.: Wenn der Urlaub sich dem Ende zuneigt, aber man durch schlechtes Wetter ein paar Tage im Hafen festgehalten wurde.

Segelt man zu mehreren, werden Wachen eingeteilt. So kommt jeder zu seinem Schlaf und weiß auch wann. Bei kleinen Crews kommt es gelegentlich vor, dass nur ein Nacht-Erfahrener an Bord ist. Meist der Skipper. Solange wenig Verkehr herrscht und die Navigation klar ist, kann auch er wenigstens ein paar Stunden Schlaf bekommen. Ansonsten sollte er schlafen, bevor es dunkel wird und wenn es wieder hell wird. So gerät auch für ihn die Nachtfahrt nicht gleich zur Tortur.

Ähnlich wie beim Ankern ist es gut, wenn du deine erste Nachtfahrt früh in deiner Segellaufbahn unternimmst. Dadurch bekommt Nachtsegeln etwas Normales für dich. Wer zu lange damit wartet, baut nur eine unnötige Scheu auf, die immer schwerer zu überwinden ist.

67. GRUND

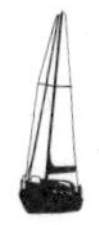

Weil man nirgends so gut schlafen kann wie an Bord

»Reise, reise …«, singt mein Vater mir leise ins Ohr. Ich klammere mich noch einen Moment an den köstlichen Schlaf. Drehe mich noch einmal in der Koje um. Spüre, wie die Kadé im Seegang arbeitet.

»… Nach alter Seemannsweise …« Ich schlage die Augen auf. Es ist stockdunkel.

»Ist es schon so weit?«

»Ja. Deine Wache. Willst du einen Tee?«

»Ja gerne.« Er setzt Wasser auf, während ich mühsam aus der Hundekoje klettere. Ich habe vier Stunden geschlafen und wir sind 20 Seemeilen weiter. Geschenkte Meilen. Verschlafene Meilen. Wundervolle Meilen. Das Schlafen ist ein Grund, das Seesegeln zu lieben. Meist ist es kurz, aber dadurch wird es auch besonders geschätzt. Man wechselt sich ab. Jeder trägt seinen Teil zum Fortkommen bei. Das schweißt zusammen. Das formt ein Wir-Gefühl.

Ich ziehe mir einen warmen Pullover unter das Ölzeug und die Schwimmweste, steige an Deck und setze mich neben meinem Vater. Er weist mich ein: »Kurs 220°. Da drüben …« Er zeigt schräg hinter uns, »… kommt ein Mitläufer auf. Behalte ihn im Auge.« Ich erkenne weit entfernt zwei versetzte Dampferlichter und die rote Backbordlaterne eines Frachters.

»Okay.« Mein Vater bleibt noch eine Weile neben mir sitzen, bis er sicher ist, dass ich wach bin. Man braucht immer einen Moment, bis man sich eingefühlt hat, und auch die Augen müssen sich erst mal an die Dunkelheit gewöhnen. Der Wasserkessel fängt an zu pfeifen, und Vater verschwindet unter Deck. Reicht mir kurz darauf die Thermoskanne heraus. Dann bin ich allein, höre noch, wie er sich in die Koje legt. Dann geht das Licht in der Kajüte aus.

Um auf See gut schlafen zu können, braucht man Kojen, aus denen man nicht herausfallen kann. Mir ist schleierhaft, warum heutzutage kaum noch seegängige Boote angeboten werden, die auch über seegängige Kojen verfügen. Schlingerbrett oder Kojensegel gehören kaum mehr zur Grundausstattung einer Yacht. Dabei wären sie selbst für Boote wichtig, die nur in der Küstenfahrt gesegelt werden.

Ima und ich segeln meist in Küstennähe. Bei ungemütlichem Wetter braucht nur einer draußen in Nässe und Kälte auszuharren. Der andere kann sich in die warme und trockene Kajüte zurückziehen. Aber wo hält er sich auf? Wenn auch noch Seekrankheit droht? Ima klettert am liebsten in die Koje. Schlingerbrett hoch. In den Schlafsack kuscheln. Und erstaunlich oft fällt sie nach kurzer Zeit in einen tiefen erholsamen Schlaf, während ich draußen den Freuden des Segelns frönen kann. (Manchmal ist es auch umgekehrt.)

Aber es gibt da noch ein Phänomen. Und dazu braucht man nicht einmal zu segeln. Neulich war Ima mal wieder allein zum Boot hinausgefahren. Sie wollte dem Lärm der Stadt entkommen und in Ruhe auf dem Boot ein Exposé schreiben. Ich musste arbeiten und hatte sie alleine fahren lassen. Kam müde nach Hause. Ima war noch nicht zurück. Ich zog mir gerade die Jacke aus, da klingelte mein Handy. Es war Ima: »Ich würde gerne auf dem Boot übernachten. Kommst du noch? Du weißt, ich kann nirgends so gut schlafen wie auf Néfertiti.« Liegt es an dem leichten Wiegen, das es auch an unserem Liegeplatz immer gibt? Erinnert es uns an das Gewiegtwerden im Bauch der Mutter? Oder später in der Wiege? Fast jeder, der einmal an Bord geschlafen hat, wird es bestätigen: Nirgends schläft man besser …

68. GRUND

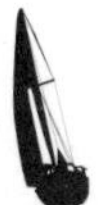

Weil nachts ein Blinken und Leuchten dem Segler den Weg weist

Néfertiti glitt gemächlich über die kaum bewegte See. Der Wind hatte im Landschutz Mönchsguts nachgelassen. Wir hatten es nicht mehr weit. Hinter dem nächsten Kap lag unser Ankerplatz. Glutrot ging die Sonne unter. Plätschernd flüsterte unsere Bugwelle. Mein Blick ging zurück. Hinter uns schickte der Leuchtturm der Oie sein beruhigendes Licht in die hereinbrechende Dunkelheit.

Leuchtfeuer haben ihre eigene Magie. Und ihre eigene Kennung: Eine bestimmte Abfolge von Lichtsignalen, die in der Seekarte vermerkt ist, sodass man die Blitze und Blinke zweifelsfrei identifizieren kann. Das macht es leichter, seinen Weg zu finden, als am Tage, denn die Lichter sind viel weiter zu sehen als eine einzelne Tonne, deren Schrift man lesen muss, um sie sicher zu identifizieren. Was habe ich mir vor ein paar Tagen die Augen nach dem Leuchtturm Gellen ausgeguckt, der vor dem Wald im Hintergrund kaum auszumachen war. Nachts hätten wir ihn schon Stunden früher identifizieren können.

Die Lichtzeichen in der Nacht haben etwas Tröstliches. Etwas Heimeliges. Da waren Menschen am Werk, um uns den Weg zu weisen. Ein Licht in der Dunkelheit. Im wahrsten Sinne des Wortes.

69. GRUND

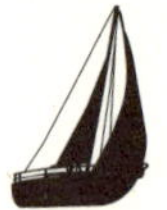

Weil es die Seenotretter gibt

Der Seenotrettungskreuzer lief in knapp zwei Seemeilen Entfernung durch das Fahrwasser. Eigentlich hätten sie auf uns zudrehen müssen. Ich hatte einen Notruf per Handy abgegeben. Wir waren aufgelaufen. Keine Chance, in der tidenfreien Ostsee alleine wieder flott zu werden. Wir hatten alles versucht.

»Die glauben, wir sitzen weiter südlich. Gib mir schnell die Seenotraketen!«

Ima reicht mir den Beutel, und ich greife nach einer Rauchfackel, ziehe die Reißleine.

Jeder kennt das kleine Schiffchen, das es übrigens seit 1875 gibt, und die meisten von uns haben da auch schon die eine oder andere Münze hineingeworfen. Es steht bei der Bäckerei gegenüber und im Tante-Emma-Laden an der Ecke. Selbst im tiefsten Binnenland.

Die erste Rettungsstation entstand in Liverpool bereits 1776. Damals herrschte an deutschen Küsten noch das Strandrecht. Die Insulaner an der deutschen Nordseeküste sahen in Ladung und Ausrüstung gestrandeter Schiffe ein hoch willkommenes Zubrot. Mitte des 19. Jahrhunderts gerieten an der deutschen Nordseeküste jährlich etwa 50 Schiffe in Seenot.

Im November 1854 strandete das Auswandererschiff Johanne vor Spiekeroog: Niemand kam den Schiffbrüchigen zu Hilfe. Nach drei Tagen waren 84 der 200 Passagiere ums Leben gekommen. Sechs Jahre später, im September 1860, strandete die Brigg Alliance vor Borkum. Badegäste hatten die Hilfeschreie der Besatzung gehört, aber die Dorfbewohner behaupteten dreist, die Hilferufe seien Gespenstergeschrei in den Dünen. Als die Badegäste trotzdem zum Strand vordrangen, mussten sie hilflos mit ansehen, wie ein Mann nach dem anderen über

Bord gespült wurde und ertrank. Später lagen ihre Leichen am Strand, während die Borkumer das Wrack plünderten.

In ganz Deutschland berichteten Zeitungen über diese »mittelalterliche Barbarei«. Der Emdener Oberzollinspektor Georg Breusing schrieb: »76 Schiffe strandeten von 1854 bis 1861 an unserer Küste und 118 Menschen kamen ums Leben. Die meisten hätten gerettet werden können.« Er gründete den ersten Verein zur Rettung Schiffbrüchiger. Sein Ruf hallte von Küste zu Küste. Verschiedene lokale Initiativen wurden gegründet. Schließlich begann der Bremer Redakteur Emminghaus, mit all diesen Initiativen zu korrespondieren, um sie zu einer großen Organisation zusammenzuschließen. Am 29. Mai 1865 war es so weit. Die Deutsche Gesellschaft zur Rettung Schiffbrüchiger wurde gegründet. Schon im ersten Jahr hat man 141 Menschen aus Seenot gerettet. 1875 gab es 91 Rettungsstationen an Nord- und Ostsee, und man hatte 870 Menschen aus Seenot gerettet.

Damals bedeutete Seenotrettung Strandrettung. Erst 1911 wurde das erste Motorrettungsboot in Dienst gestellt, mit dem das Einsatzgebiet auch auf strandferne Gebiete ausgedehnt werden konnte.

Die DGzRS war immer ein Freiwilligenwerk gewesen, das von Spenden getragen wurde. Die Nazis sahen darin den Gedanken der »Volksgemeinschaft« verkörpert, was dazu führte, dass die DGzRS während des Dritten Reichs relativ unkontrolliert agieren konnte. Man rettete auch während des Krieges weiterhin Schiffbrüchige und abgeschossene Flieger, und zwar ohne Ansehen der Nationalität.

Das hatte Auswirkungen auf die Haltung der Alliierten nach dem Krieg, denn sie unterstützten die DGzRS nach Kräften. In den 1950er-Jahren wurde der Seenotrettungskreuzer mit Tochterboot entwickelt, der es erlaubt, sowohl auf hoher See als auch auf Flachwasser zu operieren.

Bis zum 150-jährigen Jubiläum 2015 hat die DGzRS 82.000 Menschen aus Seenot gerettet.

Die Fackel in meiner Hand sahen die Seenotretter indes nicht. Wir waren schon in ihrem Rücken. Stattdessen kam Olli mit seinem Beiboot von der Cormoran, die etwas entfernt ihren Anker lichtete, um uns zu Hilfe zu kommen. Ich sagte zu ihm: »Ich habe die Seenotretter gerufen, aber die sind vorbeigefahren.«

»Sag ihnen ab. Wir ziehen euch runter!«

So kam es dann auch. Wenig später schwamm Néfertiti wieder, und wir strebten dem Fahrwasser zu.

70. GRUND

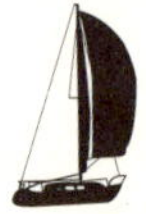

Weil es Rettungsinseln gibt

»Achtet auf eure Sicherheit!«, predigte unser Segelausbilder bei jeder sich bietenden Gelegenheit. Er wollte uns wachsam sehen. Keiner sollte wegen seines Hobbys sterben. Ein gutes Ansinnen. Yachten werden unter dem Etikett Sicherheit beworben, und ein ganzer Zubehörhandel lebt davon.

Aber was ist Sicherheit?

Die Vollkaskoversicherung im Rundum-sorglos-Modus, die kein Menschenleben zurückgeben kann?

Der 50-PS-Motor, der nicht anspringt?

Der Kartenplotter, der auch dem letzten Dummkopf seine Position auf wenige Meter genau anzeigt, aber nicht läuft, weil die Tiefkühltruhe die Batterien leergesaugt hat?

Das Ankergeschirr, das sich auf dem felsigen Untergrund nicht eingraben kann und deshalb keinen Halt findet?

Das UKW-Gerät, dessen Reichweite ausgerechnet jetzt nicht reicht, um Hilfe herbeizurufen?

Der federnde Gang, bei dem nie die Knie durchgestreckt werden, der dir immer geholfen hat, nicht über Bord zu gehen, bis zu dieser einen außergewöhnlichen Welle?

Die Lifeline, die nicht angelegt wurde?

Die Schwimmweste, die deinen leblosen Körper über Wasser hält, während du bei den kalten Wassertemperaturen einen Herzinfarkt erlitten hast?

Der Segelschein, für den im Multiple-Choice-Verfahren Spitzfindigkeiten abgefragt werden, anstelle von sinnstiftenden Unterschieden?

Die Rettungsinseln, die (z.B. beim Fastnet Race 1979) viele in Seenot geratene Segler beherbergten? Segler, die dann nicht mehr die Kraft hatten, über die heruntergelassenen Netzleitern an Bord der rettenden Schiffe zu klettern, und starben, während ihre Boote beschädigt, aber schwimmend den Jahrhundertsturm überstanden?

Die drei elektrischen Bilgepumpen, die nicht mehr arbeiten, weil die Batterie bei Wassereinbruch überspült wird?

Für mich ist Sicherheit etwas anderes: das Gefühl, dass ich mit allen auftretenden Problemen fertig werden könnte. Dieses Gefühl ist für mich ein wichtiger Grund, das Segeln zu lieben. Aber machen wir uns nichts vor: Das Meer ist ein menschenfeindlicher Lebensraum, wenn etwas richtig schiefgehen sollte.

71. GRUND

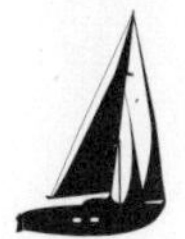

Weil man sein eigenes Schneckenhaus immer dabeihat

Wir Menschen sind seltsam: Im Winter sehnen wir uns nach dem Sommer und im Sommer nach dem Winter. Zu Hause sehnen wir uns nach der Ferne, und wenn wir in der Fremde sind, plagt uns das Heimweh.

Früher bin ich mit dem Rucksack losgezogen, wenn mich Fernweh packte. Ich reiste per Anhalter oder zu Fuß. Einen Schlafsack, eine Plane und einen Gaskocher dabei. So habe ich ganze Sommer verlebt.

Beim Fahrtensegeln hat man nicht nur seine Lagerstätte dabei, sondern gleich sein ganzes Haus, mit Küche, Wohnzimmer, Schlafzimmer und Waschraum. Und, wenn die Sonne den schwarzen Wassersack aufheizt, sogar eine warme Dusche. Na gut. Was für ein Luxus! Man kann so viel Proviant und Wasser mitnehmen, dass man für Wochen autark ist, und braucht nicht alle paar Tage ins Tal abzusteigen, um sich neu zu verproviantieren. Bücher sind mit einem Boot kein fragwürdiger Ballast mehr. (Ich liebe Bücher!) Wer seine Sachen auf dem Rücken trägt, geizt mit jedem Gramm.

Bei Regen und Unwetter kann man sich in die gemütliche Kajüte zurückziehen. Mit dem Boot bereist man die Welt und hat doch immer sein Heim dabei. Wer seinen Kopf im Freien bettet, muss immer damit rechnen, von einem wilden Tier oder einem unfreundlichen Zeitgenossen aus dem Schlaf geschreckt zu werden. Dergleichen passiert auf dem Boot eher selten. Da wird man von plötzlichem Seegang und heulendem Wind aus der Koje gescheucht. Aber Unwetter haben ja auch an Land ihre unerfreulichen Seiten.

Wer mit eigenem Schneckenhaus reist, kann gleichzeitig unterwegs sein und zu Hause. Braucht weder Fernweh noch Heimweh zu haben. Klingt für mich, als hätten wir Segler die Quadratur des Kreises entdeckt.

72. GRUND

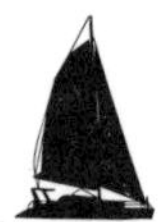

Weil in Wirklichkeit Segler die erste Sozialversicherung schufen

Gemeinhin wird der Reichskanzler Otto von Bismarck als Urheber der ersten Sozialversicherung gesehen. 1883 führte er im Deutschen Reich eine Krankenversicherung ein und 1884 eine Unfallversicherung. Dem Eisernen Kanzler ging es dabei weniger um einen Akt der Barmherzigkeit als vielmehr um die Vermeidung sozialer Unruhen.

Tatsächlich gab es allerdings schon im 17. Jahrhundert eine ersten Sozialversicherung. Und sie wurde von Seglern ins Leben gerufen. Genauer: von Piraten.

Der Piratenkodex wurde zwar auf jedem Schiff einzeln ausgehandelt, mitunter auch von Reise zu Reise neu, aber die Grundlagen waren immer ähnlich. Im Kodex wurden allgemeine Verhaltensregeln festgeschrieben, Disziplinarmaßnahmen bei Verfehlungen und ein Schlüssel für die Verteilung der zu erwartenden Beute. Er wurde von der gesamten Mannschaft eines Piratenschiffs unterzeichnet. Mit der Unterschrift wurde dem Piraten auch ein demokratisches Mitspracherecht bei der Wahl des Kapitäns und der Offiziere zugestanden. Der für uns in diesem Zusammenhang wichtigste Teil aber legte Entschädigungen für verletzte Mannschaftsmitglieder fest. Im Archivo General de Indias in Sevilla wird ein solches Dokument aufbewahrt: In den Articles of Agreement Henry Morgans, einem der erfolgreichsten Freibeuter und Piraten des 17. Jahrhunderts, heißt es da: ».. Thus they order for the loss of a right arm six hundred pieces of eight, or six slaves; for the loss of a left arm five hundred pieces of eight, or five slaves …«

(»… Sie erhalten für den Verlust eines rechten Arms 600 Piaster, oder sechs Sklaven; für den Verlust des linken Arms 500 Piaster, oder fünf Sklaven …«) Für zwei Piaster konnte man damals eine Kuh kaufen. Das Opfer hatte also ausgesorgt. Auch bei Henry Morgan oder seinen Zeitgenossen war diese Regelung allerdings kein Ausdruck eines sozialen Gewissens. Es ging ganz handfest um die Kampfkraft eines Piratenschiffs. Man hoffte, dass die Piraten wilder kämpften, wenn sie sich im Falle einer schweren Verletzung und nachfolgender Invalidität reich versorgt wussten.

73. GRUND

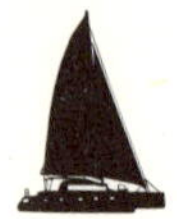

Weil man manchmal Leuchttürme mit GPS findet

Auch wenn ich aus purem Spaß an der Freude lieber ohne GPS segele, habe ich inzwischen ein GPS (Global Positioning System) an Bord. Als Back-up. Hat fast jeder. Im Handy. Bislang habe ich es zwar noch nie gebraucht, aber es gibt Situationen, in denen die herkömmlichen Navigationsmittel versagen. Wie funktioniert GPS? Das GPS-Gerät peilt fortlaufend Signale von Satelliten ein, die um die Erde kreisen. Ein kleiner Computer rechnet diese Peilungen blitzschnell und fortlaufend in eine Position um. Je mehr Satelliten gleichzeitig zur Verfügung stehen, desto genauer ist die Position. Heutzutage ist ein GPS-Gerät auf wenige Meter genau. Also das perfekte Navigationsmittel? Ja.

Der schlimmste Sturm, den ich je erlebt habe, wütete. Ich hatte die Nacht durchgesteuert. Es war schon lange hell. Kadé, das Boot meines Vaters, wurde von einer Welle angehoben. Hoch, höher … Wir surften den Wellenhang hinab, trotzdem überholte uns die Welle, lief unter uns durch, und plötzlich schienen wir stehen zu bleiben. Obwohl der Seegang handiger geworden war als in der Nacht, wütete der Sturm unvermindert. (Heute weiß ich, dass die Tide gekentert sein musste und jetzt der Strom in die gleiche Richtung setzte wie der Wind. Das beruhigt den Seegang.) Ich hatte keine Ahnung, wo wir waren, und die Sicht war schlecht. Vielleicht eine halbe Seemeile oder weniger. Es hörte auf zu regnen. Mein Vater hatte eines der ersten GPS-Geräte an Bord und nannte mir einen Kurs, der uns nach Aberdeen bringen sollte. So weit das bei dem Seegang ging, versuchte ich den Kurs zu steuern, aber die Abweichungen waren enorm. Nach Westen hin wurden die Wolken plötzlich heller, und dann sah ich Land. Nur als dunkleren Schemen erst, der schnell an Konturen gewann. Und mittendrin ein Leuchtturm. Ich habe den Anblick mein ganzes Leben lang mit mir herumgetragen und werde ihn nie vergessen.

»Da ist ein Leuchtturm in Sicht!«

»Was?!«, tönte die Stimme meines Vaters dumpf aus der Kajüte: »LEUCHTTURM!«

»Das muss der Leuchtturm vor Aberdeen sein.«

Wir erreichten den Hafen. Und ich fiel in die Koje und schlief den ganzen Tag. Immer, wenn ich zwischendurch aufwachte, schien ich zu spüren, wie die gewaltigen Wellen das Boot anhoben und senkten. Dabei lagen wir im Hafen vollkommen ruhig. Ohne GPS hätten wir den Hafen nie gefunden. Wir wären vor dem Sturm abgelaufen. Weg von der Küste und hätten noch einen Tag und eine Nacht mit dem schlimmsten Sommersturm kämpfen müssen, den Schottland in den letzten 20 Jahren erlebt hatte.

Heutzutage ist der Kartenplotter für viele Segler das einzige Navigationsmittel. Ununterbrochen wird auf dieser elektronischen Seekarte der Standort angezeigt. Auf wenige Meter genau. So genau, dass in weniger gut kartographierten Gebieten der Erde Boote verloren gegangen sind, weil die Position von Riffen (mit alten Navigationsmethoden) fehlerhaft bestimmt wurde und sie in Wirklichkeit nicht da lagen, wo sie auf der Seekarte eingezeichnet waren. Ein Könner mit dem Sextanten kann bei idealen Verhältnissen seine Position nicht besser als auf zwei Seemeilen genau bestimmen. Deshalb sind diese Differenzen vor GPS nicht aufgefallen. Man hielt sie für Navigationsfehler. Die Skipper der verloren gegangenen Boote waren sich ihrer Position zu sicher. Ironischerweise stimmte sie ja auch. Trotzdem hätte man Ausguck gehen müssen. Die Geschichte macht den einzigen Nachteil des Gerätes deutlich. Er ist rein mentaler Natur.

74. GRUND

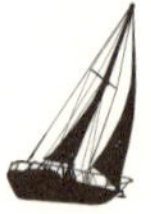

Weil man einhand segeln kann

Für manche ist es die Königsklasse des Segelns, für andere bodenloser Leichtsinn. Der Begriff »einhand« ist, wie viele Seemannsbegriffe, dem Englischen entlehnt. Auch im Deutschen spricht man von der Deckshand. Aber weder die englische *hand* noch die eingedeutschte Deckshand bezeichnen eine Hand. Beide meinen den Mann dahinter. So hat auch Einhandsegeln nichts mit Behindertensport zu tun, sondern bezeichnet schlicht jemanden, der alleine segelt. Ein-Mann-Segeln halt. Oder Eine-Frau-Segeln.

Wer einhand segelt, geht ein gewisses Risiko ein. Wenn er über Bord fallen sollte, wird niemand das Boot wenden, um ihn wieder aufzufischen. Wenn er müde wird, kann er keinen Kumpel aus der Koje holen, der ihn ablöst. Wenn Probleme auftauchen, muss er alleine damit fertig werden, egal ob sie segeltechnischer, körperlicher oder psychologischer Natur sein sollten. Königsklasse oder Leichtsinn?

Einhandsegeln gibt einem Freiheiten. Niemand schaut zu. Man kann sich nur vor sich selbst blamieren. Niemand redet einem rein. Du willst weiter segeln, obwohl der Wind gerade einschläft? Kein Problem. Man ist sein eigener Herr. Aber auch wenn die soziale Kontrolle unterwegs fehlt, an den seemännischen Gegebenheiten kommt keiner vorbei, und schnell merkt man, dass man nicht nur sein eigener Herr ist, sondern auch sein eigener Sklave. Niemand da, der dir auf kalter nasser Wache eine heiße Tasse Tee herausreicht. Niemand, der dich bei schnell fallendem Barometer mit einem Scherz ermutigt. Man ist Kapitän, Smutje und Deckshand in einem. Und auf See rächen sich Nachlässigkeiten schnell.

Kritiker des Einhandsegelns führen das Schlafbedürfnis des Menschen an. Wer schläft, kann keinen Ausguck halten. Auf langen Ozeanreisen aber muss man schlafen, auch wenn man alleine ist.

Die Gesetzestexte lassen Spielraum. Die KVR (internationale Ausweichregeln) fordern nicht von jedem Schiff, Ausguck zu halten, sondern »gehörig Ausguck« zu halten. Das meint den Umständen angepasst.

In der Praxis braucht ein schnelles Schiff zehn bis 20 Minuten, um vom Horizont in gefährliche Nähe heranzufahren. Natürlich sind Motorschiffe Seglern gegenüber ausweichpflichtig, aber in der Praxis wird von den Berufsschiffen auf langen eintönigen Ozeanstrecken auch nicht immer »gehörig Ausguck« gehalten. Das Problem ist: Im Falle einer Kollision ist der Segler immer der Verlierer. Es ist schon vorgekommen, dass man im Hafen Reste eines Riggs fand, das sich im Ankergeschirr verhakt hatte. Niemand an Bord hatte die Kollision bemerkt. Deshalb schlafen die meisten Einhandsegler in Intervallen von 10–20 Minuten. Dann ist ein gründlicher Rundumblick fällig. Man kann sich unschwer vorstellen, welche körperlichen und mentalen Anforderungen alleine das bei einer 30-tägigen Atlantiküberquerung an den Einhandsegler stellt.

Also: Königsklasse oder Leichtsinn?

Letzten Endes kann das nur jeder für sich selbst entscheiden. Ich bin nur in Küstennähe einhand gesegelt, wo das Schlafproblem entfällt, weil man genug Ankerplätze und Häfen findet, um dort in Sicherheit zu schlafen. Ich liebe das Einhandsegeln, denn das Erleben von Natur und Boot ist noch eine Spur intensiver. Aber dafür braucht man auch eine gewisse Veranlagung. Ich selbst fühle mich wohl nur mit meiner eigenen Gesellschaft. Nicht nur beim Segeln.

Tatsächlich wirft das Einhandsegeln an der Küste ein anderes Problem auf. Hafenmanöver einhand setzen die absolute Beherrschung des Bootes voraus. Niemand kann das Boot mal eben abhalten, wenn man sich am Ruder verschätzt hat.

75. GRUND

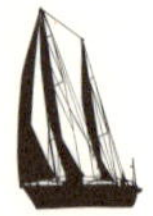

Weil man nicht alleine segeln muss

Es gibt viele Gründe, seine Mitsegler zu schätzen. Ein aufmunterndes Wort in schwieriger Situation, wenn der Seegang doch viel heftiger geworden ist als erwartet. Oder die Flaute einen fest im Griff hält. Man kann sich draußen am Ruder ablösen, wenn der Regen von grauem Himmel herabprasselt, wenn die Nässe und Kälte unter das Ölzeug kriechen. Wenn einen die Müdigkeit übermannt oder man einfach mal eine Pause braucht.

Ich bin viel alleine gesegelt. So sehr einem die helfende Hand fehlen mag, wenn es hart auf hart kommt, am meisten habe ich jemanden in den anderen Momenten vermisst, in den glücklichen: Am geschützten Ankerplatz, wenn die Sonne vor einem atemberaubenden Himmel untergeht und eine der Robben noch einmal schnell um das Boot herum schwimmt, als wolle sie sich der guten Nachbarschaft versichern. Wenn das Boot leicht durch die sanften Wellen schneidet und man geräuschlos an einer Küste entlanggleitet, die so schön ist, dass man vor Glück weinen möchte.

Wer alleine segelt, muss die Navigation beherrschen, das Segelhandwerk, und seine Kräfte einteilen können. Die Anforderungen an einen Skipper mit Crew sind ungleich höher. Er muss Menschen führen können. Erstaunlicherweise ist das umso schwieriger, je unerfahrener die Crew ist. Menschen verlassen sich auf ihn. Sie vertrauen ihm. Die sechsjährige Tochter genauso wie der ausgebuffte Regattataktiker.

7 Windstärken sind noch kein Sturm. Der Regattataktiker weiß das, aber für die sechsjährige Tochter wird es sich anfühlen, als ginge gerade die Welt unter.

Als Familienskipper hast du noch ein anderes Problem. Wenn es so hart wird, dass du selbst ein mulmiges Gefühl bekommst, kannst du vielleicht dem Regattataktiker etwas vorspielen, aber nicht deiner Familie, die dich besser kennt als irgendjemand sonst auf der Welt.

Sobald die anderen merken, dass du versuchst, ihnen falsche Sicherheit vorzugaukeln (und sie werden das merken!), fragen sie sich erst recht, in was für eine Situation du sie da geführt hast …

Auf der anderen Seite kann ein Scherz zur rechten Zeit etwas ungemein Befreiendes haben. Es ist halt eine Gratwanderung: Du musst Menschen führen. Das ist schwieriger als jede noch so knifflige Navigationsaufgabe!

76. GRUND

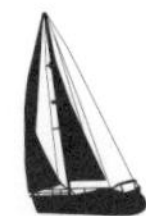

Weil man Landfall machen kann

Nach mehreren Tagen auf hoher See hat man es fast geschafft. Heute sollte Land in Sicht kommen. Man ertappt sich und die anderen dabei, wie der Blick sehnsüchtig vorauswandert, immer an der dünnen Horizontlinie entlang, auf der Suche nach einem Schatten, einer Silhouette, irgendeiner Unregelmäßigkeit. Nichts.

Die Spannung steigt. Irgendwann treiben sich alle im Cockpit herum. Keiner will den großen Augenblick verpassen. Den Augenblick, der schon jetzt die in den letzten Tagen gewachsene Bordroutine unterbricht. Die sichere Fahrt ist in Küstennähe vorbei. Riffe und Klippen drohen.

In früheren Zeiten waren Landfälle mit größeren Unsicherheiten behaftet. Die Stunde der Wahrheit für den Navigator. Selbst wenn Land in Sicht war, musste dieses noch zweifelsfrei identifiziert werden. Einer wähnte sich vor Indien und befand sich vor Amerika. Aber auch im letzten Jahrhundert ist mancher zur richtigen Zeit an der verkehrten Insel angekommen.

In GPS-Zeiten fallen diese Unsicherheiten weg. Ich nehme an, dass die meisten darüber nicht allzu traurig sind. Bis auf die Minute genau wird einem schon während der ganzen Überfahrt die zu erwartende Ankunftszeit angezeigt. Das gibt unschätzbare Sicherheit, aber nimmt dem Moment doch auch einen Teil seiner Magie.

Da kommt ein Schemen in Sicht. Könnte das Land sein? Oder nur wieder eine Wolke, die etwas dunkler ist? Ein kaum merklicher Umriss am Horizont. Man kann kaum glauben, was man sieht.

»Ist das Land?«

»Weiß nicht.« Wenig später sind die Konturen klarer hervorgetreten, und plötzlich ist er da, der Moment, in dem man Gewissheit erlangt: »Land in Sicht!« Hat man es selbst gerufen oder einer der anderen? Erleichterung mischt sich mit einem tiefen Glücksgefühl. Der eine gibt sich gleichmütig, der andere schreit es heraus. Aber alle spüren es deutlich: Sie haben es geschafft!

Egal, ob mit oder ohne Hilfe eines Computers, man hat etwas erreicht! Einen Ozean, ein Meer oder auch nur einen Meeresarm überquert. Man ist außer Landsicht gesegelt, und das hat etwas Erhebendes: Man hat das Wetter nehmen müssen, wie es kam, und unterwegs konnte man nirgendwo Schutz finden. Man hat sich der Natur gestellt und ist durchgekommen. Hat die andere Seite erreicht.

Dabei wird es noch Stunden dauern, bis man in einen Hafen einlaufen kann. Vielleicht muss man noch einmal eine Nacht auf See verbringen. Ungeduld macht sich breit, und plötzlich kann das Boot nicht schnell genug laufen. Jede Meile scheint plötzlich doppelt so lang. Plötzlich möchte man nur noch eines: endlich ankommen!

77. GRUND

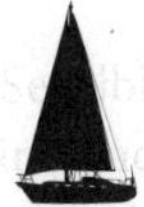

Weil Rod Stewart »Sailing« gesungen hat

»I am sailing, I am sailing
Home again 'cross the sea
I am sailing, stormy waters
To be near you, to be free …«

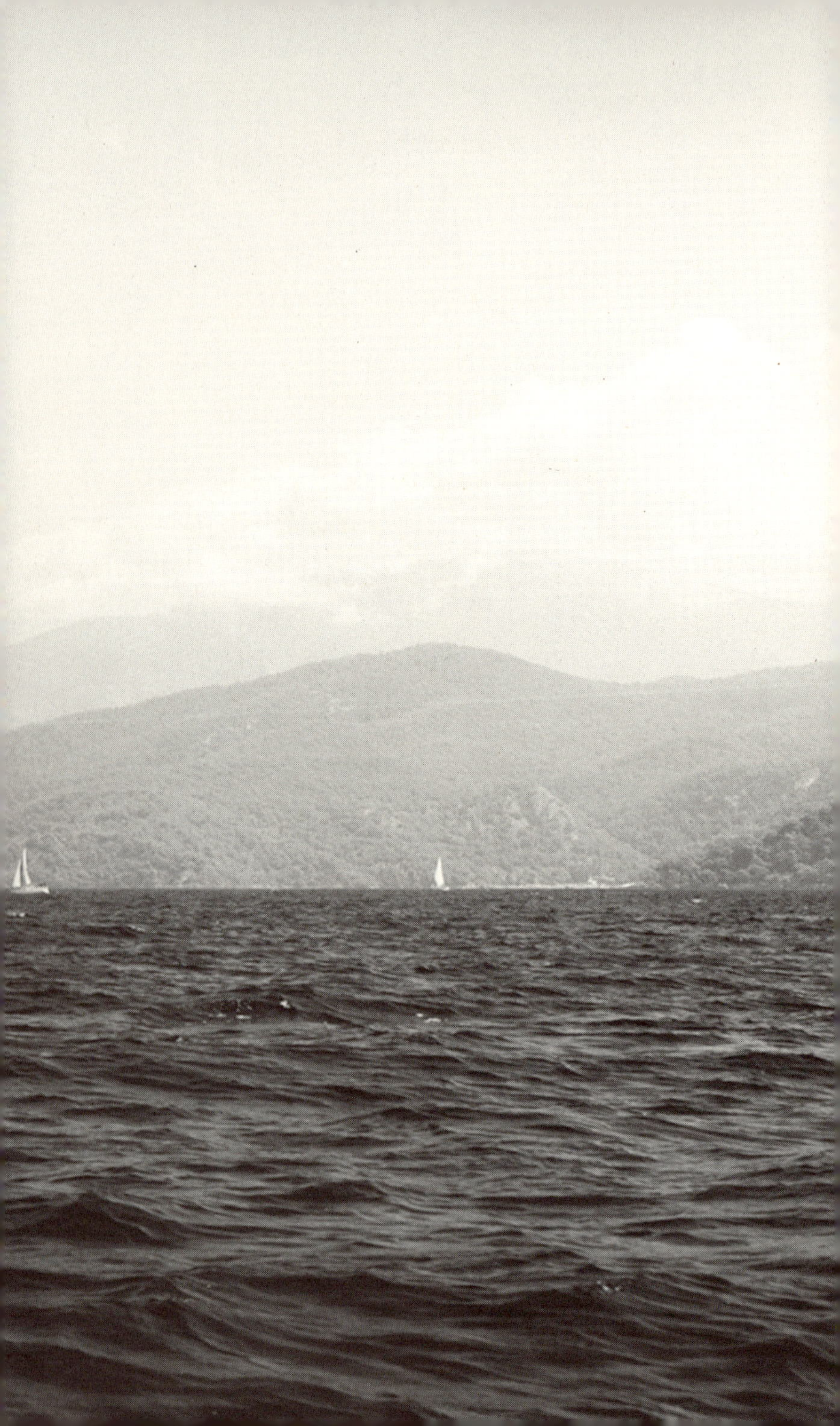

KAPITEL 6

ANKOMMEN UND EINLAUFEN

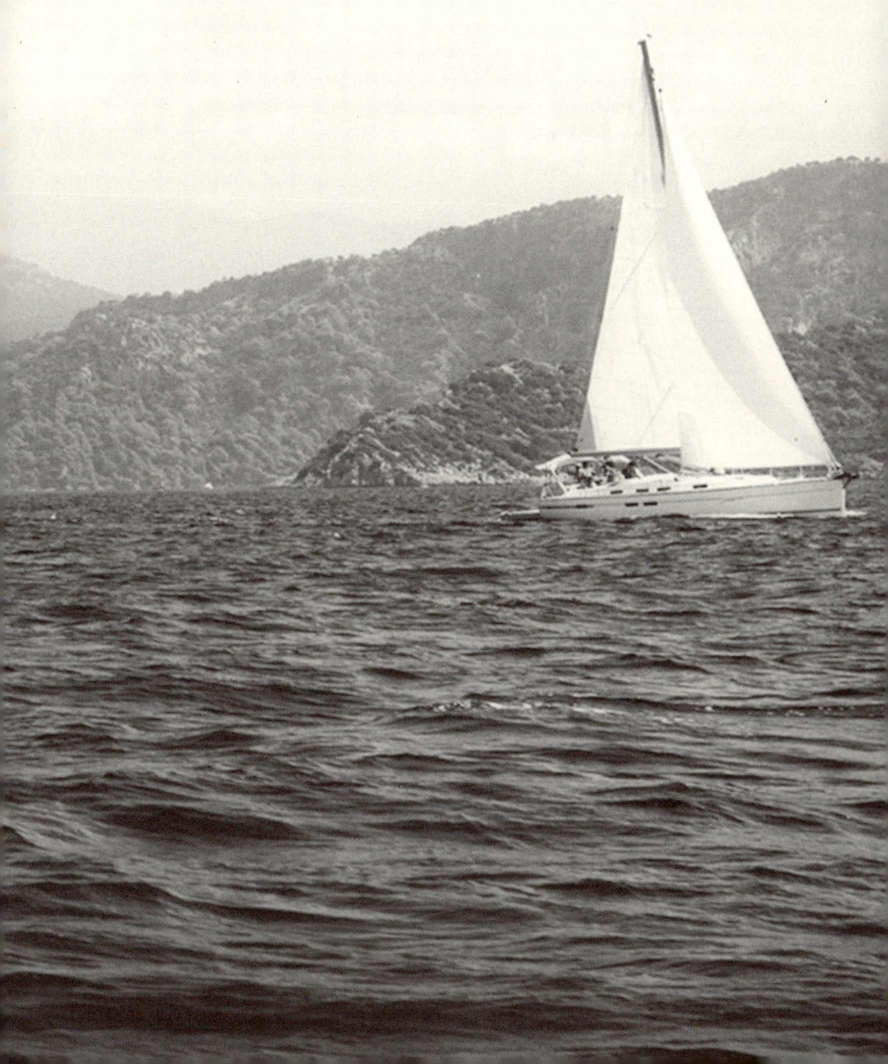

78. GRUND

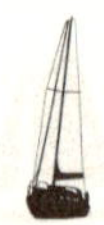

Weil man Delfinen begegnet

Segeln in Schottland. Lange vor dem Fall der Mauer. Lange vor den Jeder-hat-einen-Kartenplotter-Zeiten. Ich saß an der Pinne der Kadé, dem Segelboot meines Vaters. Meine Schwester Ute, mein Vater und ich hatten einen anstrengenden Törn hinter uns. Schlechtes Wetter, miserable Sicht. Kalt und nass. Mühsam hatten wir uns die Einfahrt zum Inverness Firth erkämpft. Draußen hatte heftiger Seegang an unseren Kräften gezehrt, aber hier segelten wir unter Landschutz. Der Regen hatte aufgehört. Es dämmerte, und wir freuten uns auf Inverness.

Mein Vater arbeitete in der Karte, um mir den Kompasskurs zur übernächsten Tonne zu geben. Plötzlich drang lautes Fluchen aus der Kajüte: »Verdammt, verdammt, verdammt!« Ich beugte mich zum Niedergang hinunter und hörte Ute die Frage stellen, die auch mir auf den Lippen lag: »Was ist denn?«

»Uns fehlt eine Karte, verdammt noch mal!«

Um der gereizten Stimmung unten zu entfliehen, stieg Ute hoch zu mir in die Plicht, während mein Vater die Karten unten noch ein drittes und ein viertes Mal durchsuchte. Erfolglos.

Hier draußen herrschte eine wunderschöne Abendstimmung. Herrliches Segeln im geschützten Fjord. Keine Welle. Das war eben draußen noch ganz anders gewesen.

»Was sollen wir bloß tun?« Plötzlich ertönte ein Prusten neben uns.

»Ein Delfin!« Nun, meinem Vater stand der Sinn gerade nicht nach Tierbeobachtungen. Uns fehlten einige Seemeilen Kartenmaterial.

»Wir haben doch das Leuchtfeuerverzeichnis, oder?« – »Ja und?!«

»Zeichne eine provisorische Karte und trage die Positionen der Leuchttonnen ein. Dann haben wir zumindest einen ungefähren Kurs. Wenn wir noch das Echolot mitlaufen lassen …«

Mein Vater machte sich sofort ans Zeichnen. Der Delfin hatte sich mittlerweile vor das Boot gesetzt, ohne zu spielen, wie Delfine das sonst machen.

»Wir haben einen Lotsen!« Mein Vater schaute heraus in Erwartung, einen Fischer zu sehen oder ein anderes Boot. Als er begriff, dass Ute den Delfin meinte, war sein Kommentar: »Ihr spinnt!« Kurz darauf gab er mir seinen ungefähren Kompasskurs.

Als wir die letzte bekannte Tonne erreichten, machte der Delfin einen kleinen Schwenk auf einen neuen Kurs. Ich ging auf den provisorisch errechneten Kurs meines Vaters. Tatsächlich segelten wir im Kielwasser des Delfins. Mein Vater war ziemlich nervös, und heute, da ich selbst Skipperverantwortung geschmeckt habe, kann ich das besser verstehen. Damals »wusste« ich, dass der Delfin uns führte. Nach einer Weile sah ich die Tonne vor uns blitzen. Meinem Vater war die Erleichterung ins Gesicht geschrieben, und er konnte auch wieder scherzen. Zog uns auf mit unserer »Delfingläubigkeit«, aber sowohl Ute als auch ich hatten das Gefühl, dass der Delfin genau wusste, in welchen Schwierigkeiten wir steckten, und uns helfen wollte.

Wir erreichten die Tonne und mit ihr wieder ein Gebiet, für das wir Seekarten besaßen. Der Delfin war bis hierhin stur voraus geschwommen, ohne eine einzige Delfinclownerie zum Besten zu geben. Jetzt tauchte unser Lotse, schnellte sich neben dem Boot noch einmal hoch in die Luft, als wollte er Abschied nehmen, und verschwand.

Das ist aber noch nicht das Ende der Geschichte:

Etwa eine Woche später befanden mein Vater und ich uns auf dem Rückweg. Ute hatte uns verlassen, da sie in Deutschland eine Hochzeit mitfeiern wollte. Wir waren bis Loch Ness gekommen, ohne des Seeungeheuers gesichtig zu werden. Inzwischen hatte mein Vater die fehlende Karte besorgt, und wir erreichten wieder das Gebiet, durch das uns der Delfin geführt hatte.

Plötzlich platschte etwas neben dem Boot. Ein Delfin schnellte sich in die Luft: zwei, drei Meter hoch. Er klatschte zurück auf das Wasser. Keine fünf Meter vom Boot entfernt. Was für eine Kraft! Mein Vater sprang den Niedergang hinunter, um seine Filmkamera zu greifen und den Delfin abzulichten. Natürlich kann ich es nicht wissen, aber ich war mir sicher, dass es der gleiche Delfin sein musste. Anscheinend wollte er den Zweifler an der Nase herumführen … Sobald mein Vater mit der Kamera nach Steuerbord zielte, sprang der Delfin an Backbord aus dem Wasser, und wenn mein Vater nach Backbord zielte, schnellte er sich an Steuerbord in die Höhe. Zehn Minuten lang gelang meinem Vater keine einzige Aufnahme. Wie auch immer. Ich hatte das Gefühl, der Delfin hatte uns in seinem Reich willkommen geheißen, geführt, und jetzt verabschiedete er uns. Schließlich schwamm er einen Moment neben dem Boot her – mein Vater hatte inzwischen die Kamera entnervt weggepackt – und verschwand nach einem letzten Sprung …

79. GRUND

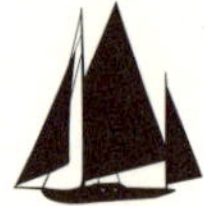

Weil man auf Langfahrt gehen kann

Die meisten Segler träumen von der Langfahrt. Nicht nur die Wochen des Sommerurlaubs. Sondern gleich ein paar Monate auf Fahrt gehen. Auch wenn das Klischee einen Südseestrand vorgaukelt, mit Palmen und türkisfarbenem Wasser: Die meisten Segler, die sich den Traum einer Langfahrt erfüllen, zieht es gar nicht so weit. Sie wollen keinen Ozean bezwingen. Ihre Traumziele liegen in Nord- und Ostsee oder im Mittelmeer. Dafür braucht man sein Boot auch nicht umzubauen.

Aber Vorsicht! Mancher hat gedacht, nach so einer längeren Auszeit satt zu sein, Jahre von der Fahrt zehren zu können. Das erzählte mir Claus Aktoprak (luvgier.de). »Am liebsten würde ich sofort wieder los. Es war eine glückliche Zeit, und ich habe so eine Sehnsucht danach!« Claus segelte einen Sommer lang durch die schwedischen Schären und schrieb darüber das Buch *Schärensegeln*.

Wer einmal dieses einfache, mitunter unbequeme, aber ungebundene Leben gekostet hat, dem schmeckt die Alltagskost nicht mehr. Für den wird der Alltag Mittel zum Zweck, sich eine neue Auszeit zu erkaufen.

Sind wir Spinner? Oder eine Art Stethoskop, mit dem unsere Gesellschaft abgehorcht wird? Sind die Misstöne, die wir vernehmen, nicht Symptome einer ernsthaften Erkrankung? Einer Gesellschaft, die den Egoismus zum Wirtschaftsmotor erhoben hat. Einer Gesellschaft, die Jugend zum Götzen gemacht hat, obwohl jeder von uns älter wird. Wer Jugend als Wert für sich akzeptiert, befindet sich auf einer Autobahn ins Unglück, da hilft auch kein Lifting, und die einzige wirklich funktionierende Anti-Aging-Therapie, die ich kenne, ist der Tod. Einer Gesellschaft, die immer höher und weiter will, die das Leistungsprinzip an erste Stelle gestellt hat, obwohl man zum Leben doch so viel weniger braucht. Einer Gesellschaft, die für dieses Leistungsprinzip rücksichtslos die Ressourcen unseres Planeten opfert. Einer Gesellschaft, die vergessen hat, dass es nicht nur auf Aktienkurse und Wachstumsraten ankommt, sondern auf eines: glücklich zu sein.

Wer ein paar Tage segeln geht, sich den Wind um die Nase wehen lässt, der erinnert sich wieder daran. Wer auf Langfahrt geht, erlebt, wie sich die Werte verschieben, wie den Dingen plötzlich die Wichtigkeit zukommt, die ihnen auch gebührt. Er erfährt, dass man auch ganz anders leben könnte!

80. GRUND

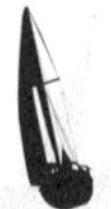

Weil es eine Kunst ist, einen schönen Bootsnamen zu finden

Der Name soll etwas transportieren. Ein Gefühl, das der Eigner mit dem Boot verbindet. Immer verrät der Name eine Haltung, wird zu einem Statement. Mitunter verrät ein Name mehr, als der Namensgeber erwartet.

So dachte auch der Herr in der Schlange vor mir, sein Gefühl für das Boot unmissverständlich ausgedrückt zu haben, als der Hafenmeister ihn nach dem Namen seines Bootes fragte: »Mon Amour.« Der Hafenmeister guckte ihn an und sagte: »Mon Amour, wirklich?«

»Ja.«

»Gab es da nicht einmal ein Etablissement gleichen Namens in der Kieler Straße?«

Der abergläubische Seemann hat das Umbenennen von Booten unter empfindliche Strafen gestellt: Unglück und Pech sollen dem Frevler folgen. Nachdem ich allerdings jahrelang als Fischallergiker eine Jolle namens »Matjes« segelte, beschloss ich bei meinem zweiten Boot mit diesem Seemannsbrauch zu brechen.

Dabei hatte das Boot keinen so schlechten Namen: »Kismet«. Wer jetzt aber vom Namen auf die Schicksalsergebenheit des Vorbesitzers schließt, liegt falsch. *Kismet* war der Titel eines Buches, das ihn als Jugendlicher beeindruckt hatte. Es bedeutete für ihn Reisen und Abenteuer.

So erschließen sich viele Namen dem Uneingeweihten nicht. Was soll beispielsweise Kathena bedeuten? So hieß das erste Boot des großen Seglers Winfried Erdmann. Der Vorbesitzer hatte zwei Töchter, Kathleen und Elena. Kathena ist ein Kunstname, der sich aus Teilen beider Namen zusammensetzt.

Auch der Name des Boots meines Vaters ist so pfiffig, dass er sich einem Uneingeweihten nicht erschließt: Kadé. Mancher denkt: Im Holländischen heißt Kade Kai, aber das ist eine falsche Fährte. Der Spitzname meines Vaters ist KD von Karl Dieter. Lautmalerisch Kadé. Er hatte dabei den Moment vor Augen, wenn der Schleusenwärter sagen würde: »Kadé ganz vorne an Backbord festmachen!« Und alle Mitsegler verstehen würden »KD ganz vorne …«

»Carpe diem« ist lateinisch und heißt: Nutze den Tag! Das Lateinische schmeichelt dem Intellektuellen, und der Inhalt ist reinste Lebensweisheit. Ein schöner Name, bis man merkt, dass es das zweite Boot am Steg ist, das so heißt und das fünfte im Hafen.

Da Schiffe traditionell weiblich sind, liegt es nahe, sie nach der Ehefrau zu benennen. Ist es doch gleichzeitig eine Liebeserklärung an die Frau, die zukünftigen Bootsabenteuern vielleicht noch ausgesprochen skeptisch gegenübersteht.

Wenn die so Bestochene mitzieht, ist das erste Boot schnell zu klein, und es muss ein größeres Boot her. Einen neuen Namen zu finden ist Arbeit, und so heißt das nächste Boot »Susie 2«. (Ich unterstelle mal, dass es sich noch immer um die gleiche Susie handelt.) Mit den Jahren folgen »Susie 3« und »Susie 4«. Solche Namensgebung ist nicht ungefährlich. Denn nichts währt ewig. An der Havel sah ich einst ein Boot, das wohl früher auch einmal Susie 4 geheißen haben mag. Wahrscheinlich war die Susie seines Eigners mit einem anderen durchgebrannt. Jedenfalls hatte er sein Boot umbenannt in »Alte Schlampe«.

Ich erwähnte schon, dass Schiffe traditionell weiblich sind. Das gilt auch für Schiffe, die männliche Namen tragen. So ist die »Joshua« Bernard Moitessiers eine Hommage an den ersten Einhandweltumsegler Joshua Slocum. Meines Wissens gibt es nur ein einziges männliches Schiff:

1912 lief das zu der Zeit größte Schiff der Welt vom Stapel. Der Passagierdampfer sollte dem deutschen Kaiser Wilhelm II. zu Ehren »Imperator« getauft werden. Der Kaiser, der so gerne Krieg spielen wollte, wofür wenig später Millionen von Menschen starben, fand es ehrenrührig, dass »sein« Schiff weiblich sein sollte, und bestand darauf, dass es einen männlichen Artikel bekäme. Man entsprach den Wünschen des Monarchen, und so lief der »Imperator« vom Stapel. Nach dem Ersten Weltkrieg wurde der »Imperator« an die britische Reederei Cunard übergeben und fuhr bis 1938 unter dem Namen »RMS Berengaria«. Ob mit der Namensänderung wohl auch eine Geschlechtsumwandlung einherging?

81. GRUND

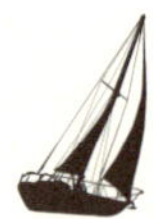

Weil man das Gefühl hat, auf einer Rakete zu sitzen

Es ist Samstag. Unsere Frischvorräte sind aufgebraucht, und es ist Zeit, mal wieder einen Hafen anzulaufen. Einkaufen. Néfertiti schleicht über eine unbewegte See, die wie geschmolzenes Wachs aussieht. Die Sonne knallt sommerlich heiß vom Himmel. Der leichte Windhauch füllt so gerade die Segel. Immerhin haben wir Steuerwirkung. Wahrscheinlich setzt bald die Seebrise ein. Spätestens gegen Mittag. Ima rumort in der Kajüte. Steigt schließlich den Niedergang herauf zu mir. Ihr Blick geht als Erstes zur Logge. Wir machen gerade einen halben Knoten Fahrt.

»Wollen wir nicht den Motor anwerfen?« Ima ist Ägypterin. Sie behauptet immer, die Ungeduld liege allen Ägyptern im Blut. Wenn man mal gesehen hat, wie in Kairo eine vierspurige Straße kurzerhand siebenspurig befahren wird, kann man das glauben.

»Ich kann schon die Hafeneinfahrt sehen.«

»Und wie lange brauchen wir bis dahin?« Ich überschlage im Kopf. Drei Seemeilen, ein halber Knoten Fahrt: »Ungefähr sechs Stunden.«

»Sechs?!« Entsetzen und Unglauben gleichermaßen in ihrer Stimme.

»Wenn der Wind nicht zunimmt.« Da wir diese Art Gespräch nicht zum ersten Mal führen, haben wir eine Abmachung getroffen. Danach ist heute Segeln angesagt. Ich mache sie darauf aufmerksam, und Ima fügt sich resignierend in ihr Schicksal. Die Supermärkte werden bis heute Abend geöffnet haben. Und es ist gerade mal zehn Uhr morgens.

Zwei Stunden später kräuselt sich das Wasser dunkel. Die Seebrise setzt ein. Der Baum geht knarrend über, und die Rollfock steht einen Moment back, bevor ich sie auf die andere Seite herüberhole. Néfertiti neigt sich vornehm zur Seite, und die Bugwelle beginnt ein fröhliches Plätschern. Ima sieht von ihrem Buch auf und wirft einen Blick auf die Logge: »Wow. Drei Knoten.« Der Wind legt weiter zu. Vier Knoten Fahrt. Fünf Knoten. Gischt spritzt von der Bugwelle zur Seite, wenn Néfertiti ihren Bug in eine der kleinen Wellen taucht. Schaum und Blasen bleiben zurück, rasen an der Bordwand vorbei und bleiben achteraus im Kielwasser zurück. Wusch! Wir sitzen auf einer Rakete! Ima grinst mich breit an: »Mensch sind wir schnell!« Das gefällt ihr. Dabei bewegen wir uns mit einer Geschwindigkeit, bei der eine alte Dame auf dem Fahrrad uns locker abhängen würde: Fünf Knoten sind etwa 9 km/h.

Ich kenne keinen anderen Sport, bei dem das Geschwindigkeitsempfinden so intensiv ist wie beim Segeln.

82. GRUND

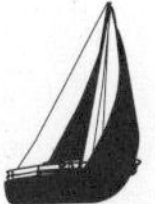

Weil man wertvolle Zeit mit der Familie verbringen kann

Isolieren Fernsehen und Computer uns Menschen voneinander? Oder bringen sie uns näher? Leben moderne Familien eher neben- als miteinander? Hat ein Freund von mir recht, der über seine heranwachsenden Töchter sagte: »Die ziehen sich so sexy an, dass ich es kaum ertragen kann. Aber Sex wollen sie keinen, das ist ihnen viel zu nah.« Tritt für die heranwachsenden Generationen das Erleben hinter den schönen Anschein zurück? Haben sie wirklich ein objektives Maß für Freundschaften gefunden? In Form von Facebook-Likes? Familien verbrächten zu wenig Zeit miteinander, hört man immer wieder. Therapeuten fordern nicht nur mehr, sondern vor allem mehr wertvolle Zeit miteinander zu verbringen. Nebeneinander vor dem Fernseher sitzen gehört eher nicht dazu.

Ist das Klischee oder Zeitgeist?

Ich kann die Frage nicht beantworten, aber ich weiß, dass Fahrtensegeln ein wunderbares Mittel ist, um etwas gemeinsam als Familie zu erleben. An Bord kann für jeden nach seinen Stärken eine Aufgabe gefunden werden. Auch für Klein-Axel. Jeder kann etwas zum gemeinsamen Fortkommen beitragen. Das kann einen ganz neuen Familienzusammenhalt schaffen.

Es gibt eine Reihe von erfolgreichen Segelprojekten, bei denen schwer erziehbare Jugendliche auf längere Seetörns gebracht werden. Jeder muss mal Wache gehen und mal die Backschaft übernehmen. Man wechselt sich ab. Anfangs oft skeptisch und widerwillig, wachsen auch diese Jugendlichen mit ihren Aufgaben. Am Ende haben die, die sich so schwer unterordnen, sich in eine Mannschaft verwandelt, die füreinander einsteht. Die meisten sind stolz auf ihre Leistungen an Bord. Empfinden sich mitunter zum ersten Mal als Teil eines Größeren.

Das ist bei der Familiencrew nicht grundlegend anders. Auch wenn du kein gelernter Pädagoge bist: Sorge für Aufgaben, die jeder Einzelne dann auch bewältigen kann, gib jedem das Gefühl, einen unverzichtbaren Teil zum gemeinsamen Ziel beizutragen. Lobe freudig und wähle die einzelnen Etappen eher kurz!

Ihr werdet etwas gemeinsam erleben. Etwas gemeinsam erreichen. Ihr werdet wertvolle Zeit miteinander verbringen.

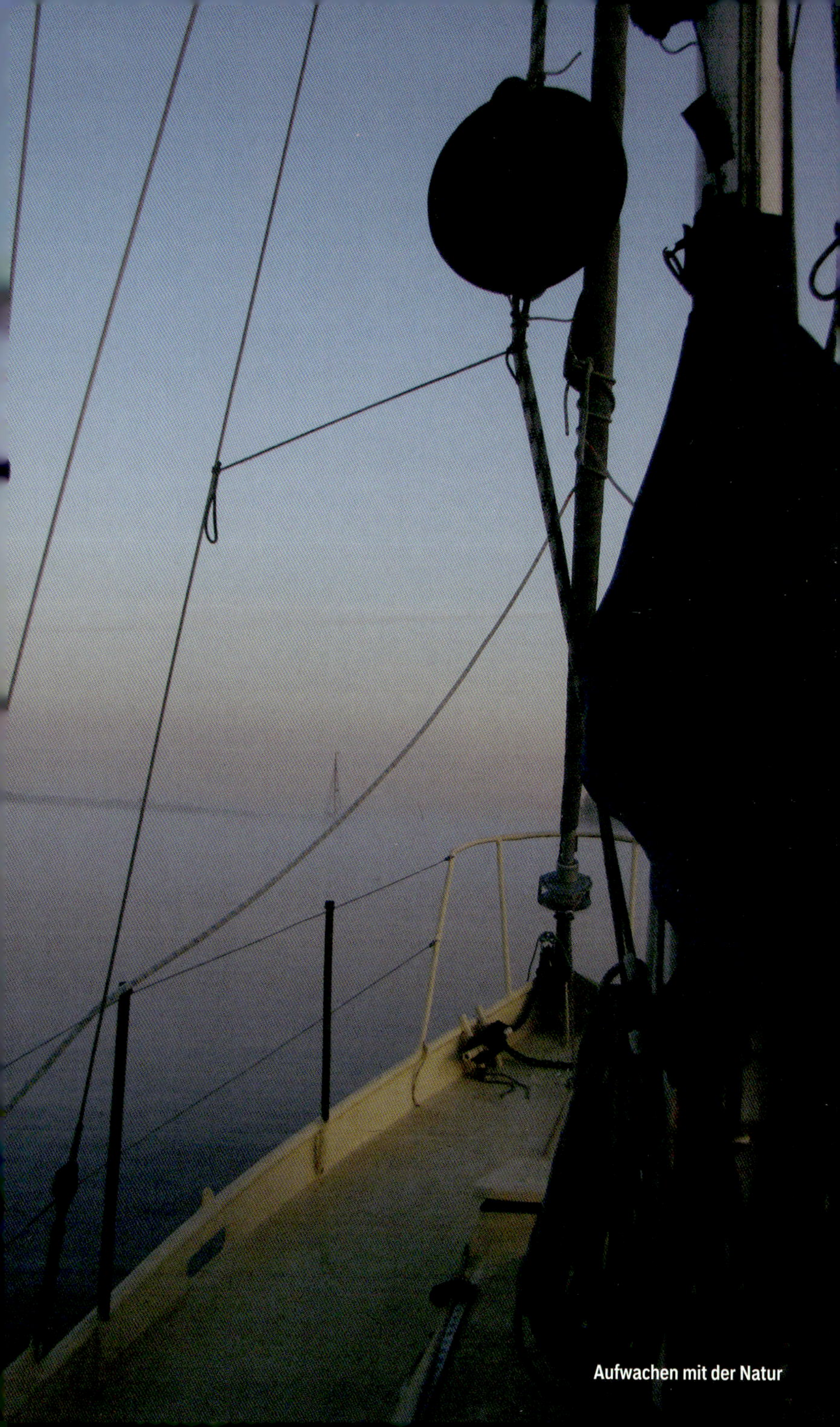

Aufwachen mit der Natur

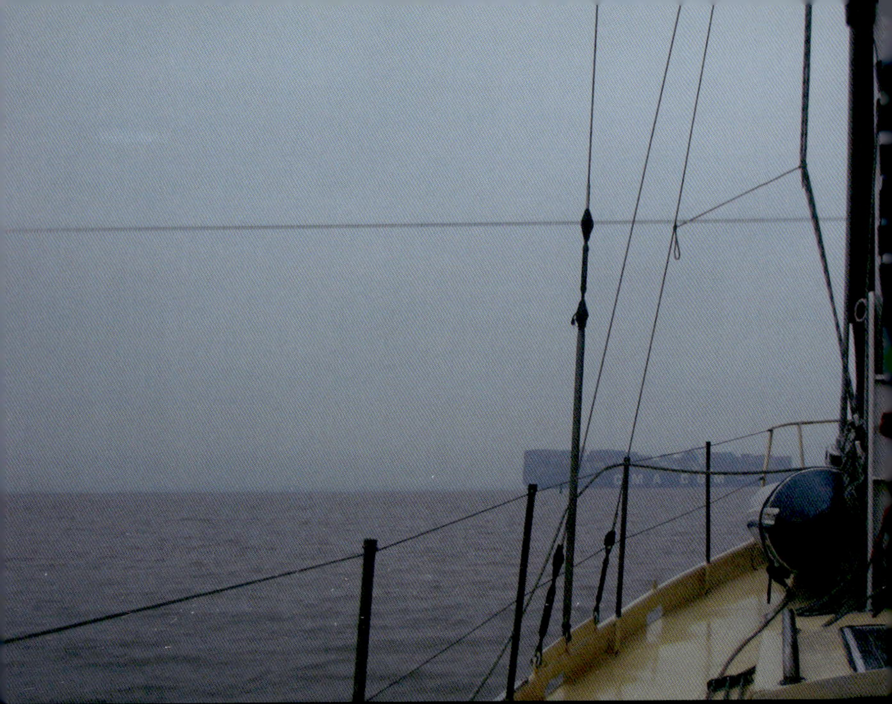

Oben: Wahrschau bei schlechter Sicht! (56. Grund »Weil man die Ausweichregeln in zehn Minuten lernen kann«)

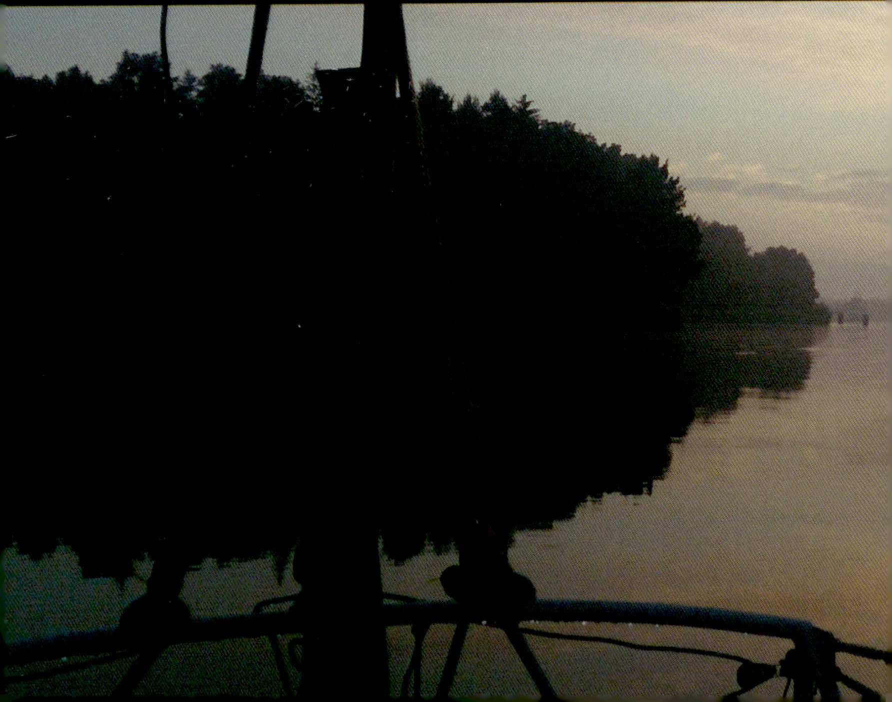

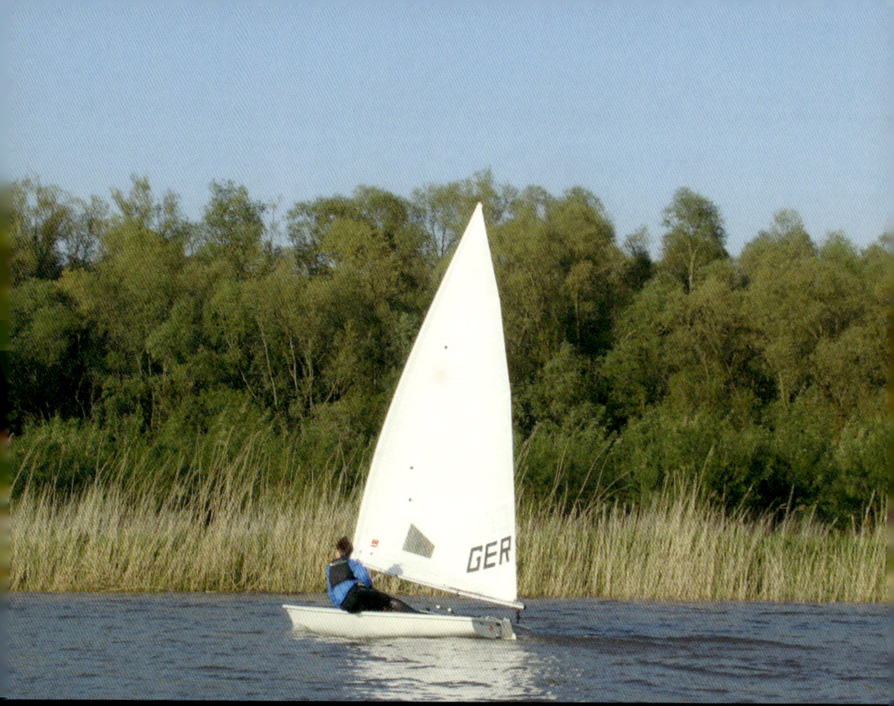

Oben: Jollensegeln macht Spaß! (4. Grund »Weil man auf Jollen nicht nur lernen kann«)

Unten: Morgenstimmung auf dem Boot. Manchmal finden wir ganz unerwartet wunderschöne Orte, wie hier im Nordostseekanal.

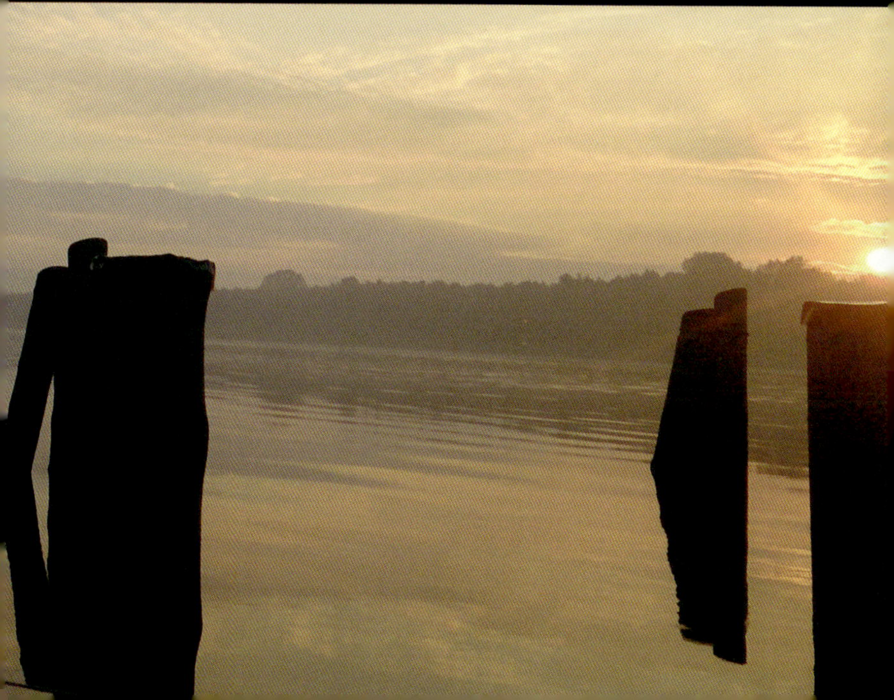

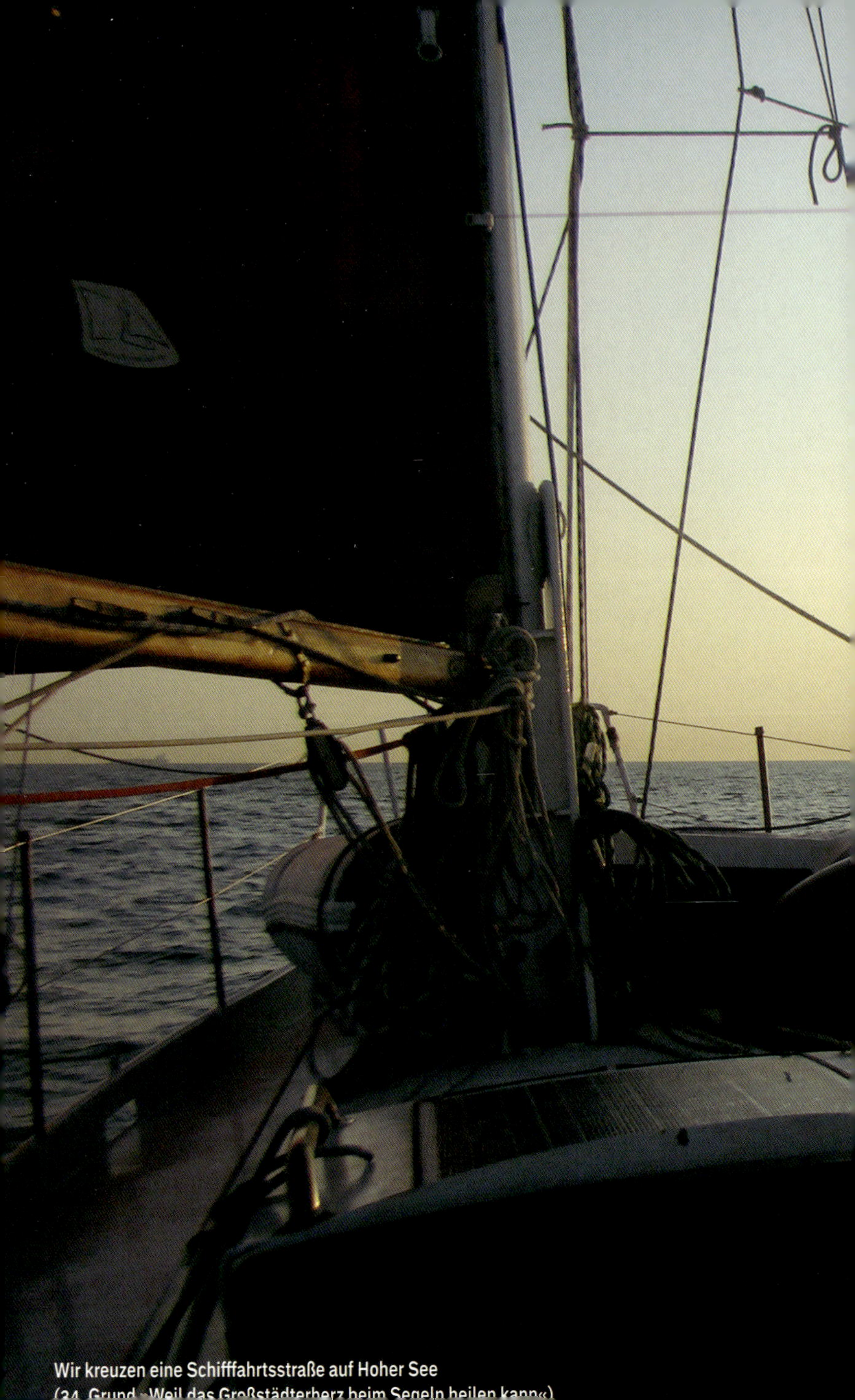

Wir kreuzen eine Schifffahrtsstraße auf Hoher See
(34. Grund »Weil das Großstädterherz beim Segeln heilen kann«)

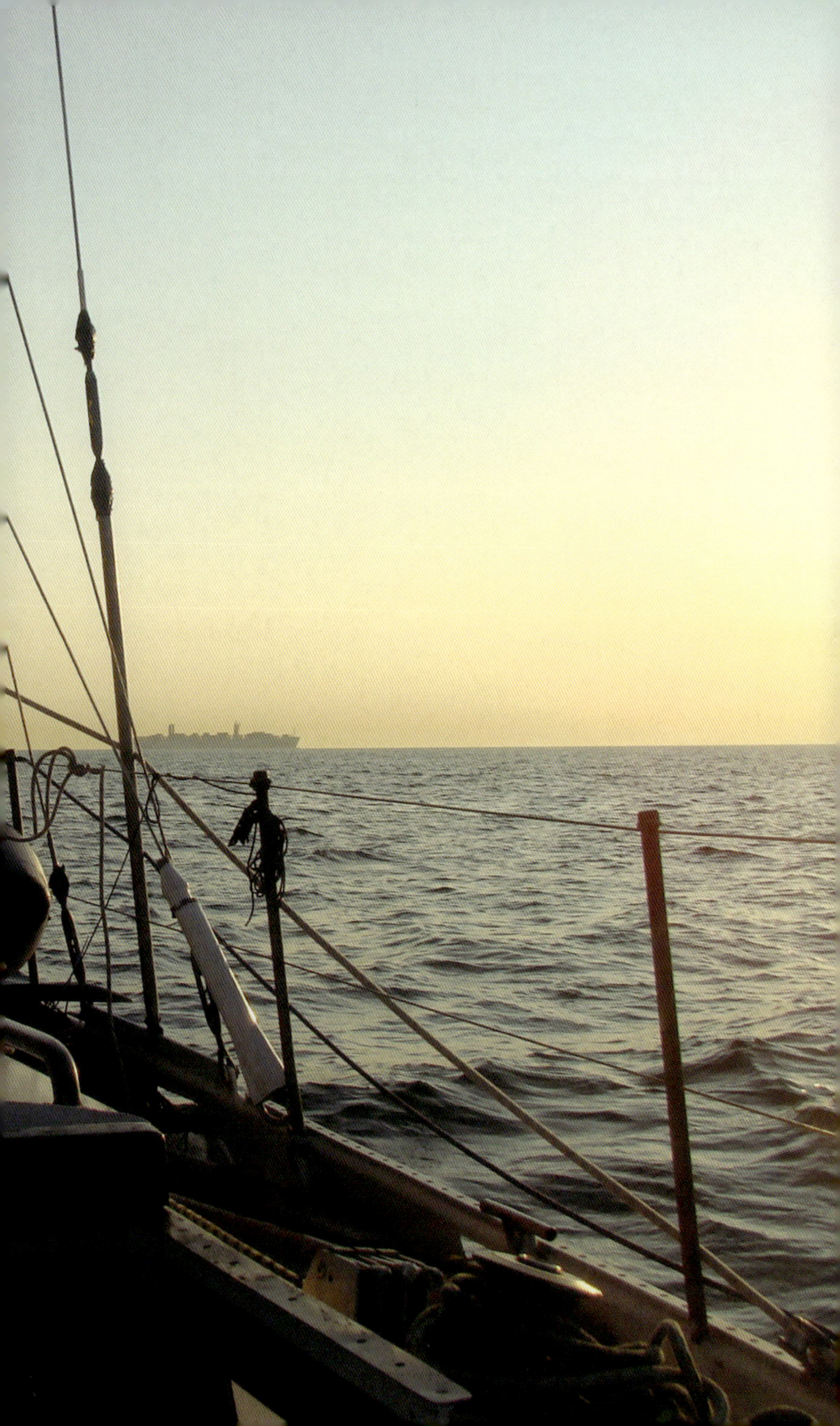

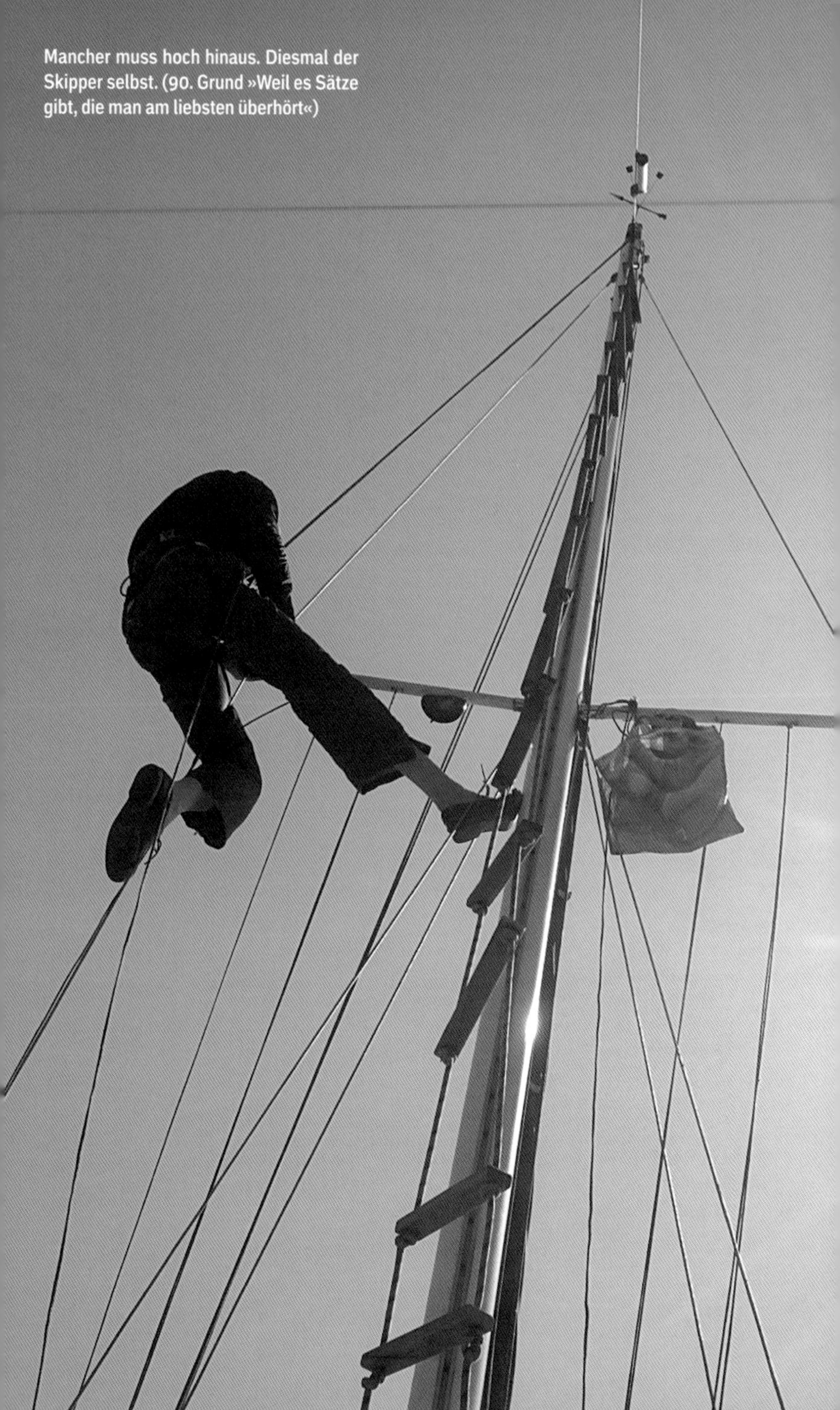

Mancher muss hoch hinaus. Diesmal der Skipper selbst. (90. Grund »Weil es Sätze gibt, die man am liebsten überhört«)

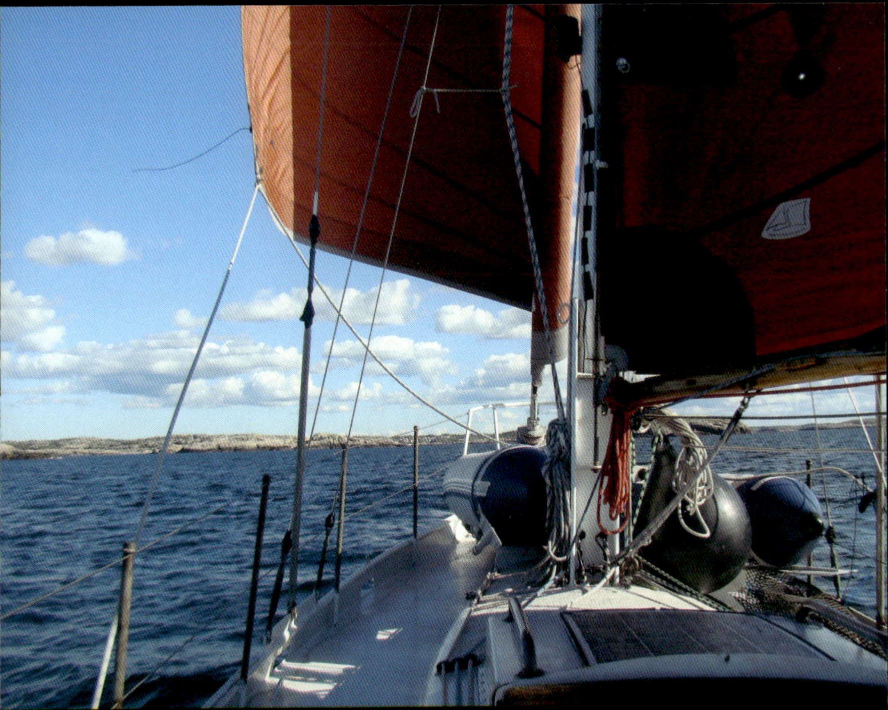

Oben: Schmetterlingssegeln in den Schären (76. Grund »Weil man Landfall machen kann«)
Unten: Néfertiti segelt bei Leichtwind unter Genaker (81. Grund »Weil man das Gefühl hat, auf einer Rakete zu sitzen«)

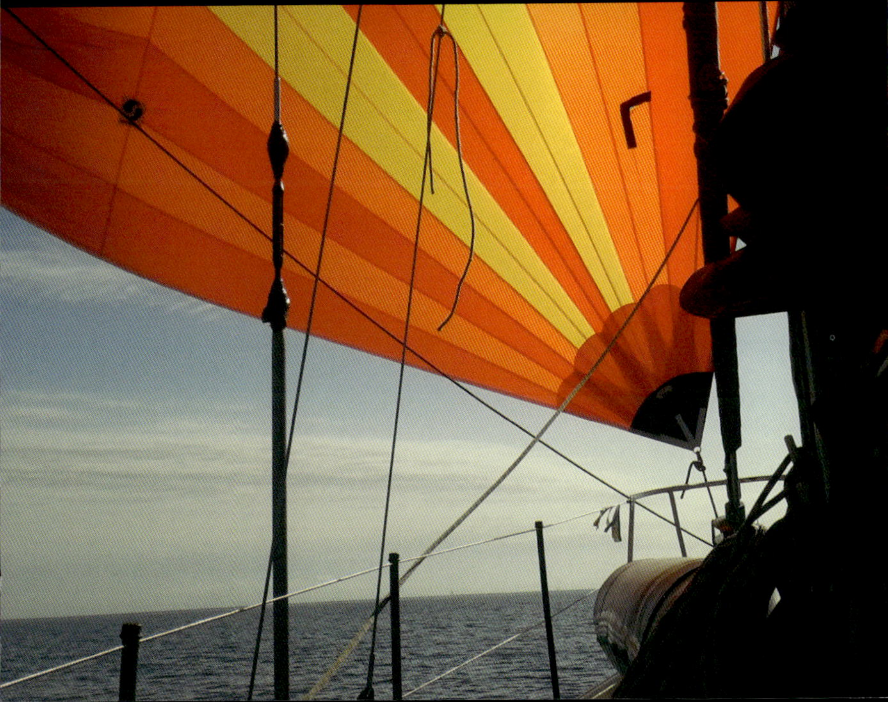

Néfertiti liegt rundum geschützt an einem unserer liebsten Ankerplätze in der Muschelbalje (47. Grund »Weil das große Glück in den kleinen Dingen wohnt«)

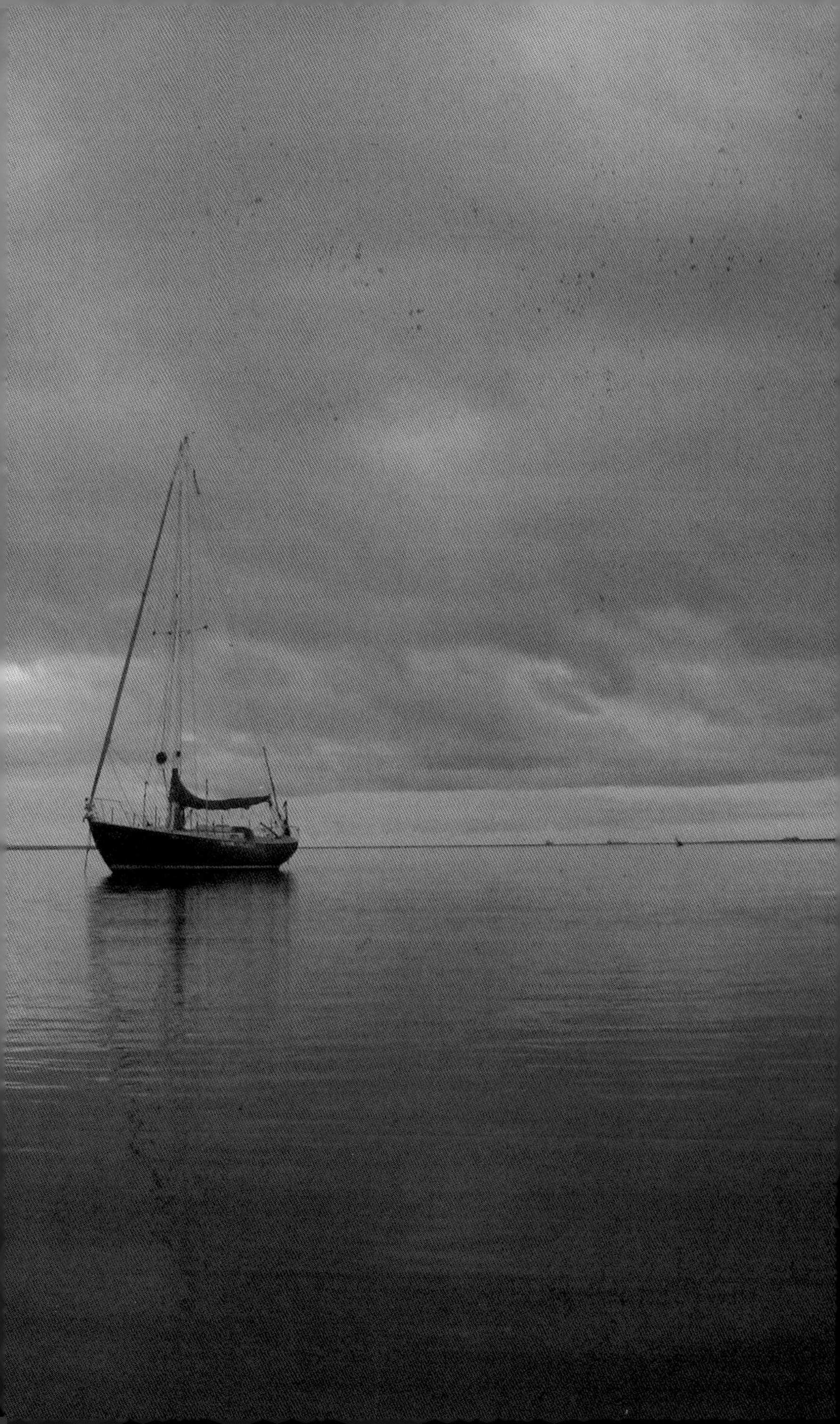

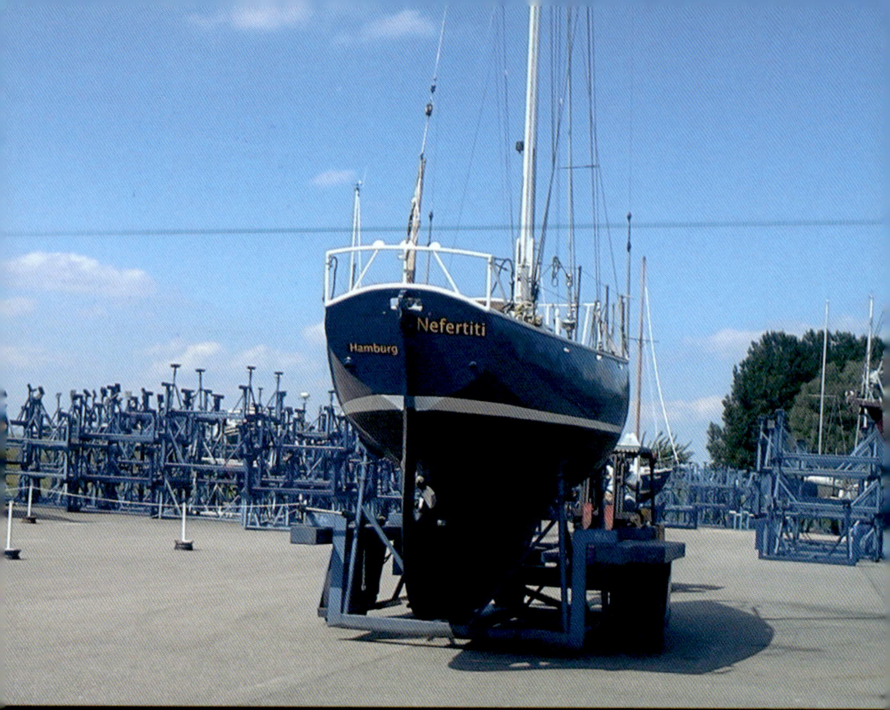

Oben: Unser Boot wird aus einem langjährigen Winterschlaf geweckt (17. Grund »Weil man im Winterlager alles neu machen kann«)

Unten: Lebe deinen Traum! (1. Grund »Weil Segler Träumer sind«)

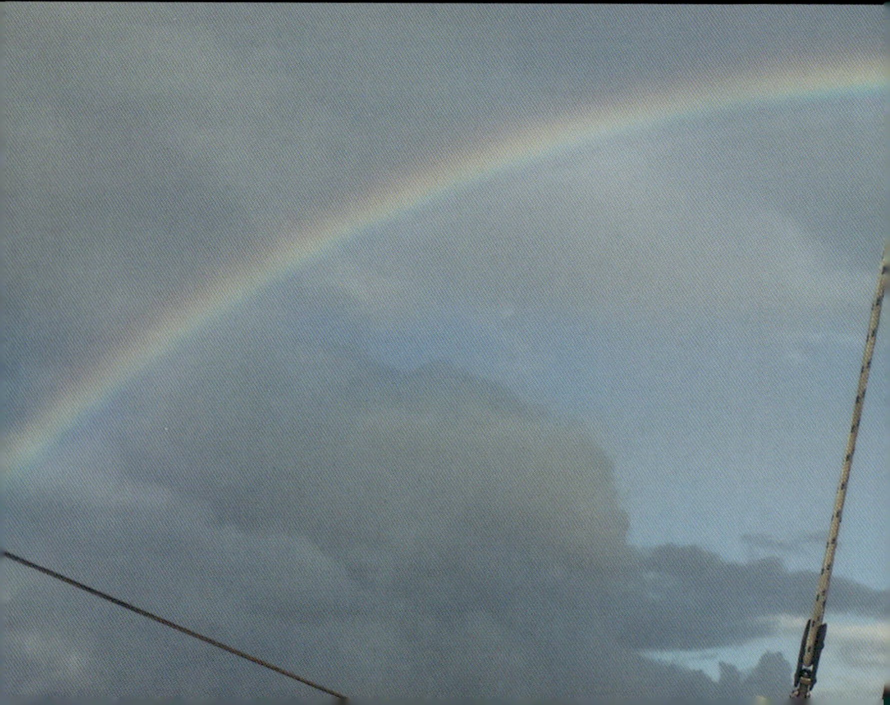

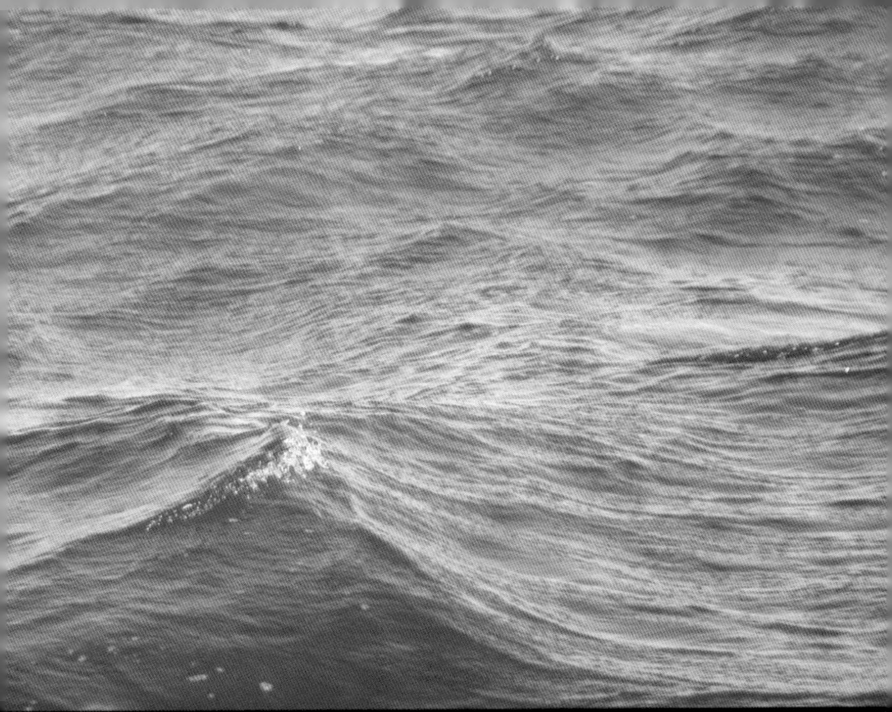

Oben: Wir lieben die Wellen, auch wenn sie uns Seglern das Leben manchmal schwer machen (35. Grund »Weil mehr als nur ein Kraut gegen die Seekrankheit gewachsen ist«)

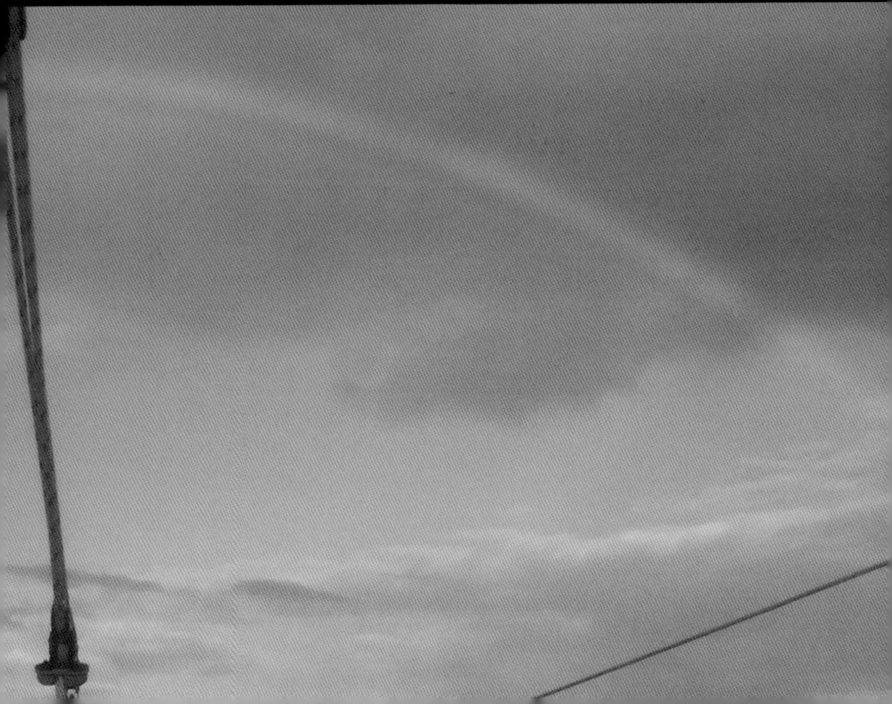

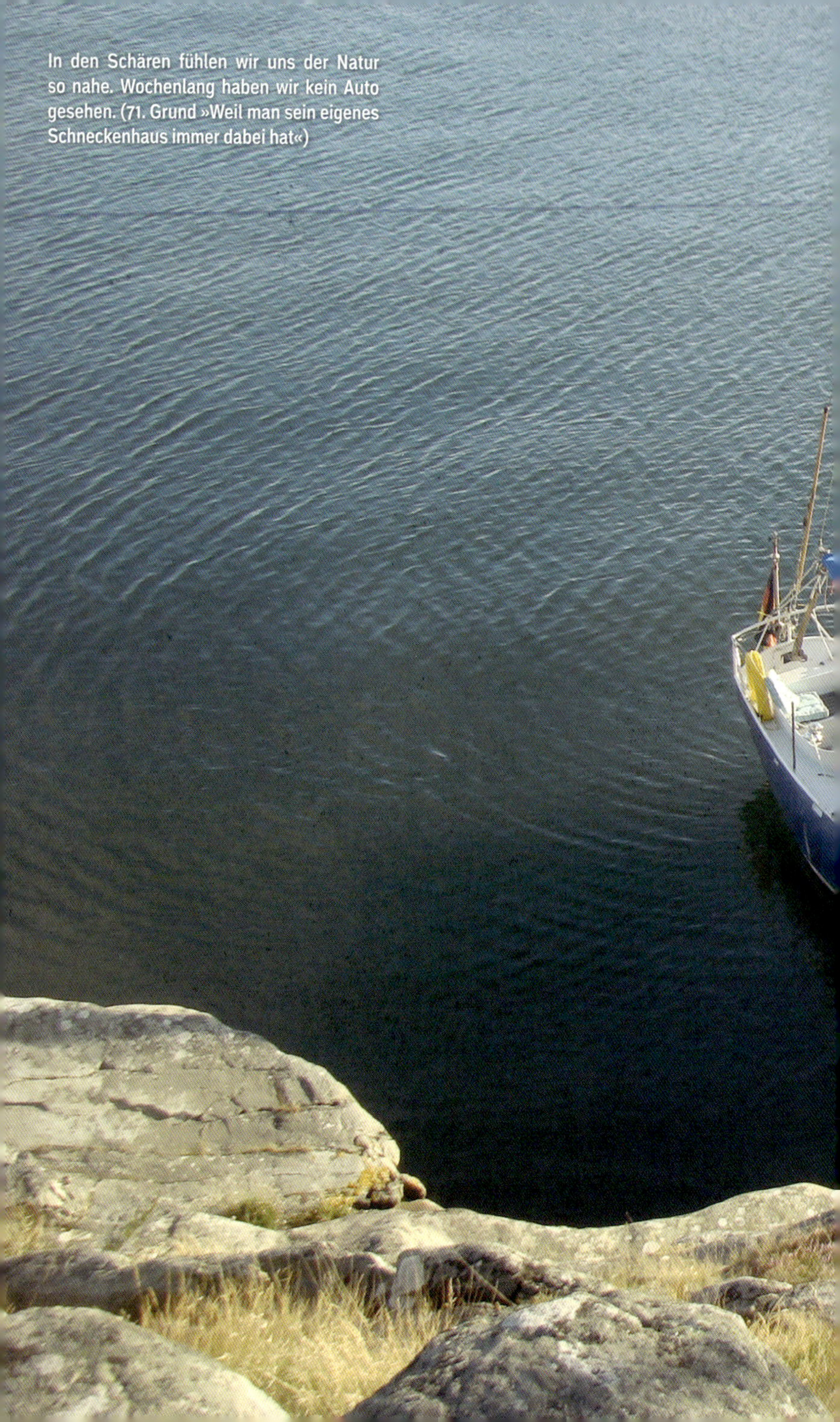

In den Schären fühlen wir uns der Natur so nahe. Wochenlang haben wir kein Auto gesehen. (71. Grund »Weil man sein eigenes Schneckenhaus immer dabei hat«)

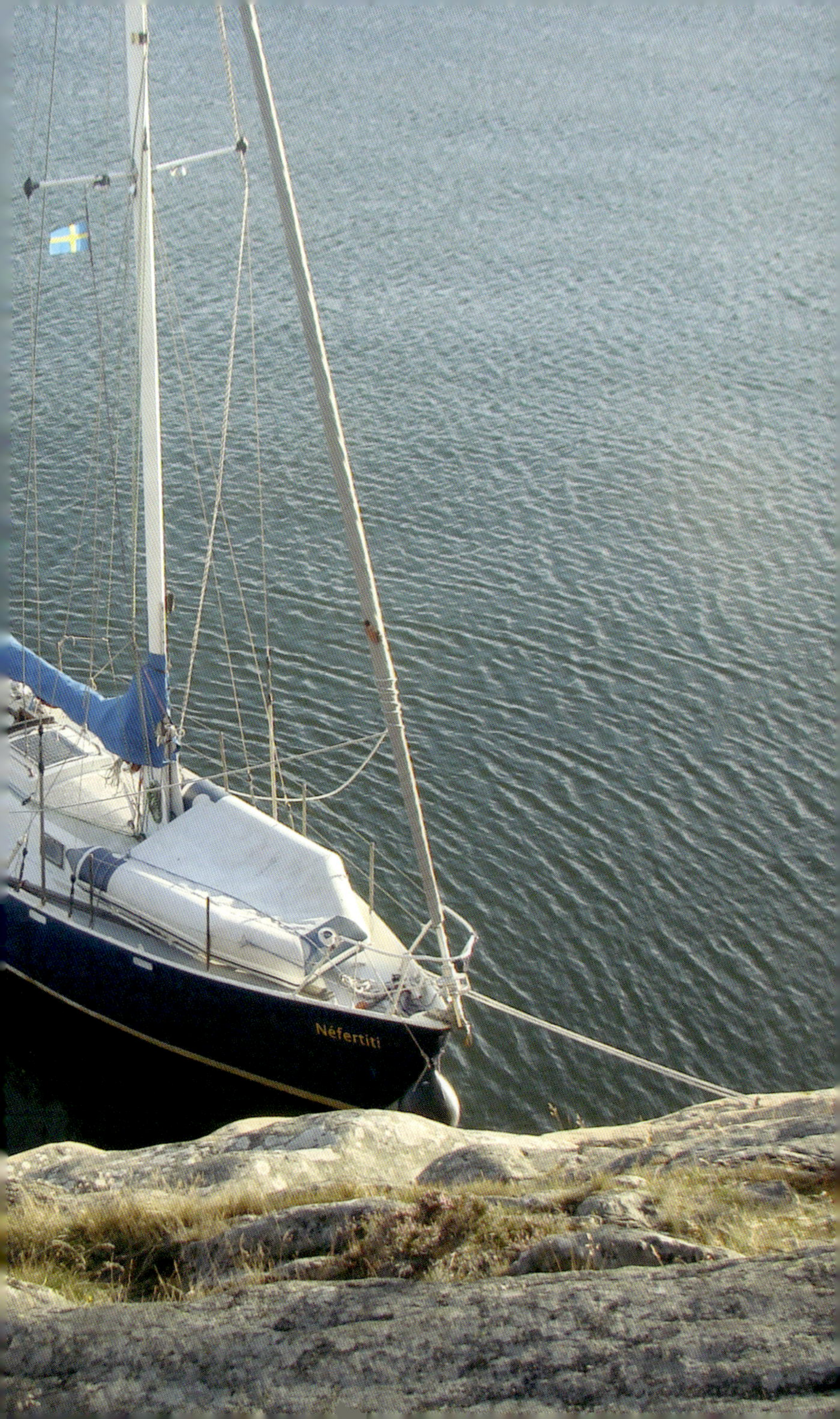
Néfertiti

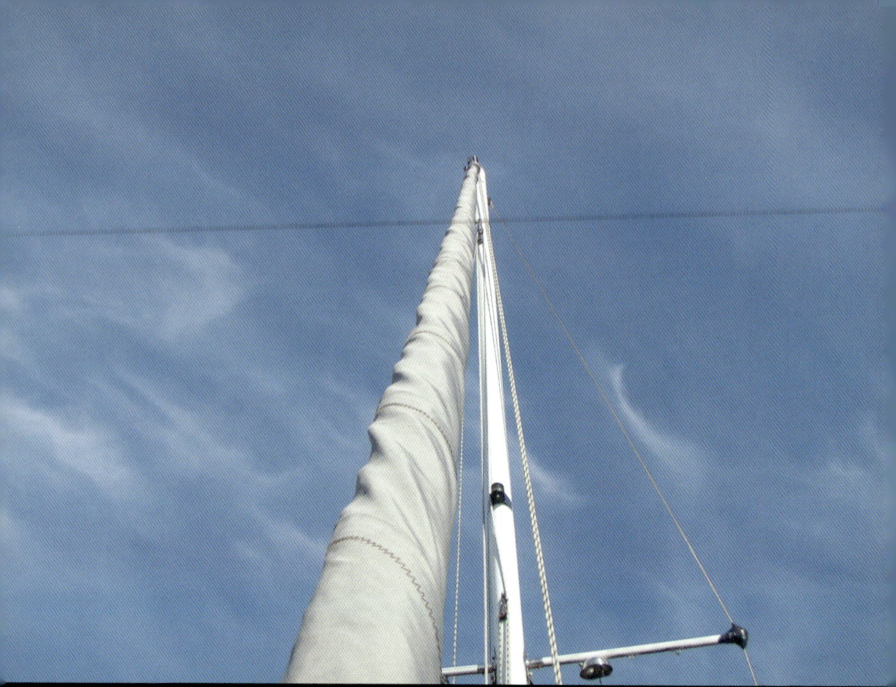

Oben: »In Zirren kannst du dich irren!« Oft sind die feinen Federwolken die ersten Boten eines herannahenden Tiefs, aber nicht immer.

Unten: Seglers Blick wandert immer wieder nach oben (36. Grund »Weil es Verklicker gibt«)

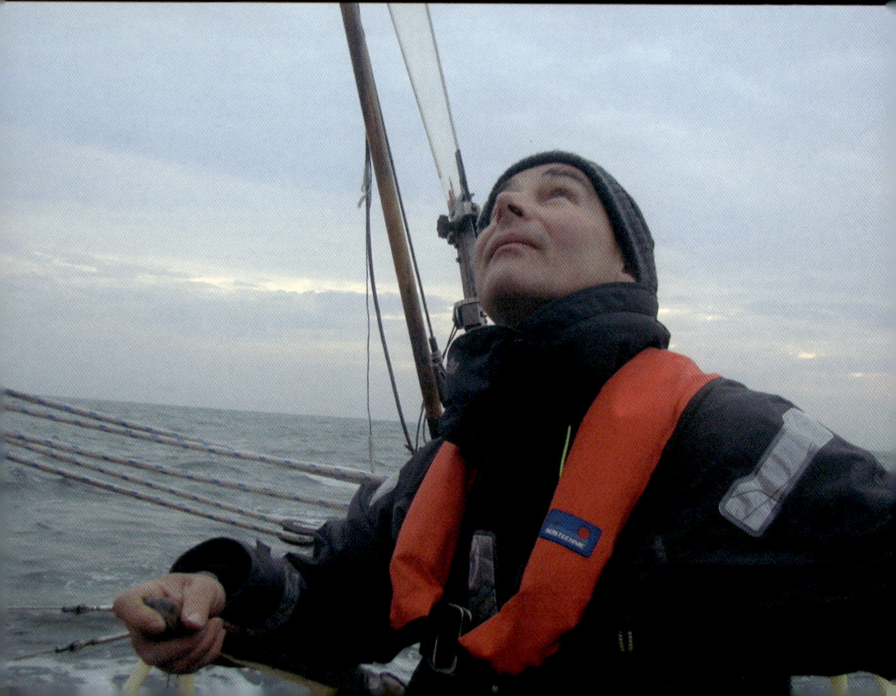

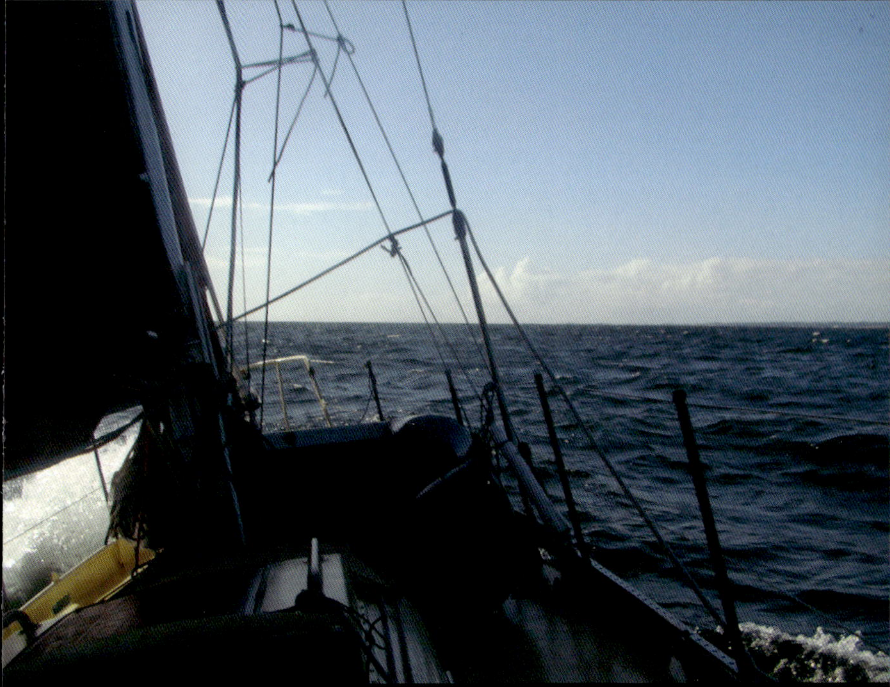

Oben: Néfertiti segelt hoch am Wind (89. Grund »Weil Segelboote sprechen können. Ehrlich!«)

Unten: Wir haben einen sicheren Ankerplatz in der Muschelbalje angelaufen. Egal wie das Wetter in der Nacht wird, wir werden ruhig schlafen. (86. Grund »Weil man beim Ankern das Gefühl hat, gleichzeitig angekommen und unterwegs zu sein«)

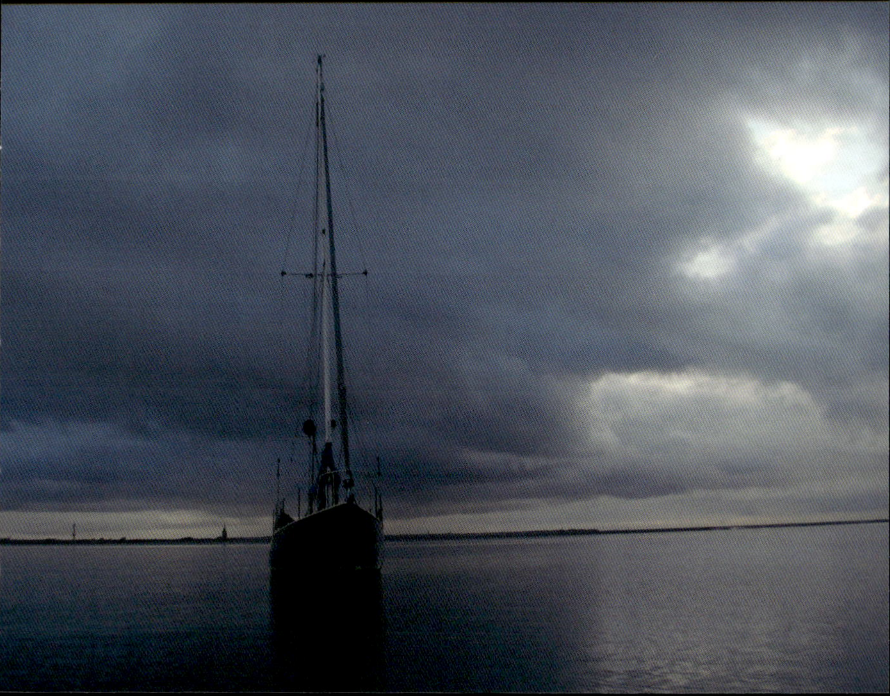

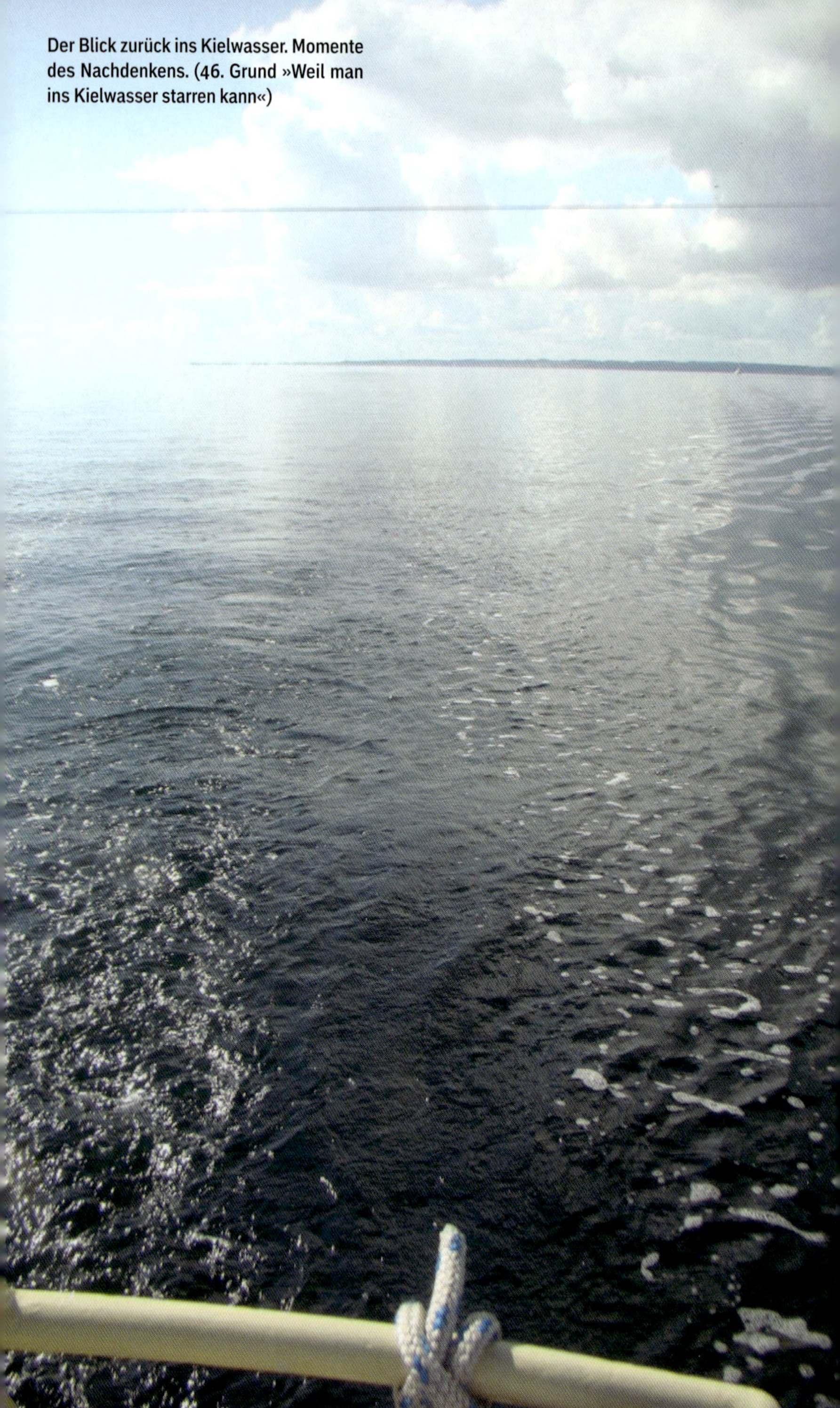
Der Blick zurück ins Kielwasser. Momente des Nachdenkens. (46. Grund »Weil man ins Kielwasser starren kann«)

83. GRUND

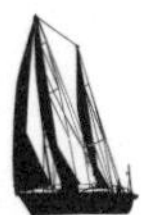

Weil die großen Entdecker (Amerikas) Segler waren

Die Menschheitsgeschichte wäre ohne das Segeln nicht möglich gewesen. Jahrtausende diente das Segeln dem Handel und der Begegnung von Kulturen. Die älteste Darstellung eines Segelschiffs datiert auf etwa 5000 v. Chr., auf einer ägyptischen Totenurne erkennt man deutlich den Schiffsrumpf und ein Rahsegel. Erst mit der Entwicklung der Dampfmaschine ging diese Ära zu Ende.

Nicht alle Entdecker gingen aus freien Stücken. Erik der Rote wurde 982 n. Chr. für drei Jahre aus Island verbannt. Er bestieg mit ein paar Männern und Frauen sein Langboot und segelte westwärts. Für die Wikinger war die Weite des Meeres weniger mit Gefahr und Schrecken als mit Hoffnung und Möglichkeit verbunden. Er entdeckte Grönland, das aufgrund klimatischer Schwankungen damals eher mild (und grün) war, und gründete eine Siedlung. Sein Sohn Leif Erikson segelte um 1000 n Chr. weiter westwärts und landete lange vor Kolumbus in Amerika. In Neufundland wurden Reste einer Wikingersiedlung gefunden, die ihm zugeschrieben wird.

Bis 2002 glaubte man, die Spanier hätten im Gefolge Kolumbus' das Huhn nach Südamerika gebracht. Dann wurden in Chile Hühnerknochen gefunden, die mittels C14-Untersuchung auf das 14. Jahrhundert datiert wurden. Es kann nur durch Polynesier eingeführt worden sein. Wahrscheinlich wurden im Tausch Süßkartoffeln nach Polynesien gebracht. Darauf deuten linguistische Forschungen. Denn das polynesische Wort für Süßkartoffel hat keinen polynesischen Stamm, sondern einen ecuadorianischen.

Als Kolumbus 1492 gen Westen segelte, begann wohl weniger die Entdeckung als die Ausbeutung des neuen Kontinents. Während Kolumbus auch nach seiner Rückkehr immer noch glaubte, in Asien gelandet zu sein, begriff Amerigo Vespucci auf seinen Reisen an der Ostküste Südamerikas entlang, dass es sich um einen neuen Kontinent handeln müsse. Sein Reisebericht *Mundus Novus* (Neue Welt) war im 16. Jahrhundert ein Bestseller und wurde in vier Sprachen übersetzt. Als ein Jahr später die deutschen Kartografen Martin Waldseemüller und Matthias Ringmann die Weltkarten aktualisieren, nannten sie den neuen Kontinent America, nach dem Namen des angeblichen Entdeckers Amerigo Vespucci.

Mit päpstlichem Segen wurde die Welt zwischen Portugal und Spanien aufgeteilt. Auf der anderen Seite der Erdhalbkugel war unklar, ob die Molukken, die überaus gewinnträchtigen Gewürzinseln, zur spanischen oder portugiesischen Hälfte gehörten. Auf dem Landwege fielen immer wieder Zölle an. Die Portugiesen umschifften Afrika, um diese Zwischenhändler auszuschalten und ihre Gewinne zu maximieren. Fernando Magellan, selbst Portugiese, fiel aufgrund illegalen Handels mit den Mauren in Ungnade und diente sich dem spanischen Königshaus an. Er war davon überzeugt, die Molukken lägen auf der spanischen Halbkugel und der Weg westwärts sei der kürzere. Er erhielt 1519 n. Chr. das Kommando über fünf spanische Schiffe, um den Seeweg südlich um den neuen Kontinent zu finden. Die spanischen Kapitäne misstrauten ihrem portugiesischen Kommandeur, und es kam immer wieder zu Meutereien. Trotzdem gelang es Magellan, mit drei Schiffen die später nach ihm benannte Magellanstraße zu finden, einen Wasserweg durch Feuerland. Der Pazifik wurde durch Magellan der Stille Ozean genannt, da er ihm so zahm erschien. Magellan erreichte die Molukken nicht. Er starb bei dem Versuch, die Eingeborenen von Mactam gewaltsam zu christianisieren. Die Überlebenden seiner Mannschaft erreichten schließlich die Molukken. Am Ende vollendeten 18 von 237 Männern mit einem Schiff die von Magellan angefangene erste Weltumseglung der Weltgeschichte.

Was mag diese Entdecker getrieben haben? Anders als unsereiner heute begaben sie sich ins Unbekannte. Aberglauben und Seeungeheuern zum Trotz segelten sie los. Ohne Funk und ohne Karten. Erhofften sie sich Reichtum? Ansehen? Abenteuer?

Übrigens waren doch nicht alle Entdecker Amerikas Segler. Heute geht man davon aus, dass die ersten Entdecker Amerikas etwa 14.000 Jahre vor Kolumbus von Asien über die zugefrorene Beringstraße eingewandert sind. Zu Fuß.

84. GRUND

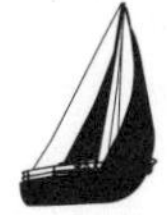

Weil man sich wie ein Entdecker fühlt, auch wenn schon Tausende vor uns da waren

Es ist immer wieder das Gleiche. Der fremde Hafen kommt in Sicht. Oder die Ankerbucht. Man hat noch ein, zwei Stunden vor sich, aber bei allen an Bord macht sich diese freudige Aufregung breit: Entdeckerfreude. Wie wird der Hafen sein? Werden wir das Hafenstädtchen mögen? Von See her sehen die Häuser schnuckelig aus …

Ich frage mich, womit es zusammenhängt, dass dieses Gefühl so viel stärker ist, als wenn man mit einem Auto in eine fremde Stadt hineinfährt? Vielleicht hat es mit dem Meer zu tun. Man ist ja nicht der Erste, der hier entlangsegelt, aber es fühlt sich so an. Denn egal, wie viele vor dir hier waren, das Meer wirkt immer jungfräulich. Die Blasen der Kielwasser unserer Vorgänger sind längst vergangen. Man hat sich nicht Stoßstange an Stoßstange durch den Stop-and-go-Verkehr gequält. Man wird nicht permanent durch Tausende von anderen Autos daran erinnert, dass man weder der Erste noch der Einzige ist, der diesen Ort besuchen will.

Allen Bemühungen der großen Gleichmacher McDonald's, H&M, Starbucks und Co zum Trotz, haben sich einige Städtchen doch den eigenen Charme bewahrt. Was für ein Vergnügen, die malerischen Sträßchen zu entdecken! In Svendborg (Dänemark) z.B. waren bei unserem letzten Besuch (2014) alle großen Ketten aus dem Stadtzentrum verbannt.

Als Segler bekommt man leicht Kontakt zu den Einheimischen, ist man doch als Meer-Gereister für viele interessanter als andere Touristen. Dazu kommt, dass die meisten Hafenstädte eine seemännische Tradition haben. Als Segler wird man als Bruder (Schwester) im Geiste wahrgenommen. Gelegentlich wird man eingeladen und kann dann aus erster Hand sehen, wie die Menschen dort leben. (Gastfreundschaft ist auch bei uns im industrialisierten Europa viel weiter ausgeprägt, als man gemeinhin denkt!) Eine Gegeneinladung aufs Boot ist auch viel unverfänglicher als eine aufs … ähm … Hotelzimmer!?

So viel Freude das Entdecken einer fremden Hafenstadt macht, man kommt auch mit dem Auto hin. Anders ist das bei unbewohnten Inseln. Selbst bei uns vor der Haustür auf der Elbe gibt es einige davon. Man ankert vor dem Strand und setzt mit dem Beiboot hinüber, genau wie die alten Entdecker. So haben wir schon manchen wundervollen Ort gefunden, der Menschen ohne Boot einfach nicht zugänglich ist. Segeln ist toll!

85. GRUND

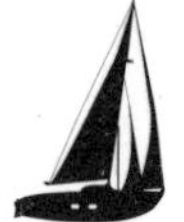

Weil Petroleumlampen so schön warm leuchten

»Mit Sturm oder Starkwind ist in folgenden Seegebieten zu rechnen: …« Es werden fast alle aufgeführt. Natürlich auch Belte und Sund sowie die westliche Ostsee.

»Südwest bis krrrrri … Strichweise 7 ….krrrrrrrrr … Schauerböen …« Habe nicht alles mitbekommen. Aber allein die atmosphärischen Störungen deuten auf Unbill. Néfertiti ankert in der Geltinger Bucht.Wir sind heute bei Starkwind hierhergesegelt, und auch jetzt heult der Wind in den Wanten. Langsam wird es dunkel. Der Leuchtturm Kalkgrund hat schon angefangen, sein beruhigendes Licht in die hereinbrechende Nacht zu blinken. Sollte der Wind drehen, kommen wir mit seiner Hilfe hier leicht wieder weg. Aber selbst wenn der Wind auf Nordwest ausschießen sollte, liegen wir hier noch geschützt. Ich packe das Radio wieder ein und steige hinunter in die Kajüte. Keine Sekunde zu früh. Regen prasselt plötzlich auf das Deck. Der nächste Schauer. Ich schließe das Schiebeluk und mache es mir in der Kajüte gemütlich. Entzünde die Petroleumlampe und schenke mir eine Muck Tee ein. Die Petroleumlampe wirft ihr warmes Licht auf die hölzernen Schränkchen und Borde. Anheimelnd. Das Trommeln an Deck nimmt nach kurzer Zeit wieder ab und wird zu einem leichten Tröpfeln.

Ich schalte die elektrische Lampe am Kartentisch ein, um die Navigation für morgen vorzubereiten. Kaltes Neonlicht. Hole die Seekarten für morgen hervor, greife Distanzen ab und berechne Kurse. Würde morgen gerne weiter nach Kiel segeln. Bei der Querung der Eckernförder Bucht wird es ruppig werden. Ansonsten weht der Wind über Land. Nur die Schauerböen bereiten mir etwas Kopfzerbrechen. Jede große dunkle Wolke wird ihren eigenen kleinen Sturm mitbringen. Diese Schauerböen dauern nicht lange. Zehn Minuten, eine halbe Stunde. Das war heute genauso. Aber dabei geht die Sicht zu, und ich werde vor jeder Wolke reffen müssen und nach jeder Wolke wieder ausreffen … Zur Not könnten wir in der Schlei Schutz finden oder in Damp.

Ich schalte das Licht am Kartentisch aus. Sofort umfängt mich wieder die warme Atmosphäre der Petroleumlampe. Der Rest Tee in meiner Tasse ist kalt geworden. Ich schenke heißen nach. Nehme einen Schluck des dampfenden Göttertranks. Ziehe wohlig die Wärme ein. Denke an Ima. Schaue in das leichte Flackern der Flamme. Was sie jetzt wohl macht? Betrachte die Flamme. Höre auf zu denken. Versinke in die Betrachtung. Es hat etwas Meditatives. In mir breitet sich völlige Stille aus. Höre nicht einmal mehr das Heulen des Windes, und auch das neuerliche Prasseln des Regens dringt kaum in mein Bewusstsein. Ich liebe Petroleumlampen.

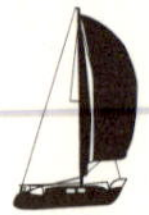

Weil man beim Ankern das Gefühl hat, gleichzeitig angekommen und unterwegs zu sein

Néfertiti läuft mit zügiger Fahrt auf das Seegatt zu. An Backbord wacht der Westturm über Wangerooge. Die markante Landmarke leitet uns schon seit Stunden. Halbe Tide ist durch, das heißt, wir haben genug Wassertiefe, um über die flache Barre zu kommen. Wir sind heute Morgen in Cuxhaven ausgelaufen und inzwischen viele Stunden unterwegs. Langsam werden Ima, meine Freundin, und ich müde. Vor uns taucht die Ansteuerungstonne auf. Die erste Tonne des Fahrwassers, das uns durch die Sände zwischen den Inseln leiten wird.

Eine Stunde später haben wir das Seegatt passiert. Wir sind im Watt. Das sanfte Auf und Ab der Wellen hat aufgehört. Im Watt herrscht kaum Seegang. Der Seewetterbericht hat leichte Winde für die Nacht vorausgesagt. Wir könnten ankern. Ich frage: »Hafen oder Muschelbalje?«

»Ach weißt du, Klaus, in Häfen ist so viel Trubel. Ich würde lieber ankern.« Und das kommt von Ima, meiner Ägypterin, die in der Wüste aufgewachsen ist und eigentlich Angst vor der See hat.

Viele Segler ankern ungern. Sie bevorzugen die Sicherheit von Häfen. Das finde ich gut. Auch so hat man nicht jeden Ankerplatz für sich alleine. Aber für mich ist das Ankern einer der wichtigsten Gründe, das Segeln zu lieben. (Der erste, der mir beim allerersten Brainstorming eingefallen ist!) Wer ankert, spart das Liegegeld in den Häfen, aber vor allem kann man ganz alleine in der Natur sein. Um sicher zu ankern, sollte man allerdings ein paar Regeln beachten:

Gutes Ankergeschirr, ausreichende Kettenlänge und last but not least: Die sorgfältige Auswahl des Ankerplatzes, denn nicht jede Bucht ist gleichermaßen gegen das zu erwartende Wetter geschützt. Gutes Ankergeschirr heißt: Kette und ein überdimensionierter Anker. Unter Seglern wird oft die Ankerleine mit oder ohne Kettenvorlauf diskutiert.

Die Leine hat Vorteile: Sie ist leichter zu handhaben. Wenn das Boot im Schwell ruckt, hat das Material selbst Reck und kann Stöße abfedern. Und Nachteile: Die Leine kann an den Kanten eines Felsens unter Wasser schamfielen oder auch an Kanten des Bootes. Und dann unerwartet reißen. Falls das passiert, wenn alle schlafen …

Die Kette hat ebenfalls Nachteile: Sie ist schwer und deshalb nicht so gut zu handhaben wie eine Ankerleine. Ohne Ankerwinsch ist das Aufholen der schweren Kette Hand über Hand schweißtreibende Arbeit. Ketten haben zwar kein Reck, aber trotzdem auf Grund des eigenen Gewichtes einen Stoßdämpfereffekt. Keiner der Nachteile der Kette hängt mit ihrer Haltekraft zusammen. Die meisten Segler, die oft ankern, benutzen Kette. Das hat einen Grund.

Ich berge die Rollfock. Nur unter Groß segeln wir langsam in die Muschelbalje. Ima sitzt an der Pinne und steuert uns von Tonne zu Tonne. Hinter der nächsten Tonne weitet sich der Priel, und wir können neben dem Fahrwasser ankern. Ich gehe auf das Vorschiff und bereite den Anker vor.

»Wie tief?«

»5,50 Meter.«

»Fahr einen Aufschießer, wenn wir fünf Meter haben!«

»Okay.«

Langsam gleitet Néfertiti durch das glatte, braune Wasser. Ima dreht Néfertiti in den Wind, das Groß fängt an zu schlagen und das Boot verliert seine Fahrt. Als wir stehen, lasse ich den Anker ins Wasser gleiten und gebe die Kette Hand über Hand aus. Die 15-m-Markierung erreicht die Wasseroberfläche. Ich belege die Kette auf der Klampe. Néfertiti törnt ein, legt sich in den Strom. Einer Faustregel nach sollte man mindestens die dreifache Wassertiefe als Kettenlänge benutzen. Ich gebe noch einmal 5 m dazu, nur zur Sicherheit. Denn je mehr Kette im Wasser liegt, desto größer ist die Haltekraft des Ankers.

Im Watt gibt es noch einen besonderen Umstand zu bedenken, der z.B. in der Ostsee keine Rolle spielt. Der Wasserstand wechselt. Der Unterschied zwischen Hoch- und Niedrigwasser beträgt bei den Ostfriesischen Inseln etwa 3 m. Wer also bei Niedrigwasser ankert, wird bei Hochwasser drei Meter mehr Wassertiefe haben. Das bedeutet unter Berücksichtigung obiger Faustregel, er braucht bei Hochwasser mindestens 9 m (3 x 3 m zusätzlicher Wassertiefe) mehr Kette im Wasser als bei Niedrigwasser.

Wir bergen das Großsegel und tuchen es auf. Ima startet den Motor. Das klingt unsinnig, sind wir doch gerade erst unter Segeln angekommen. Und liegen wir jetzt nicht sicher vor Anker?

Nicht unbedingt. Damit ein Anker seine Haltekraft entwickelt, muss er sich gut im Grund eingegraben haben. Dieses Eingraben kann man durch Eindampfen unterstützen. Sprich: Man lässt das Boot langsam (!) rückwärts fahren. Die Kette kommt steif und zieht den Anker in den Grund. Um zu prüfen, ob er hält, lege ich meine Hand auf die Kette. Man kann spüren, ob der Anker gefasst hat. Jeder kann das. Wenn die Kette steif kommt und sich wieder löst, ist das ein erstes gutes Zeichen. Hat der Anker sich nicht eingegraben und wird er nun über den Boden gezogen, spürt man ein Ruckeln. Ich spüre jetzt mit meiner Hand auf der Kette nichts dergleichen. Der Anker hat gefasst.

Ima schaltet den Motor aus. Wir sind angekommen. Stille. Irgendwo schreit eine Möwe. Wir sind ganz allein. Ima hängt trotzdem noch schnell den schwarzen Ball in den Mast. Das ist ein Sichtzeichen, das anderen Booten schon von Weitem sagt, dass wir ankern, also keinesfalls ausweichen können. Ich nehme die Peilungen vom Wangerooger Leuchtturm, einer Leuchttonne, der Bake, der Tonne nahebei und zeichne sie in die Karte. So kann ich später prüfen, ob der Anker auch wirklich hält. Wenn die Peilungen sich deutlich ändern, hält der Anker nicht. Sind die Peilobjekte zu nah, hat man bei jedem normalen Schwoien den Eindruck, das Boot treibe. Sind sie zu weit weg, bemerkt man das Treiben möglicherweise zu spät. Modernere Menschen stellen zur Kontrolle einen Ankeralarm auf ihrem GPS ein, aber ich navigiere noch nach Großväterart.

Mein Blick wandert hinüber zur Insel. Über den Strand und die Dünen. Es ist so friedlich. Ima lächelt mich an. Wir waren lange unterwegs.

»Hunger?«

Sie nickt.

»Dann koche ich uns gleich etwas Schönes.«

Wie kann ich euch den Zauber des Ankerns beschreiben? Diese Ruhe. Dieses schöne Gefühl, gleichzeitig angekommen und unterwegs zu sein. Entspannen zu können und doch eine gewisse Wachsamkeit aufrechtzuerhalten.

Manchmal ändern sich die Verhältnisse. Der Wind kann umspringen, und plötzlich steht Schwell an dem bis dahin gemütlichen Ankerplatz. Dann muss man mitunter mitten in der Nacht wieder aufbrechen, um einen bei den neuen Verhältnissen geschützten Platz zu suchen.

Unser Platz hier zwischen den Sänden ist allerdings gegen alle Windrichtungen geschützt. Nächtliches Segeln wird uns erspart bleiben. Zumal der Wetterbericht nur leichte Winde vorausgesagt hat. Es ist dunkel geworden. Unser Ankerlicht brennt im Masttop. Wir sitzen eng beieinander im Cockpit. Als Sundowner gibt es einen Ingwertee. Dunkelheit senkt sich über den Ankerplatz. Néfertiti schwingt sanft im Strom. Das Leben ist schön …

Aber auch das gehört zum Ankern: Ich wache auf. Es ist noch dunkel. Klappe das Schlingerbrett hinunter und richte mich in der Koje auf. Stille. Höre nur Imas gleichmäßige Atemzüge von der anderen Seite des Salons. Ich stehe auf und schiebe vorsichtig das Niedergangsluk zurück. Von Wangerooge blinkt der Leuchtturm herüber. Die Tide ist gekentert. Die Strömung setzt jetzt in die entgegengesetzte Richtung. Das sanfte Herumschwingen des Bootes hat mich, den Großstädter, geweckt. Leise steige ich an Deck und gehe vor zum Bug. Eine leichte Brise streicht über mein Gesicht. Der Wetterbericht hatte recht. 2 Windstärken. Hand auf die Kette. Kein Ruckeln. Alles gut. Ich steige wieder in die Kajüte hinunter und schlüpfe zurück in den warmen Schlafsack. Das Wasser streicht an der Bordwand entlang und gluckst. Ich denke noch, dass ich dieses Geräusch liebe. Dann bin ich wieder eingeschlafen.

87. GRUND

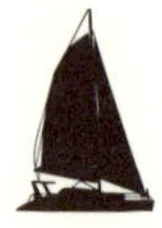

Weil Ankerlichter einen ganz besonderen Zauber haben

Es ist schneller dunkel geworden als gedacht. Oder hat nur unsere Inselwanderung länger gedauert? Platsch, platsch machen die Riemen, und langsam gleitet unser Beiboot in die Nacht hinaus. Ich halte im Rudern inne und werfe einen Blick über meine Schulter.

Da hinten leuchtet das Ankerlicht Néfertitis. Anheimelnd. Wegweiser und Synonym für Geborgenheit. Wir haben es eingeschaltet, als wir aufbrachen, obwohl es noch hell war. Jetzt grüßt es uns in der Nacht. Inzwischen kann man auch die Umrisse des Rumpfs erkennen.

Platsch, platsch. Wir kommen näher. Noch ein, zwei Schläge, dann nehme ich den einen Riemen hoch, und das Beiboot legt sich längsseits an die Bordwand. Ima klettert an Bord und belegt die Leine. Ich wuchte den Rucksack an Deck und folge ihr.

Ich widme hier dem Ankerlicht ein eigenes Kapitel, weil die traurige Wahrheit ist, dass die Hälfte der Segler das Ankerlicht verschmäht. Sie nutzen ihren Strom lieber für Tiefkühltruhe oder Fernseher. Sie haben Radar an Bord und drei GPS-Geräte, Fishfinder und AIS. Für die elektrische Ankerwinsch und das Bugstrahlruder. Nur für das Setzen des Ankerlichtes fehlen Batteriekapazität oder Einsicht.

Die wenigsten Ankerplätze sind gegen alle Windrichtungen geschützt. Selbst mit der besten Vorbereitung kann es vorkommen (wird es vorkommen!), dass eines Nachts der Wind so ungünstig dreht und mit einer solchen Stärke weht, dass es angeraten ist, den Ankerplatz mitten in der Nacht zu verlassen. Sich dann durch ein Ankerliegerfeld zu lavieren, bei dem die Hälfte der Boote unbeleuchtet ist, macht – vorsichtig ausgedrückt – keine Freude. Dabei hat man als Ankerlieger wenigstens noch den Vorteil, dass man im Hellen gesehen hat, wo die anderen Boote ankern. Aber was soll der Skipper einer Yacht machen, die den Ankerplatz erst nach Einbruch der Dunkelheit anläuft?

Ich habe Nächte erlebt, die waren so dunkel, dass selbst weiße Boote in unmittelbarer Nähe unsichtbar wurden. Abgesehen von den versicherungstechnischen Implikationen, empfinde ich je nach Stimmung das Nichtsetzen des Ankerlichts als gedankenlose Dummheit oder als billigende Rücksichtslosigkeit. Immer ist es schlechte Seemannschaft, aber es läuft auch den Prinzipien der Seekameradschaft zuwider.

Dabei ist es wunderschön, wenn du am Strand stehst, hinaus auf das Wasser schaust und dort das Ankerlicht deines Bootes beharrlich und anheimelnd in die Nacht hinaus leuchtet. Es gibt dir, egal, wo du gerade bist, ein Gefühl von Zuhause.

88. GRUND

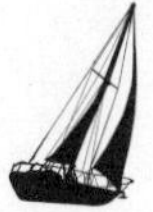

Weil alte Seemannsbräuche auch heute noch Spaß machen können

»Ahoi Néfertiti!«, schallte es von draußen, » Jemand an Bord?« Zumindest früher war das so, wenn der Hafenmeister seine allabendliche Runde machte. »Ahoi« ist jeder Landratte ein Begriff. Dabei hört man den traditionellen Seemannsruf heute nur noch selten.

Auch das Flaggen über die Toppen ist den meisten bekannt. Zumindest haben sie es schon einmal gesehen. Bei festlichen Anlässen wie dem Hamburger Hafengeburtstag werden alle Flaggen eines

Schiffes aneinandergeknüpft und hoch in den Mast gezogen. Farbenfroh flattern sie dann im Wind.

Von Rechts wegen ist jedes Schiff verpflichtet, die Nationalflagge am Heck zu führen, wenn jemand an Bord ist. Altem Seemannsbrauch gemäß wird die Flagge bei Sonnenuntergang eingeholt und bei Sonnenaufgang wieder gesetzt. Ein Schelm, wer da nachrechnet, dass das die Lebensdauer verdoppelt. So deuten ausgeblichene Nationalen darauf, dass dieser Brauch an Bord vernachlässigt wird.

Flaggen werden zum Gruß zwischen Schiffen gedippt (etwas niedergeholt und wieder gesetzt). Ist ein Kriegsschiff dabei wird dieses normalerweise zuerst gegrüßt.

Mancher hält das Setzen der Gastlandflagge unter der Steuerbordsaling für bloßen Seemannsbrauch, bis er merkt, dass die Behörden des einen oder anderen Landes auf die Unterlassung recht empfindlich reagieren.

Wenn kein Platz mehr an Steg oder Pier frei ist, legt man sich nicht einfach im Päckchen auf eine der Yachten, die noch einen Platz direkt am Steg gefunden haben. Es ist Seemannsbrauch, erst zu fragen. Allerdings ist es auch Seemannsbrauch, die Bitte nicht zu verweigern. Liegt man im Päckchen und möchte an Land, nimmt man den Weg über das Vorschiff. Das Cockpit mit Blick in die Kajüte gilt als Privatsphäre.

Viele Seemannsbräuche sind dem Aberglauben geschuldet.

So ist Pfeifen an Bord verpönt, weil es angeblich Stürme herbeiführen kann. Wenn das Boot einmal in der Flaute dümpelt, solle man am Mast kratzen. Das locke den Wind herbei.

Auch wird bis heute beim Auslaufen dem Windgott Rasmus ein Opfer gebracht, um ihn gnädig zu stimmen, auch in der christlichen Seefahrt. Früher wurden Geldopfer gebracht. Heute eher Hochprozentiges. Wahrscheinlich ist Rasmus längst Alkoholiker, denn der Brauch ist bis heute bei Seglern weit verbreitet. Der erste Schluck für Rasmus geht über Bord, der zweite ist für den Rudergänger bestimmt, und zuletzt bekommt auch der Rest der Mannschaft seinen Teil.

89. GRUND

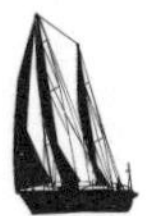

Weil Segelboote sprechen können. Ehrlich!

Der Herbst hat noch ein paar schöne Tage für uns, die wir auf unserem kleinen Segelboot verbringen werden. Néfertiti kreuzt bei mäßigem Wind elbabwärts. Wir sind auf dem Weg nach Schweinesand, unserer Hausinsel. Ima, die gerade an der Pinne sitzt, fragt: »Übernimmst du?«

»Willst du nicht mehr steuern?«

»Nee. Ich muss noch mal schnell Mails checken.« Schöne neue Welt … Ima schaut mich an: »Was grinst du so?«

»Ach nichts.«

Ich übernehme die Pinne, und Ima steigt den Niedergang hinunter. Nicht dass ich böse darüber wäre. Ich liebe die stumme Zwiesprache zwischen Néfertiti und mir. Ja, Segelboote sprechen. Sie reden unentwegt. Sie sagen dir, was sie wollen. Wer gut segeln will, braucht nur zuzuhören:

Während wir auf die Südostspitze Schweinesands zuhalten, nimmt der Wind leicht zu, Néfertiti neigt sich sanft zur Seite. Sie flüstert mir auf diese Weise zu: »Psst, psst Klaus. Du darfst jetzt anluven. Ich möchte mehr Höhe laufen.« Ich bewege die Pinne zentimeterweise. Der Ruderdruck wird fast unmerklich stärker: »Ich werde schneller. Brauchst nicht auf die Logge zu gucken.« Langsam richtet sich das Boot wieder auf: »Das war genug: Abfallen.« Ich falle ab, und Néfertiti neigt sich wieder etwas stärker …

Ima hantiert unten mit ihrem Handy: »Da ist ja eine Mail von dir.« Ich habe ihr, bevor wir mit den Rädern zu Néfertitis Liegeplatz gefahren sind, unbemerkt eine Liebesbotschaft geschickt. Mit gespieltem Erstaunen sage ich: »Kann nicht sein.« Néfertiti richtet sich wieder auf, aber ich bin abgelenkt. Ima liest, sieht mich dann lächelnd an. Unsere

Blicke verhaken sich. Néfertiti fühlt sich ignoriert. Tut ihr Missfallen kund. Am Vorliek der Rollfock (vorderer Teil des Vorsegels) bildet sich ein Bauch, den ich nicht wahrnehme. Jetzt flüstert Néfertiti nicht mehr. Es ist ihr ernst: »Bitte fall ab, Klaus. Wir sind zu hoch am Wind.« Aber Ima wirft mir gerade einen Luftkuss zu. Lautstark fangen die Segel an zu schlagen. Jetzt schreit sie: »FALL GEFÄLLIGST AB!!!« Na gut. Am Ende hat Néfertiti immer das letzte Wort …

Allerdings sprechen nicht alle Boote gleichermaßen. Je größer und schwerer ein Boot ist, desto vornehmer und zurückhaltender drückt es sich aus. Irgendwann habe ich einer Freundin geholfen, ihren Katamaran (Zweirumpfboot) zu überführen. Das Einzige, was ich hörte, war das ständige Schreien des Bootes, wenn die Segel wieder flatterten. Ich fühlte mich taubstumm. Als hätte ich über Nacht das Segeln verlernt!

Ich konnte keinen vernünftigen Kurs hoch am Wind steuern. Entweder ich verschenkte Höhe, oder das Segel fiel ein, ohne dass mich der Katamaran gewarnt hatte. Franzi sagte: »Du must auf die Trimmfäden gucken!« Ich starrte ständig auf den Verklicker und die Trimmfäden und segelte trotzdem schlecht. Es dauerte eine ganze Weile, bis ich begriff: Ihr Boot sprach nicht zu mir. Katamarane sind so breit, dass sie zwar im Seegang schaukeln, aber nicht unter dem Winddruck krängen. Also kann man den richtigen Kurs nur über ständige Beobachtung von Trimmfäden und Verklicker steuern.

Durch das ständige Hochgucken wurde ich leicht seekrank und musste meine Akupressurbänder hervorkramen. Gleichzeitig begriff ich aber auch, was das war: die stumme Zwiesprache mit einem Segelboot. Nicht mehr als das leichte Krängen und Aufrichten des Bootes unter wechselndem Winddruck.

90. GRUND

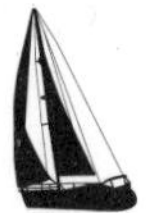

Weil es Sätze gibt, die man am liebsten überhört

Man segelt gerade bei leichter Brise durch eine angenehm wiegende See. So eine Ruhe, so ein Frieden. Plötzlich sagt der Skipper: »Erinnerst du mich später daran, …«

Es spielt keine Rolle, wie toll ausgerüstet das Boot ist. Wie gut es in Schuss ist und welche Ein- und Umbauten in der jüngsten Vergangenheit vorgenommen wurden. Immer glaubt der Skipper, sein Boot noch ein klein wenig verbessern zu können.

So fangen die schlimmsten Sätze an Bord an mit: »Erinnerst du mich bitte daran, dass …« (Diese Sätze werden ausschließlich von Skippern bzw. Skipperinnen ausgesprochen, seltsamerweise nie von Mitgliedern der Crew.)

- »… dass ich nachher einen Knebel vor die Besteckschublade setze?« Das ist eine der harmloseren Fortsetzungen. Man braucht nur ein Stück Holz, eine Bohrmaschine und ein paar Schrauben.
- »… dass ich diesem komischen Klackern des Motors nachgehe?« Klar, dass hinterher die Kajüte einem Schlachtfeld gleichen wird, die alten Polster ein paar neue Ölspuren aufweisen werden und die gute Hose des Skippers vielleicht auch. Die erfahrene Crew wird sich einfach ein paar Stunden auf Landgang beschäftigen. Bei der Rückkehr wird der Skipper glücklich aus dem Chaos lächeln: »Nichts mehr zu hören!« Vorher hat die Crew auch nichts gehört, aber das behält sie lieber für sich und macht noch einen Spaziergang, bis wieder alles aufgeräumt ist.
- »… dass die Birne der Dreifarbenlaterne ausgetauscht wird.« Einwände der Art, dass die Birne noch ganz normal leuchtet, verfangen normalerweise nicht. Schließlich geht es um die Sicherheit von

Mann und Schiff. Um die seemännische Sorgfaltspflicht. Landgang fällt diesmal aus, denn schließlich muss jemand den Skipper in den Mast hochwinschen. Das ist schweißtreibende Arbeit. Richtig anstrengend. Wenn man ihn die 10 oder 15 m in den Mast gehievt hat, wird er so etwas rufen wie: »Ach Mist, jetzt habe ich den Phasenprüfer vergessen.« Wenn nicht, wird ihm etwas einfallen, was er auch noch da oben erledigen kann, wo er doch schon einmal oben ist. Aber dafür bräuchte er/sie unbedingt den kleinen Kreuzschlitz … Am besten bereitet die vorausschauende Crew von Anfang an eine lange Leine vor, an die ein Beutel geknüpft wird, sodass er die fehlenden Teile selbst zu sich hochziehen kann. Zur Not könnte man auch das Spifall benutzen. Keinesfalls sollte man sich darauf einlassen, ihn herunterzulassen und dann ein zweites Mal hinaufzuwinschen. Ist die Crew zu schmächtig, könnte man die Rollen tauschen. Dazu braucht man aber Nerven aus Stahl. Weniger wegen der imponierenden Höhe als wegen der wohlmeinenden Ratschläge des Skippers. Als ob man noch nie eine Birne ausgewechselt hätte …

Sätze, die mit »Erinnerst du mich …« beginnen, haben einen großen Vorteil: Sie beinhalten sozusagen das Vergessen. Es gibt einen psychologischen Grund, warum der Skipper ausgerechnet diesen Punkt nicht auf seine To-do-Liste schreibt. Zwar wird man sich möglicherweise ein paar Tage später den Vorwurf anhören müssen: »Du solltest mich doch erinnern!« Aber das Besteck wird trotzdem noch immer in der Schublade liegen, der Motor laufen und die Dreifarbenleuchte leuchten.

91. GRUND

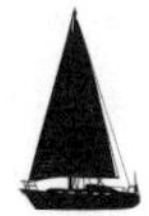

Weil es ein paar einfache Geheimnisse gelungener Hafenmanöver gibt

Die wichtigsten Geheimnisse lauten: 1. Fahr langsam! 2. Fahr langsamer! 3. Noch langsamer! Du glaubst mir nicht? Dann schau mal ein paar Berufsschiffern beim An- und Ablegen zu. Na gut: Nicht den Hafenfähren!

Schiffe haben mehr Masse als Autos und sind schlechter zu bremsen. Anders als beim Auto liegt der Drehpunkt vorne: Das heißt, dass sich nicht der Bug bewegt, wenn man in eine neue Richtung steuert. Stattdessen wird das Heck durch das gegen das Ruder strömende Wasser so lange zur Seite gedrückt, bis das ganze Schiff in die gewünschte Richtung zeigt. Dafür braucht man Platz. Außerdem funktioniert das nur, wenn das Ruder angeströmt wird. Man braucht eine gewisse Mindestgeschwindigkeit, um ein Boot steuern zu können. Seeleute sprechen von gerade noch Steuerwirkung haben. Diese Geschwindigkeit entspricht genau der jener, die für normale Hafenmanöver gefragt ist. (Bei starkem Seitenwind braucht man gelegentlich mehr Fahrt, um nicht versetzt zu werden. Aber das ist die einzige Ausnahme!)

In der Nordsee macht man Boote meist längsseits fest. Nicht nur Einhandsegler profitieren beim Anlegen von einer Leine, die auf einer Klampe mittschiffs befestigt ist. Wenn die Leine als Erstes stramm dichtgesetzt wird, hat man danach alle Zeit der Welt, um die regulären Leinen anzubringen. Ist das Boot richtig festgemacht, kann man diese Hilfsleine wieder wegnehmen.

Durch die Drehung der Schraube wird ein Boot primär in Längsrichtung bewegt, aber es gibt auch immer eine Kraft, die seitwärts arbeitet. Wir sprechen dabei vom Schraubeneffekt. Dreht eine Schraube links herum (gegen den Uhrzeigersinn), schiebt sie das Heck nach links. Das führt dazu, dass ein Boot mit linksdrehender Schraube Rechtskurven viel enger fahren kann als Linkskurven. Die Kenntnis des Schraubeneffekts hilft bei engen Hafenmanövern ungemein. Bei den meisten Booten ändert sich übrigens die Drehrichtung, je nachdem ob das Boot vorwärts oder rückwärts fährt.

Auch beim Längsseits-Anlegen sorgt der Schraubeneffekt dafür, dass es eine Schokoladenseite gibt: Auf den letzten Metern bremst man ein Boot ab. Dazu läuft die Schraube bei den meisten Booten rückwärts anders herum: Eine eigentlich linksdrehende Schraube dreht bei Rückwärtsfahrt rechts herum. Das bedeutet: Beim Aufstoppen wird das Heck nach rechts gezogen. Es ist also hilfreich, wenn man den Steg so anfährt, dass beim Aufstoppen das Heck zum Steg hin gezogen wird. Für die Crew ist die beste Stelle zum Übersteigen übrigens immer an der breitesten Stelle des Schiffs. Meist sind dort auch die Wanten in Reichweite, sodass man sich gut festhalten kann.

In der Ostsee liegt man oft in Boxen mit Heckpfählen. Auch hier ist das Geheimnis eines gelungenen Manövers, langsam zu fahren. Einhandsegler können zwischen den Pfählen sogar aufstoppen, aber selbst eine mehrköpfige Crew wird dankbar sein, wenn der Steuermann ihr Zeit gibt, in aller Ruhe die Leinen über die Heckpfähle zu legen. (Legen! Wer die Leine lassomäßig werfen muss, hat irgendetwas verkehrt gemacht. Na gut. Manchmal war es der Hafenbetreiber, der etwas verkehrt gemacht hat. Die Boxen werden immer größer und größer. Wer mit kleinem Boot segelt, hat mitunter keine Wahl.) Wer auch immer die Leine über den Pfahl legt, Einhandsegler oder Schiffsjunge: Die beste Stelle dafür ist wieder mittschiffs, wo das Schiff am breitesten ist! Auch wenn die Leinen an den Heckklampen belegt sind. Nun nähert man sich mit langsamster Fahrt dem Steg. Mit den beiden Heckleinen auf Zug kann man das Boot jetzt zentimetergenau steuern. Einfach mehr Leine geben, bis der Bug so dicht am Steg ist, dass man bequem auf den Steg steigen kann, um auch die Bugleinen auszubringen. Wenn ein Einhandsegler die Entfernung vorne schlecht abschätzen kann, belegt er die Leinen mit vorwärtslaufender Schraube, geht vor zum Bug und schafft sich einen Überblick. Wenn er noch einen halben Meter näher an den Steg will, gibt er hinten eben noch einen halben Meter Leine aus.

Ablegen ist im Allgemeinen einfacher. Trotzdem möchte ich euch ein Manöver in Erinnerung rufen, das in den Segelschulen bis zum Erbrechen geübt wird, aber in freier Wildbahn kaum zu beobachten ist. Es nennt sich: Eindampfen in die Spring. Wahrscheinlich sieht man es so selten, weil dafür ein Kugelfender nötig ist, der sicher verhindert, dass der Steg am Lack des Rumpfes kratzen kann. Dabei bringt dieses Manöver das Boot sicher vom Steg weg, auch wenn ein starker Seitenwind das längsseits am Steg liegende Boot auf den Steg drückt.

(Für Nicht-Segler: Man löst alle Leinen bis auf eine, die vom Bug des Bootes rückwärts zum Steg führt, sodass sich das Boot nicht nach vorne bewegen kann. Nun gibt man dosiert Schub voraus und legt das Ruder so, als ob man vorwärts gegen den Steg fahren wollte. Da das Boot durch die Leine gehalten wird, wird das Heck vom Steg weg gedrückt. Wenn der Winkel groß genug ist, fährt man langsam rückwärts vom Steg weg und wirft die letzte Leine los. So kommt man auch aus der engsten Lücke, selbst wenn vor und hinter einem die Boote im Päckchen liegen.)

Das waren schon die wichtigsten Tipps für gelungene Hafenmanöver.

92. GRUND

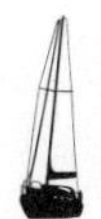

Weil es Hafenkino gibt

Néfertiti hält auf die Hafeneinfahrt zu. Gleich haben wir es geschafft. Es hat aufgehört zu regnen, und die Sonne lugt wieder zwischen den Wolken hervor. Trotzdem sind wir froh, anzukommen. Verfroren und nass wie wir sind.

Néfertiti erreicht die Molen und schlüpft zwischen ihnen hindurch in das äußere Hafenbecken. Ich rolle die Rollfock ein, während Ima den Motor startet und Néfertiti in den Wind dreht. Ich berge das Groß und tuche es auf.

Es ist seltsam. Egal, welche Entscheidungen du unterwegs getroffen hast, gute oder schlechte, sie zählen nicht mehr, denn erst hier betrittst du die Bühne. Trittst vor die heimliche Prüfungskommission, denn jetzt hast du Publikum. Ob du willst oder nicht, jetzt bist du Hauptakteur eines Spektakels, das da Hafenkino heißt.

Ich greife zur Backskiste und krame Fender und Leinen hervor, während Ima das Boot gegen den Wind auf der Stelle hält.

»Übernimmst du?«

»Klar.« Ich übernehme das Ruder und steuere ins kleinere Hafenbecken, wo die Stege ausliegen, während Ima den letzten Fender anbringt.

Die herausgekommene Sonne hat die ersten Segler auf den Steg gelockt. Sie unterbrechen ihr Gespräch und schauen uns zu. Hier gibt es weder Pfähle noch Boxen. Man liegt längsseits am Steg. Zur Not auch mehrere Boote aufeinander im Päckchen. Aber noch sind Plätze direkt am Steg frei.

Der Wind ist zwar böig, aber wenn wir drehen, wird er fast von vorne kommen. Also fahren wir erst vorbei, wenden im engen Becken und laufen dann gegen den Wind an. Ganz langsam.

Ima steht am Want bereit. (An dieser breitesten Stelle Néfertitis ist es am einfachsten, auf den Steg hinunterzusteigen.) Sie ist schon über die Reling geklettert, hält sich mit einer Hand am Want fest, und in der anderen hat sie die Vorleine. Néfertiti kommt gut. Ich stoppe auf. Ima steigt mit einem kleinen Schritt auf den Steg und geht ohne Hast vor bis zur Klampe, belegt die Leine. (Erlaubt mir noch ein Wort zum Springen. Wir springen nie! Stege sind manchmal extrem rutschig. Wenn der Steuermann das Boot nicht nah genug an den Steg bringt, fährt er halt einen neuen Anlauf. Punkt!)

Die im Standgas rückwärts drehende Schraube drückt das Boot jetzt sanft gegen den Steg. Das gibt uns alle Zeit der Welt. Ima kommt gemächlichen Schrittes zurück, und ich reiche ihr die Achterleine.

Die Segler auf dem Steg haben ihr Gespräch wieder aufgenommen. Bestanden!

In letzter Zeit habe ich in Segelblogs und auf Videos vermehrt Beiträge gefunden, die Hafenkino anders verstehen: Für sie ist es ein Synonym für dilettantisch gefahrene Hafenmanöver, die vollkommen misslingen. Je mehr Schaden entsteht, umso besser. Anstatt zu helfen, wird die Videokamera hervorgekramt. Ich finde das eine traurige Entwicklung.

Ich lege die Springs. (Das sind zusätzliche Leinen, die verhindern, dass sich das Boot vorwärts oder rückwärts bewegen kann.) Jetzt nur noch einen Fender an die Außenseite Néfertitis hängen (als Zeichen für andere Boote, dass sie willkommen sind, sich im Päckchen auf uns zu legen). Dann setze ich mich ins Cockpit. Ima hat schon ihr Ölzeug ausgezogen und setzt gerade Wasser auf.

»Der Tee war alle. Ich mache uns neuen.«

»Au ja.«

Durch die Hafeneinfahrt kommt ein neues Boot herein. Familiencrew. Die Segel haben sie schon draußen geborgen. Der Sohnemann hängt gerade einen Fender an die Reling, und Papa bringt die Vorleine an, während Mama steuert. Sie fahren erst an uns vorbei und wenden dann gekonnt auf engstem Raum. Sieht nicht so aus, als ob die Hilfe bräuchten. Einer der Männer auf dem Steg ruft: »Brauchen Sie Hilfe?« Mama schüttelt den Kopf, und Papa ruft: »Nein, danke!« Mama läuft langsam den Liegeplatz vor uns an und bringt das Boot genau in der Lücke vor uns zum Stehen. Papa und Sohnemann steigen auf den Steg.

Unser Wasserkessel pfeift. Ima ruft: »Gas aus!« Ich hebe den Deckel des Gasflaschenbehälters an und schließe den Haupthahn. Die vor uns vertäuen ihr Boot.

Da kommt ein weiteres Boot durch die Hafeneinfahrt. So schnell wird man vom Akteur zum genießenden Zuschauer.

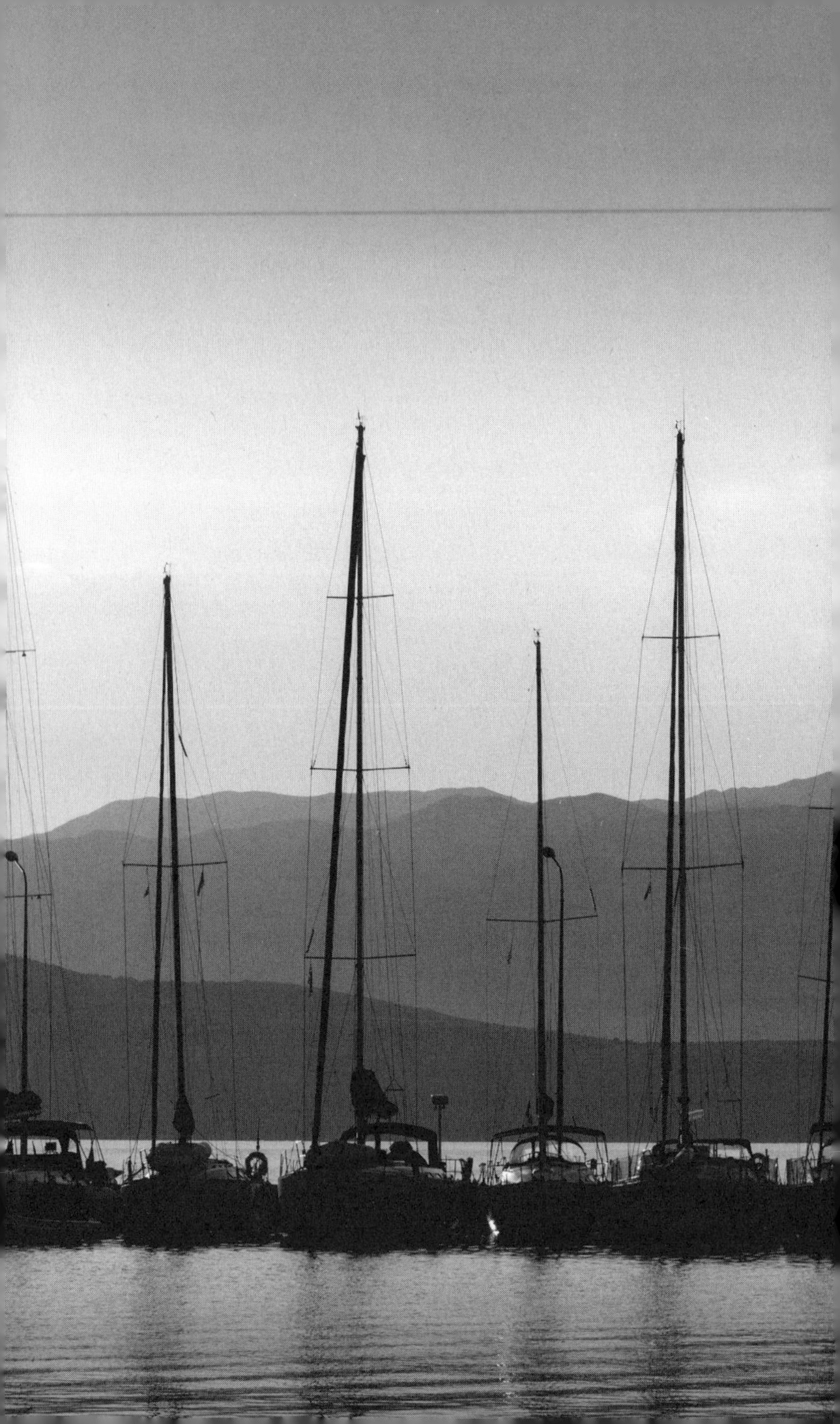

KAPITEL 7

ZURÜCK AN LAND

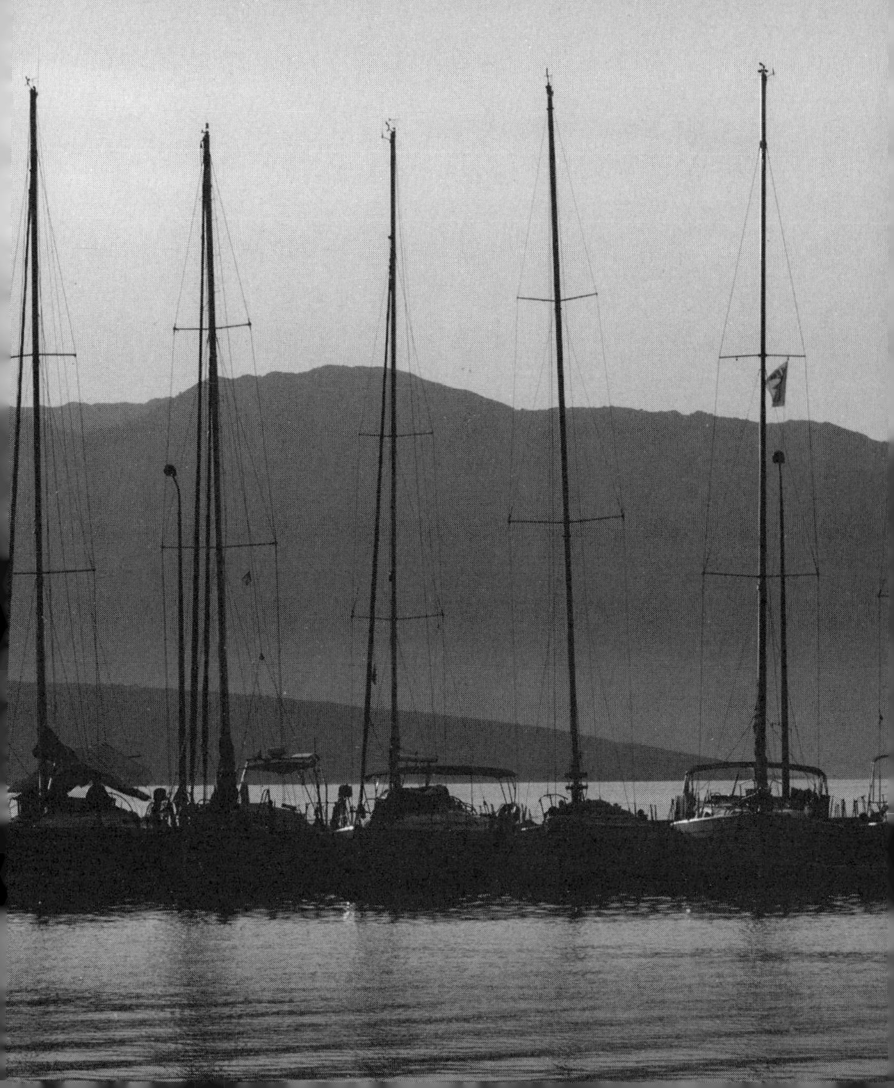

93. GRUND

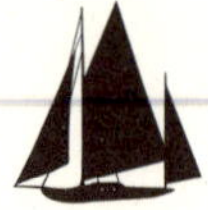

Weil es Häfen gibt

Es hat immer etwas Erhebendes, wenn man nach langer Überfahrt in einen Hafen einläuft. Man war draußen. Hat sich gegen Wind und Wellen behauptet und erreicht nun die Sicherheit des Hafens. Ein kurzer Auftritt auf der Bühne des Hafenkinos, und schon liegt man sicher. In unseren Breiten sind die Häfen, selbst wenn sie relativ teuer sein sollten, immer noch günstiger als eine Übernachtung in der Jugendherberge. (Im Mittelmeer ist das deutlich teurer.)

Das Leben im Hafen ähnelt dem Leben auf dem Campingplatz. Man hört alles. Ständig guckt jemand zu. Man teilt sich Toiletten und Duschen. Nicht immer sind die Duschen heiß, aber wenn, dann fühlt es sich nach einer Woche vor Anker an wie Luxus pur. Aber man teilt diese Unannehmlichkeiten mit Gleichgesinnten. Das nimmt auch einer nur lauwarmen Dusche den Stachel.

Dazu kommt ein besonderes Gefühl, das jeder kennt, der mit einem kleinen Boot zur See fährt: Wenn man in einen Hafen einläuft, hat man es sich verdient. Jede Annehmlichkeit, jeden Luxus. Anders als wenn man irgendwo aus dem Flugzeug steigt. Man ist nicht zum Hafen transportiert worden, sondern man ist gereist. Man hat unterwegs etwas erlebt.

Nach der ersten Tasse Anlegetee schnappe ich mir mein Portemonnaie, um uns beim Hafenmeister anzumelden. Ich steige auf den Steg und mache mich auf die Suche nach seinem Büro. Die Segler stehen immer noch auf dem Steg und klönen. Ich höre gerade, wie der eine zum anderen sagt: »Hat sie doch super gemacht. Und den anderen hast du deine Hilfe doch auch nicht angeboten.« Und ich dachte, das Thema Frauen am Ruder sei schon vor Ewigkeiten erledigt worden …

Aber ich habe gerade andere Sorgen: »Moin. Entschuldigt: Wo finde ich denn das Hafenmeisterbüro?«

»Der macht erst um 17.00 Uhr auf.« Okay. Dann muss die Duschorgie noch etwas warten. Da fügt der Mann hinzu: »Der Code für die Sanitäranlagen ist 1357.« – »Oh super. Danke.« – »Wo kommt ihr denn her?«

Man macht im Hafen leicht Kontakte. Alle, denen man hier begegnet, lieben das Meer. Das verbindet. Und alle lieben Geschichten vom Meer. Das bricht das Eis. Ich erzähle von der Überfahrt. Man tauscht sich über das Revier aus, gibt Tipps, bekommt Tipps … Ich mag diese Begegnungen mit anderen Seglern.

In Wiek auf Rügen nahm der Hafenmeister unsere Leinen an und empfing uns mit den Worten: »Willkommen! Jetzt könnt ihr anfangen, euch wohlzufühlen.« Wenn man in einen Hafen eingelaufen und das Boot versorgt ist, darf endlich einmal die ständige Wachsamkeit des Seemanns nachlassen. Man darf entspannen, und das ist sicher der Grund, warum viele Segler den mitunter überfüllten Hafen einem einsamen Ankerplatz vorziehen. Endlich darf man die Seebeine baumeln lassen und die Annehmlichkeiten des Landlebens genießen. Sich ins Nachtleben stürzen, vorausgesetzt, der Ort ist groß genug, um eines zu bieten.

94. GRUND

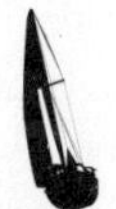

Weil es nette Hafenmeister gibt und nette Hafenmeisterinnen

Wir sitzen unter Deck. Draußen ist es eher ungemütlich, und wir sind heilfroh, in den Hafen eingelaufen zu sein. Plötzlich ertönt ein ohrenbetäubender Krach. Wer segelt, kennt das. In Wirklichkeit klopft einer eher sanft auf den Bugkorb. Aber unter Deck sitzt man sozusagen im

Resonanzkasten. Normalerweise gibt es nur einen, der so klopft: Der Hafenmeister treibt auf seiner allabendlichen Runde das Liegegeld ein. Er kommt bei Wind und Wetter. (Liegegeld ist trotz allem eine Bringschuld. Lässt sich der Hafenmeister einmal nicht blicken, muss man sich zu seinem Büro begeben, bzw. den Betrag passend in einen Briefkasten werfen.)

Hafenmeister sind die guten Feen des Segelsports. Meist sind sie dem Segeln eng verbunden. Haben mitunter ihr eigenes Boot im Hafen liegen. Sie wissen alles und können dir bei jedem Problem helfen. Wenn sie selbst mal nicht weiterwissen, kennen sie jemanden, der weiterweiß.

Hafenmeister sind auch die Seelsorger des Seglers. Sie haben für jeden ein tröstendes Wort: für den armen Kerl, der sich in der Bö heute die Fock zerrissen hat, und auch für die Kleine, der die Puppe ins Wasser gefallen ist. Zwar hat Papa sie wieder aufgefischt, aber nun ist sie klitschnass.

Der Hafenmeister vergibt die Liegeplätze. Er hat das Sagen. Wenn er dich bittet, zu verholen, weil dein Platz eigentlich für größere Schiffe gedacht ist, erweist er sich als höflicher Hafenmeister, denn eine Bitte ist das nicht.

Erstaunlich viele Hafenmeister sind Originale. Sie haben schon tausend Mal den Weg zum nächsten Supermarkt erklärt oder wie das mit den Waschmarken funktioniert. Sie tun es immer wieder mit einer freundlichen Ausführlichkeit, die dir das Gefühl gibt, du seist der Erste, der danach fragt. Manche Hafenmeister erkennen dich nach Jahren wieder, obwohl du nur einmal zuvor in ihrem Hafen zu Gast warst.

In manchen Häfen wurde der Job des Hafenmeisters wegrationalisiert. Stattdessen wurden Parkautomaten aufgestellt. Die können einem bei keinem Problem weiterhelfen. Manche nicht einmal mit den Duschmarken …

Hafenmeister kreieren die Stimmung eines Hafens. Die Atmosphäre. Sie können dir das Gefühl geben, nach Hause zu kommen. Sie sind viel mehr als Liegegeldeintreiber. Hafenmeister sind das Gesicht eines Hafens.

95. GRUND

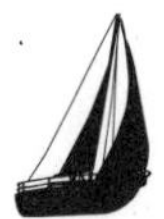

Weil sich einkaufen auf dem Boot anders anfühlt

Seit Tagen haben wir zum ersten Mal wieder Néfertitis Niedergang abgeschlossen. Nach über einer Woche an verschiedenen Ankerplätzen haben wir einen Hafen angelaufen. Unser Proviant geht zur Neige, und wir müssten auch mal wieder Wasser bunkern.

Mit zwei großen leeren Rucksäcken schlendern Ima und ich in das Städtchen.

»Entschuldigung. Wir suchen einen Supermarkt.« Das angesprochene Mädchen lächelt uns freundlich an: »Einfach hier runter und dann an der zweiten Straße rechts. Könnt ihr nicht verfehlen.«

»Danke.«

Bald schieben wir unseren Einkaufswagen durch die dicht bepackten Regale. Eher schreitend als eilend, denn das Einkaufen fühlt sich ganz anders an als zu Hause. Es ist kein notwendiges Übel mehr, sondern Verheißung. Segler zelebrieren ihren Einkauf.

Später an Bord werden wir keine Lebensmittel auspacken, sondern Schätze. Reichtümer. Wundervolle Dinge. Selbst ein einfaches Päckchen Spaghetti verwandelt sich auf magische Weise in ein Juwel. Es wird zu einem Versprechen für einen weiteren Tag draußen. Es macht uns für einen Tag autark. Es schenkt uns einen Tag Freiheit. Es verliert seinen Warenwert und gewinnt seinen wahren Wert. Einen Tag Leben. Während ich diese Zeilen schreibe, wundere ich mich darüber, dass ich diesen wahren Wert an Land kaum wahrnehmen kann. Vielleicht beim Wandern … Wenn man nach Tagen allein in den Wäldern ins Tal absteigt, um seinen Proviant wieder aufzufüllen. Aber sonst?

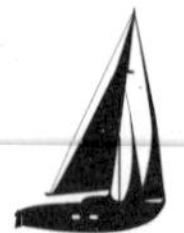

Weil es Manöverkritik gibt

Warum sind wir Menschen auf dieser Erde? Um zu lernen und uns weiterzuentwickeln? Um unseren Spaß zu haben? Einem Gott zu gefallen? Gibt es keinen höheren Grund?

Egal, was du antwortest: Jeder hat Spaß daran besser zu werden. Der eine beim Schichten von Tetrisbauteilen, der andere beim Treten eines Balles und Segler eben beim Segeln. Immer wenn auch andere Menschen beteiligt sind, ist der Schlüssel zum Besserwerden Kommunikation. Deshalb glaube ich an den Wert von Manöverkritik. (Nicht nur beim Segeln!)

Kritik ist dabei wertfrei gemeint. Es geht nicht um Schuldzuweisungen, sondern um Bewusstwerdung: Was wurde getan? Warum? Was ist dabei herausgekommen? Und schließlich um die Schlussfolgerungen: Was kann man besser machen?

Manche Leute fühlen sich auf den Schlips getreten, wenn man sie kritisiert, und reagieren empfindlich. Das ist schade und unnötig. An der Filmhochschule sprachen wir vom kränkungsfreien Raum. Der ist auch bei Manöverkritiken sinnvoll, damit jeder sagen kann, was er denkt, ohne Angst haben zu müssen, dass der andere das persönlich nimmt.

Nach einem verpatzten Anlegemanöver geht es eben nicht um Schuldzuweisungen. Zur Klärung der Schuldfrage bräuchte man auch keine Manöverkritik, denn schuld ist immer nur einer: der Skipper! Auch wenn sich nicht Skippers, sondern HOLGERS Knoten gelöst hat!

Bei Manöverkritik geht es um die sachliche, emotionslose Analyse des Geschehens. Lass uns das Manöver oben mal Schritt für Schritt durchgehen: Wir wollten längsseits gegen den Wind anlegen. Das

Boot kam langsam herein, näherte sich gemächlich dem Steg. Ich stoppte auf. Holger und Bernd stiegen mit Vor- und Achterleine auf den Steg, und ich stellte die Maschine aus. Während Bernd die Achterleine belegte, rutschte Holgers Knoten von der Klampe, und der Wind ließ den Bug schnell abtreiben. Holger fischte die Leine schnell aus dem Wasser und versuchte, sie mir zu zuwerfen, aber sie war nicht sauber aufgeschossen, und er brauchte einen zweiten Versuch, bis ich die Leine zu fassen bekam. Ich belegte sie auf der Klampe, und Bernd und Holger zogen den Bug gemeinsam wieder zurück an den Steg.

Denkt einen Moment darüber nach. Klar. Holgers Knoten hat sich gelöst. Das ist aber nur die halbe Wahrheit. Bei einer ausführlichen Manöverkritik kommt mehr ans Tageslicht:

Z.B. war das Holgers erster Tag auf einem Segelboot, während Bernd schon seit Jahren segelt. Der Skipper hätte Holger für die Achterleine einteilen sollen, dann hätte Holger die hintere Klampe am Cockpit benutzen müssen, unter den Augen des Skippers. Außerdem ist bei Wind von vorne die Vorleine wichtiger als die Heckleine. Hätte sich die Heckleine gelöst, wäre das Boot nur an der Vorleine hängend am Steg liegen geblieben. Ein guter Grund, dem erfahreneren Bernd die Verantwortung für die Vorleine zu geben. (Skippers Entscheidung!)

Außerdem hatte der Skipper den Motor zu früh ausgestellt. Mit Fahrt voraus und Ruderlage zum Steg hin hätte er das Boot auch an der Achterleine hängend am Steg halten können.

Man sieht, bei einer sachlichen Betrachtung kommt mehr heraus, als dass Holger noch Knoten üben muss.

Ich glaube an den Wert von Manöverkritik so fest wie an die Schwerkraft.

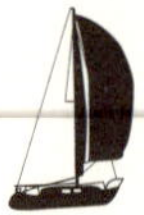

Weil jeder das schönste Schiff im Hafen sein Eigen nennt

Schon als Junge stromerte ich für mein Leben gern durch Häfen. Ich schlich über die Stege, bis ich das schönste Schiff im Hafen entdeckt hatte. Ich setzte mich auf den harten Steg davor und träumte davon, mit diesem wunderschönen Boot weite Reisen zu machen.

Auch heute, als erwachsener Mensch, zieht es mich in die Häfen. Selbst wenn Néfertiti Tausende Kilometer entfernt sein sollte. Ich setze mich nicht mehr auf den Steg. (Warum eigentlich nicht?)

Aber, wo das möglich ist, laufe ich über die Stege, um mir Boote anzugucken. Ich fühle mich in Häfen immer auf seltsame Art heimisch.

So schlendere ich den Pier entlang. Mein Blick fällt auf ein riesiges Segelschiff, die Rachel. 20 m lang und 5 m hoch. Ein Monstrum, das ich nicht einmal geschenkt haben wollte. Der Eigner klettert gerade die Leiter zur Pier herauf und bleibt oben angekommen stehen. Schaut beinahe verliebt zurück auf sein Schiff, verharrt in stiller Andacht, bis ich so nahe heran bin, dass ich die stumme Zwiesprache zwischen den beiden störe. Er reißt sich vom Anblick seines Schiffes los, grüßt und wendet sich ab Richtung Toilettenhäuschen.

Ich kenne diesen Blick. Der Eigner des klobigen Motorseglers hat ihn genauso wie der der Hightech-Regattayacht. Die Eignerin des gepflegten hölzernen Plattbodenschiffs genauso wie der Eigner des Daysailers mit dem ausgeblichenen Gelcoat. Der Skipper des GFK-Bootes von der Stange genauso wie der des eigenwilligen Selbstbaus aus Beton. Dieser Blick macht Neid unter Seglern selten und leistet allenfalls der einen oder anderen meist harmlosen Überheblichkeit Vorschub.

Denn jeder Skipper glaubt, das schönste Boot im Hafen sei sein eigenes. Natürlich irren sie sich alle. Denn das schönste Boot im Hafen ist natürlich Néfertiti!

98. GRUND

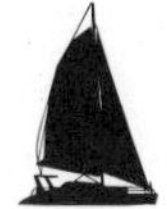

Weil es Optimisten gibt

Du weißt, dass du ein Segler bist, wenn du bei der Überschrift nicht an den gut gelaunten Menschen gedacht hast, der in allen Dingen das Gute sucht, für den das Glas immer halb voll ist.

Für Segler ist ein Optimist etwas ganz anderes. Nämlich eine kleine eckige Jolle, mit Sprietsegel, in die der Segler, wenn er erst einmal ein gewisses Alter erreicht hat, eigentlich nicht mehr hineinpasst. (Geht schon. Irgendwie. Ich hab's ausprobiert.)

Der Opti, wie er liebevoll genannt wird, ist Kult. Wer das Glück hatte, in seiner Kindheit oder Jugend mit dem Segeln anzufangen, kennt den Optimisten. Er ist eines der erfolgreichsten Boote überhaupt und wurde (wird) weltweit in riesigen Stückzahlen gebaut. Ein preisgünstiges Boot, wendig, leicht zu manövrieren. Der Opti reagiert auf jede Veränderung von Trimm, Wind, Segelstellung sehr direkt und ist trotz dieser Lebendigkeit im Handling nur schwer umzuwerfen: das ideale Schulungsboot für Kinder und Jugendliche. So gibt es kaum einen Segelverein, der nicht auch ein, zwei Optis für den Nachwuchs unterhält. Wenn du in einem Hafen ein Gestell siehst, in dem kleine eckige Bootsrümpfe über Kopf gelagert werden, kannst du sicher sein, dass es sich um die Optimisten des ortsansässigen Segelvereins handelt.

Viele Segler haben die ersten Schritte ihrer Segellaufbahn auf dem Opti gemacht. Das erste Mal allein mit einem Boot. Alleine in die hinterste Ecke des Hafens segeln, in die man unbedingt wollte, obwohl der Wind entgegen steht. Das erste eigenverantwortliche Anlegemanöver, das erste Mal kentern. Die erste Regatta. Kein Wunder, dass wir nostalgische Gefühle bekommen, wenn wir einen Optimisten zu Gesicht bekommen, mit einem kleinen Knirps an Bord, der uns so sehr an uns selbst erinnert.

99. GRUND

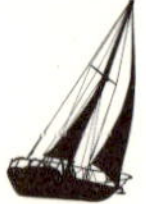

Weil Segler einer großen Familie angehören

Es gibt sie tatsächlich, die große Bruderschaft auf See. Man bewegt sich in dem gleichen potenziell lebensfeindlichen Gebiet. Man geht Risiken ein, und das verbindet.

Zwei Männer treffen sich morgens mit Handtuch und Kulturbeutel im Duschraum. Alle Duschen sind besetzt.

»Bist du noch vor der Schauerbö in den Hafen gekommen?«

»Nee, wir haben es nicht mehr geschafft. Und ihr?«

Sie kommen ins Gespräch. Der eine ist Manager eines Weltkonzerns und der andere Hilfsarbeiter. Die Liebe zum Segeln eint sie: Standesunterschiede des Landlebens werden kleiner und verschwinden.

Auf dem Steg nimmt der Skipper der 15-m-Yacht ohne großes Federlesen die Leinen des knapp halb so großen Folkebootes an. Danach stehen sie noch auf dem Steg und unterhalten sich, obwohl es wieder anfängt, leicht zu nieseln.

Segler helfen einander. Nicht nur auf See. Ich schreibe den Segelblog »Fahrtenseglers-Glück.de«. Wildfremde Segler haben mir ihre Hilfe angeboten. Ich erhielt Mails wie die von Hans: *Ich musste mein Boot aufgeben, aber habe noch viele Seekarten von der Ostsee. Möchtest du sie geschenkt haben?*

Oder von Kerstin und Helmut: *Wir haben dir einen AIS-Empfänger geschickt. Wir brauchen ihn nicht mehr. Wenn du ihn nicht gebrauchen kannst, kannst du ihn auch gerne verkaufen.*

Oder Lucky: *Ich habe ein ungenutztes GPS-Gerät auf dem Boot liegen. Würde ich dir gerne schenken.*

Oder David: *Ich kann schweißen. Wenn du etwas auf deinem Stahlschiff zu schweißen hast, mache ich das gerne für dich.*

Oder Jitteke: *Ich bin Anwältin. Ich helfe dir gerne kostenlos bei der Auseinandersetzung mit der zahlungsunwilligen Versicherung.*

Die Liste ist noch viel, viel, viel länger. Wenn du eines Tages dein eigenes Boot besitzen solltest, wirst du feststellen, wie hilfsbereit die meisten Menschen sind!

Nach dem Seerecht ist übrigens jeder Kapitän verpflichtet, Menschen in Lebensgefahr beizustehen, falls das mit der Sicherheit des eigenen Schiffs und der eigenen Mannschaft vereinbar ist. Nur bei Kriegsschiffen kommt diese Regel nicht zur Anwendung, denn Kriegsschiffe unterliegen der Staatenimmunität. (Ich erinnere mich, als sich am 12. August 2000 an Bord des russischen Atom-U-Bootes Kursk eine Explosion ereignete. Die russische Regierung untersagte tagelang internationale Hilfe. Als diese dann doch zugelassen wurde, konnte niemand mehr lebend gerettet werden. Dabei hatte ein Teil der Mannschaft die Explosion überlebt und sich in den Heckbereich des U-Bootes gerettet. Allerdings ist dem Abschiedsbrief eines Matrosen zu entnehmen gewesen, dass der Sauerstoffgehalt der Luft schnell sank, sodass man heute davon ausgeht, dass die Überlebenden nur wenige Stunden nach der Explosion erstickten. Man hätte sie wohl so oder so nicht retten können.)

100. GRUND

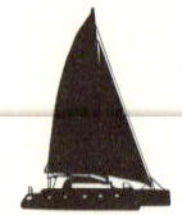

Weil man Bootsmessen fürchten kann, aber nicht muss

Bootsmessen sind gefährlich. Wirklich gefährlich. Ich mache seit Jahren einen großen Bogen um Bootsausstellungen.

Letzten Winter wurde ich allerdings von einer der größten Wassersportausstellungen, der boot Düsseldorf, mit fünf anderen Bloggern eingeladen. Sie versprachen sich davon Manöverkritik und wollten Feedback zum Ausstellungskonzept. Ulkigerweise hatte mich vorher ein Freund auf die Hanseboot eingeladen und ein paar Tage später noch einmal eine Freundin, die unbedingt mit mir auch über die Hamburger Bootsmesse schlendern wollte. Habe also dieses Jahr kräftig Messeerfahrungen gesammelt.

Bootsausstellungen sind nämlich auch toll. Man kommt auf Boote, die man sonst kaum einmal von innen sehen würde. Luxusyachten, von denen die kleine holländische Werft nur drei im Jahr baut. Kleine Designerstücke aus Holz, wunderschön anzusehen, aber ohne die Möglichkeit, einen Anker zu fahren. Immerhin könnte man Klampen nachrüsten, um das Boot im Hafen festzumachen. Die Klampen würden versenkbar ausgeführt werden, damit sie die Optik nicht stören. So bin ich von einem Boot zum anderen gestiefelt. Selbst Boote, die etwa Néfertitis Abmessungen hatten, kosteten das Zehn- bis Dreißigfache. Aber das Schönste war, dass ich, wie teuer die Boote auch waren, keines fand, das ich gegen Néfertiti eingetauscht hätte … Ich bin sicher, dass alle Boote schneller sind als meine alte Lady, aber keines komfortabler. Und keines sicherer.

Aber Bootsaustellungen haben mehr zu bieten. Vorträge zu allen denk- und undenkbaren Themen rund um den Wassersport. An einem von zwei Tagen auf der boot Düsseldorf bin ich nur von einem

Vortrag zum anderen gehetzt. Die ganzen Helden der aktuellen Segelliteratur kann man dort treffen. Und weil Segler eher offen sind, gab es keinen, der sich nicht hinterher noch auf einen kleinen Plausch unter Seglern eingelassen hätte.

Auf Bootsmessen kann man den nächsten Charterurlaub buchen. Segelmacher zeigen ihre Tuche. Man kann maritime Gemälde kaufen, und selbst der ein oder andere Yachthafen ist hier auf Kundenfang. Man kann Versicherungen abschließen oder Topflappenhalter in Form von Smileys erstehen. Manche Segelvereine haben ihren Stand hier und humanitäre Initiativen ebenso.

Bootsmessen machen Spaß. Im Tauchturm kann man Gerätetauchen ausprobieren. In einem der Wasserbecken die kippligen Kajaks testen. Irgendwo gibt es auch bestimmt ein Becken mit Windmaschine, in dem man sich mal wieder in einen Opti quetschen kann.

»Wie alt sind Sie denn?«

»15. Ganz, ganz, bestimmt.« Manche Aussteller haben genug Humor …

Interessant ist auch die Meri Crash, die ich leider erst entdeckte, als die Vorführung schon zu Ende war. Man kann an Bord der Meri Crash das ausprobieren, was man eigentlich nie erleben will: Wassereinbruch im Schiff. Ob man das Leck gedichtet kriegt?

Das alles macht Bootsmessen nicht gefährlich. Es sind eher die Ausrüstungsgegenstände, mit denen man schon immer geliebäugelt hat. Ganze Hallen voller Dinge, die so wahnsinnig praktisch für das Boot wären. Schließlich möchte man ja auch nicht mit leeren Händen von einer Bootsaustellung nach Hause fahren.

101. GRUND

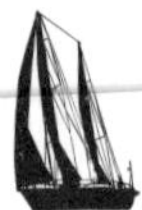

Weil Sturm besser klingt als Starkwind

Néfertiti ist gerade fest. Wir stehen noch im Ölzeug auf dem Steg. Mit uns der Mann, der so freundlich war, unsere Leinen anzunehmen. Jeden Moment wird es wieder anfangen zu regnen.

»Wo kommt ihr denn her?«, fragt er.

»Von Cuxhaven rüber.«

»Habt ihr gestern das Gewitter erlebt?« Stimmt. Gestern hatte es ein Gewitter gegeben. Aber wir lagen glücklicherweise schon im Hafen, als der Wolkenbruch über uns niederging.

»Nein.«

Er spricht langsam und gemessen: »Uns hat es voll erwischt. War kein Spaß …« Er macht eine Kunstpause. Nur um zu sehen, ob er uns schon am Haken hat. Er hat: »Und? Was ist passiert?«

Die meisten Segler haben Spaß am Fabulieren, und sie finden auf jedem Steg ihr dankbares Publikum. Wer Segler kennt, weiß, dass bei jedem Neuerzählen die Wolken etwas dunkler werden und die Windstärke zunimmt. Das sollte man nicht als Lügen betrachten. Es ist eher der dichterischen Freiheit geschuldet, denn »Sturm« klingt einfach besser als »Starkwind«. Es geht weniger um die nackten Tatsachen als um die beste Geschichte. Auch wenn der Skipper (die Skipperin) genau das später ihrem wartenden Bootsvolk verklickern wird: »Aus den Erfahrungen anderer lernen. Das ist wichtig für die Schiffssicherheit!« Für Neulinge hat das oft etwas Einschüchterndes. Denn kaum sind die alten Segler zusammen, packt jeder seine Sturmgeschichte aus. Und jeder versucht, den anderen zu übertreffen. Lasst euch nicht ins Bockshorn jagen! Die mit Abstand meisten Fahrten, die (nicht nur) in meinem Logbuch stehen, haben bei leichten Winden stattgefunden. Aber Stürme erzählen sich halt dramatischer!

Auf See guckt keiner zu. Das weiß der erfahrene Garnspinner. Am Steg werden die Legenden geboren! In Seedorf hörte ich den Bericht eines Seglers an, der ausgelaufen, aber eine halbe Stunde später in den Hafen zurückgekehrt war. Wir spielten nämlich auch mit dem Gedanken auszulaufen, obwohl der Wind mit geschätzten 6 Windstärken im Rigg heulte. Der revieransässige Segler sprach vom wildesten Seegang, den er hier je erlebt hatte.

»Der ganze Bodden ist weiß! Klar hätten wir weiterfahren können ... Aber dann wäre ich heute Abend von meiner Frau geschieden gewesen!« Ein Meister seines Fachs.

Ich bereinigte den Bericht um das gesponnene Seemannsgarn, und wir beschlossen auszulaufen. 6 Windstärken herrschten auch, als wir vor ein paar Tagen hier angekommen waren. Das war problemlos und durchaus handig gewesen. Und von »alles weiß« konnte da auch nicht die Rede sein. Als wir an die Stelle kamen, wo der Segler umgedreht war, war mein Erstaunen groß: Der Seegang gebärdete sich genauso heftig, wie der Mann erzählt hatte, und der ganze Bodden war tatsächlich weiß von Schaumköpfen ...

102. GRUND

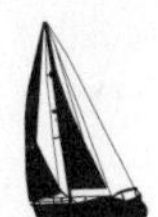

Weil dir Seebeine wachsen werden

»Der Sturm heulte mit Windstärke 10 ...« Wir sitzen in der Kajüte Néfertitis, und mein Gegenüber zieht vom Leder. Ich habe für uns einen Tee aufgegossen. Er hat eine spannende Art zu erzählen, und ich höre ihm gerne zu. Trotz seiner blumigen Sprache glaube ich von dem, was er da so erzählt, nicht einmal die Hälfte. Das hat weniger mit Seglers allgemeinem Hang zu Seemannsgarn zu tun als vielmehr mit der Art meines Gegenübers, sich an Bord zu bewegen.

Gute Felskletterer tanzen am Fels. Auch in den schwierigsten Passagen hat ihr Klettern etwas Leichtes. Etwas Spielerisches. Das ist auf einem Boot nicht anders. Schon die Art, wie jemand über die Seereling steigt, um an Bord zu kommen, gibt deutliche Hinweise. Die Bewegungen des Erfahrenen sind leicht und fließend. Als mein Gast an Bord kam, wirkten seine Bewegungen umständlich und zögerlich … Auch als er den Niedergang herabstieg. Wenn dir Seebeine gewachsen sind, bewegst du dich mit einer natürlichen Sicherheit an Bord.

Der Tee ist fertig gezogen.

»Honig?« Mein Gegenüber nickt.

»Dazu muss ich mal an das Schränkchen hinter dir.« Er rutscht etwas zur Seite und stößt sich an der Maststütze.

In der engen Kajüte eines kleinen Bootes bewegt sich der Erfahrene mit präzisen, abgezirkelten Bewegungen. Er wird sich trotz der beengten Raumverhältnisse selten stoßen. Scheinbar nimmt der Erfahrene weniger Platz ein, als man von seiner Statur her erwarten würde. Das hängt damit zusammen, dass er die Bewegungen der anderen antizipiert. Dass er z.B. seine Beine zur Seite nimmt, wenn jemand Anstalten trifft, an ihm vorbei ins Vorschiff zu gehen. Den Unerfahrenen muss man jedes Mal bitten. Ich muss gerade nicht ins Vorschiff, aber mein Gegenüber wirkt trotz seiner schmächtigen Gestalt riesig.

Wir fahren heute nicht hinaus. Aber spätestens auf See scheidet sich die Spreu vom Weizen. Das Boot bewegt sich, rollt und stampft. Wenn man sich jetzt auf dem Boot bewegt, kann man sich nie des Grundes unter dem Fuß sicher sein. Plötzlich kippt das Boot weg, und der Tritt (um in der Kletteranalogie zu bleiben) findet sich 20 cm tiefer. Bei jedem Schritt, den du jetzt an Bord machst, können sich die Verhältnisse ändern. Ein erfahrener Segler bewegt sich trotzdem mit einer Sicherheit an Deck, die dem Anfänger wie Zauberei vorkommen mag. Zum einen antizipiert er ein Stück weit die Bewegungen des Bootes, zum anderen benutzt er einen einfachen Trick, der es ihm erlaubt, auch unerwartete Bootsbewegungen auszugleichen:

Niemals die Knie durchdrücken! Wie ein Kampfsportler bewegt er sich mit leicht gebeugten Knien über das Boot. Die meisten von uns machen das irgendwann intuitiv. Wenn du aber von Anfang an darauf achtest, werden dir deine Seebeine viel schneller wachsen! Trotzdem bleibt noch ein Schritt zur Meisterschaft: Der Meister ist jede Sekunde bereit, sich festzuhalten. Egal wie ruhig die See gerade wirkt! Egal wie gut er die Bootsbewegungen voraussehen kann. Denn irgendwann kommt eine Welle, die er nicht gesehen hat.

Gewachsene Seebeine haben übrigens auch einen Nachteil:

Wenn man nach langer Überfahrt wieder festen Boden betritt, hört das Schaukeln meist nicht auf. Der Geist hat sich so auf das unbewusste Antizipieren der Bootsbewegungen eingestellt, dass er eine Weile braucht, um sich darauf einzustellen, dass da keine Bewegungen mehr kommen: Du stehst auf festem Boden, aber die Erde scheint unter deinen Füßen zu schwanken. Manchmal ist das Gefühl so stark, dass man sich besser erst einmal hinsetzt und wartet, bis das vermeintliche Schwanken abgeklungen ist. Nach der Sturmfahrt (Grund 83) hat das trotz Schlafs einen halben Tag gedauert, aber normalerweise hat man das nach zehn, 20 Minuten überwunden.

103. GRUND

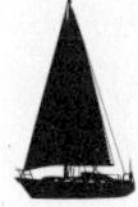

Weil man auf dem Boot auch wohnen kann

Schon klar. Alle Fahrtensegler wohnen auf ihrem Boot, wenn sie unterwegs sind. Aber das meine ich hier nicht. Ich spreche von Menschen, die ihr Boot als Wohnung benutzen. Die morgens zur Arbeit gehen und abends zurückkehren. Jahrein, jahraus. Ich kenne in meinem Freundeskreis gleich drei, die die vier Wände der Wohnung gegen die drei Wände eines Bootes getauscht haben. Einer davon lebt seit Jahrzehnten an Bord. Der Moderator sagt: »Ich brauche das einfach. Wenn ich aufwache, schiebe ich das Luk auf und bin draußen.«

Er guckt hoch zum Himmel, wo gerade die Sonne wieder hinter einer Wolke hervorkommt.

»Diese Sonne! Ich liebe das. Eingesperrt in eine Wohnung könnte ich nicht mehr leben.« Ich kann ihm das nachfühlen. Ich war mehrmals für ein halbes Jahr unterwegs. Lebte mal im Auto, mal aus dem Rucksack. Jedes Mal, wenn ich im Herbst zurückkehrte, kam mir meine Wohnung winzig vor.

Friedemann lebt ebenfalls auf seinem Boot. Ich kenne niemanden, der so viel Vitalität versprüht wie er. Er leitet einen mittelständischen Betrieb und fährt jeden Morgen vom Hafen zur Arbeit.

»Mich hat Wasser schon immer fasziniert. Von frühster Jugend an. Und schau mich an: Jetzt lebe ich zwar nicht im, aber doch immerhin auf dem Wasser.«

Früher lebte er nur im Sommer an Bord, aber seit er vor vielen Jahren seine kleine Motoryacht erstand, auch im Winter.

»Das war ein Behördenboot. Da ist eine Dieselheizung drinnen. Die macht es bullig warm. Nur das Schwitzwasser läuft an den Wänden herunter in die Bilge.« Auch des Moderators Boot scheint in der Kajüte um den mächtigen Ofen herum gebaut zu sein, in dem hauptsächlich Holz verfeuert wird. Außerdem sind alle Wände an Bord seiner Bootes gut fünf Zentimeter dick isoliert.

Wohnen an Bord wird behördlicherseits nicht gerne gesehen, aber zumeist geduldet. Wer nicht auf großer Fahrt ist, aber an Bord lebt, hat meist irgendwo an Land eine Meldeadresse. »Wichtig für die Frage, ob du geduldet wirst oder nicht, ist die Entsorgung der Fäkalien. Wer in einem Hafen liegt, hat damit keine Probleme.« Sebastian ist seit Erscheinen der Erstauflage an Bord seines kleinen Segelbootes gezogen. Ihm ist es sogar gelungen, seinen festen Wohnsitz im Heimathafen anzumelden.

Ob es günstiger ist, an Bord zu leben als an Land? Das hängt stark von den Liegeplatzgebühren ab und von der Höhe der Miete, aber keiner der drei lebt aus finanziellen Gründen an Bord.

104. GRUND

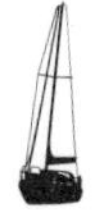

Weil sie vielleicht nicht das Salz in der Suppe sind, aber bestimmt der Pfeffer: Landgänge

So mancher segelt um des Segelns willen. Viele Jollensegler. Viele Regattasegler. Sie beherrschen alle Feinheiten. Die Segelstellung ist immer perfekt und auch der Bootstrimm. Wenn du gegen sie segelst, hast du keine Chance: Bei einer Juxregatta der Erwachsenen im Optimisten (eigentlich eine Jolle für Kinder und Jugendliche) hatten wir dem inzwischen in die Jahre gekommenen Meister in der Moth-Klasse einen Eimer unter seinen Opti gebunden. Am Ende hatte er alle Lacher auf seiner Seite: Denn er hatte trotzdem gewonnen!

Auch ich liebe das Spiel mit Pinne und Segel, aber vor allem ist für mich das Segeln die schönste Art zu reisen. Ich liebe das Ankommen. Das Entdecken fremder Orte und das Kennenlernen fremder Menschen.

Ob wir mit dem Beiboot zur Sandbank rudern und eine kilometerlange Wanderung durch das Watt unternehmen, oder unsere Wanderschuhe anziehen und durch grüne Wälder zur Spitze der Insel wandern. Oder ob wir uns landfein machen und die Sehenswürdigkeiten der Gegend besuchen, immer ist Néfertiti ein tolles Basislager. Und der Landgang ein Höhepunkt des Tages.

Nach dem Anlegen spazieren Ima und ich in das nahe gelegene Städtchen. Wir mischen uns unter die Touristen. Genießen ein Eis. Natürlich sind wir auch Touristen, aber es fühlt sich anders an. Wir schlendern durch die malerischen Sträßchen, und die See ist immer noch bei uns. Alles fühlt sich intensiver an. Sogar das Eislecken wird veredelt durch die Art, wie wir hierhergekommen sind. Ich glaube, es sind die Erlebnisse auf See, die noch immer in uns nachschwingen und dem Erleben an Land einen besonderen Ton geben. Der Kontrast schenkt uns eine besondere Schärfe des Wahrnehmens. Wenn das kein Grund ist, das Segeln zu lieben …

105. GRUND

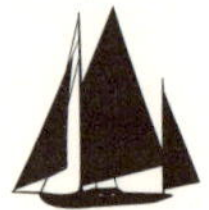

Weil man in Segelblogs so schön schmökern kann

Ich habe es schon andernorts erwähnt: Segler sind Träumer, immer auf der Suche nach Stoff, um ihre Träume zu nähren. Blogs sind dazu ein wundervolles Mittel. Auch wenn es viel Spreu und wenig Weizen gibt. Im Folgenden möchte ich euch einige meiner liebsten Blogs vorstellen, von denen ich erwarte, dass sie auch in den nächsten Jahren noch weiter geschrieben werden. (Stand 2016)

- **S.V. Lop To (sailblogs.com/member/lopto):** Mein absoluter Lieblingsblog. Kerstin und Helmut, die beiden sonnenverwöhnten Weltumsegler, segeln schon seit Jahren zu den schönsten Orten dieser Welt. Schön geschrieben, lebendig, mit wachem Blick beobachtet, manchmal tiefgründig, nie oberflächlich und immer gewürzt mit einer Prise Humor. Unbedingt lesenswert! Inzwischen sind die beiden etwas tropenmüde und wollen Richtung Patagonien!
- **fortgeblasen.at:** Claudia und Jürgen Kirchberger wollten anders leben und ihren ureigenen Weg gehen. Das tun sie auch. Sie segeln da, wo sich sonst niemand hintraut. Erst zum Nordkap, um da zu überwintern, dann nach Grönland zum Überwintern und schließlich haben sie die Nord-West-Passage bewältigt. Mein tiefer Respekt und allerbesten Wünsche für die beiden sympathischen Österreicher, die, nebenbei bemerkt, auch eine Reihe schöner Videos gemacht haben und mehrere Bücher im Selbstverlag herausgebracht. Inzwischen haben sie wärmere Gefilde erreicht.

- **Mare Più (marepiu.blogspot.de):** Ich habe Thomas Käsbohrer auf der boot Düsseldorf getroffen. Er hat sich eine Auszeit aus dem Berufsleben gegönnt, um ein halbes Jahr im Mittelmeer segeln zu gehen. Der Genießer erzählt auf unnachahmliche, literarische Art nicht nur von seiner Reise, sondern auch von Land und Leuten.
- **Segeln-Forum.de:** Lebendiges Forum. Aktive, hilfsbereite Community. Wenn du irgendeine Frage hast: Hier wartet geballtes Segler-Know-how darauf, dir zu helfen!

Der Vollständigkeit halber führe ich hier auch die anderen Webseiten auf, die ich in diesem Buch an anderer Stelle gewürdigt habe.

- **segeln-ist-leben.de:** Wenn einen der Segelvirus erwischt: Sebastian segelte mit seinem Schlauchboot auch im Winter! Jetzt lebt er an Bord seines Segelbootes.
- **Whitespotpirates.com:** Nike Steiger steht hinter dem youtube-channel von White Spot Pirates. Ein schöner Videoblog. Allerdings bedient sich die Hamburgerin der englischen Sprache.
- **Luvgier.de:** Der Blog von Claus Aktoprak. Der sympathische »Sailing Bassman« ist rund um die Ostsee gesegelt. Er hat auch einige schöne Videos über das Schärensegeln gedreht und auch ein gleichnamiges Buch veröffentlicht.
- **Bruderleichtfuss.com:** Ein Reiseblog. Timo Peters ist per Anhalter über den Atlantik gesegelt.
- **Fahrtenseglers-Glück.de:** Mein eigener Blog.

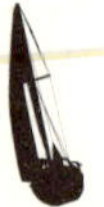

Weil es den schönsten Segelroman schon gibt

Das Rätsel der Sandbank (In der letzten deutschen Auflage: *Das Rätsel* von Memmert Sand) ist der schönste Roman über das Segeln in kleinen Booten, den ich kenne. Er erschien 1903 und liest sich heute noch genauso frisch wie damals. Dieser Roman gilt als Begründer eines ganzen Genres: des Spionageromans. Natürlich gibt es auch eine Liebesgeschichte und ganz viel Segeln.

Laut Winston Churchill war die Botschaft des Romans (Childers prophezeite einen Krieg mit dem Deutschen Reich und eine Anlandung deutscher Truppen an englischen Küsten) so eindrücklich, dass die britische Admiralität Flottenstützpunkte in Invergordon, Firth of Forth und Scapa Flow einrichten ließ.

Zum Inhalt:

Der Engländer Carruthers, ein kleiner Angestellter im Auswärtigen Amt, wird im Spätsommer von einem ehemaligen Studienkollegen Davies' zu einem Segeltörn und Entenjagd in der Ostsee eingeladen. Mangels anderer gesellschaftlich angemessener Einladungen lässt er sich darauf ein. Statt auf einer mondänen Yacht mit Mannschaft findet er sich auf einem winzigen Segelboot wieder, das von Davies bislang einhand gesegelt wurde. Im Laufe der Geschichte legt der Snob Dünkel und Allüren ab und entwickelt sich zum echten Segler. Aus der Bekanntschaft der beiden ungleichen Männer wird Freundschaft. Und natürlich will Davies gar nicht Enten jagen, sondern in Eigenregie das Watt der ostfriesischen Inseln für die britische Admiralität kartografieren …

Das Leben des Autors Robert Erskine Childers (25.Juni 1870 bis 24. November 1922) ist nicht weniger interessant als sein Buch. Der begeisterte Hochseesegler stammt aus einer protestantischen britisch-irischen Familie. Früh verwaist, wuchs er bei seinem Onkel auf, studierte in Cambridge und arbeitete seit 1895 als Angestellter im Britischen Unterhaus. 1899 (damals noch pro-britisch eingestellt) meldete er sich als Freiwilliger zum Burenkrieg und kehrte schwer verletzt zurück. In der Folgezeit schrieb er neben dem Roman mehrere militärische Bücher, die sich kritisch mit Strategien und Taktiken des Britischen Empires auseinandersetzten. In der Zeit löste er sich aus seiner britischen Gefolgschaft und schloss sich der irischen Unabhängigkeitsbewegung an. Kurz vor Ausbruch des im Roman prophezeiten 1. Weltkrieges schmuggelte er mit seiner Frau deutsche Waffen nach Irland, die 1916 im Osteraufstand eingesetzt wurden. Der Aufstand, an dem relativ wenige Iren beteiligt waren, wurde zwar blutig niedergeschlagen, aber nahm die bis dahin indifferente irische Bevölkerung gegen die Briten ein. Deshalb gilt der Aufstand heute als erster Schritt zur irischen Unabhängigkeit.

Die blutige Niederschlagung radikalisierte auch Childers, der sich der Sinn Féin anschloss. Nach Ende des 1. Weltkrieges vertrat er die irischen Nationalisten bei Ausarbeitung der Versailler Verträge. Danach arbeitete er als Pressesprecher des irischen Parlamentes. 1921 wurde er Abgeordneter des irischen Unterhauses.

Obwohl er anfangs sogar irischer Delegationsleiter war, lehnte er das anglo-irische Abkommen vom 6. Dezember 1921 strikt ab, das zur Gründung des irischen Freistaates führte. Er lehnte die konstitutionelle Bindung ans Königreich, die Einschränkung der Machtbefugnisse und Hoheitsrechte vehement ab. Das Abkommen führte zur Spaltung der Sinn Féin, und es kam zum Bürgerkrieg. Childers wurde von Soldaten des Irischen Freistaates als Drahtzieher gegnerischer Propaganda gejagt und schließlich in seinem Geburtsort Glendalough festgenommen. Am 24. November 1922 wurde er in Dublin exekutiert. Seine letzten Worte waren: »Take a step forward, lads. It will be easier that way.« (Macht einen Schritt vorwärts, Jungs. So wird es einfacher.)

107. GRUND

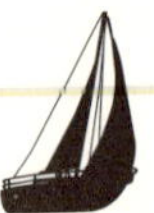

Weil das mit dem Müll so eine Sache ist

Manche Segler haben dem Müll den Kampf angesagt. Auf mehrtägigen Törns sammelt sich jede Menge Müll an. Auf hoher See lässt der sich nicht entsorgen und muss gesammelt werden. Irgendwann fängt er an zu stinken, besonders, wenn es heiß ist. Man muss ihn lagern. Es ist gar nicht so einfach, für die vollen Mülltüten auf einem kleinen Boot einen geeigneten Platz zu finden. Glücklich, wer draußen die Backskisten nicht mit Ausrüstung vollgestopft hat. Es soll tatsächlich Leute geben, die jetzt anfangen, den Müll über Bord zu werfen. Ich hoffe, du gehörst nicht dazu, aber davon will ich hier eigentlich nicht sprechen.

Ich meine die Segler (und Nicht-Segler), die eine Plastiktüte mitnehmen, wenn sie zu einer Wattwanderung auf der Sandbank aufbrechen. Klar. Auch für den eigenen Müll, aber eben auch für den fremden.

Wenn ich hier schon die Möglichkeit habe, ein Buch zu veröffentlichen, meine Gedanken mit euch zu teilen, dann möchte ich das nutzen, um euch aufzufordern, das gelegentlich auch zu machen. Nicht jedes Mal, nicht jeden Tag, aber immer mal wieder.

Sind wir Deutschen nicht die Saubermänner des Planeten? Trennen wir nicht schon längst unseren Müll? Sind wir nicht die erste Industrienation, die versucht, ohne neuen Atommüll zu produzieren, sprich ohne Atomkraftwerke unseren Energiebedarf zu decken?

Wenn ihr anfangt, unterwegs Müll aufzusammeln, werdet ihr erschüttert sein, wie viel Müll selbst in unseren Naturschutzgebieten herumliegt. Obwohl das Bewusstsein bei uns zugegebenermaßen relativ hoch ist.

Auf den Ozeanen gibt es kilometerlange Müllteppiche, wo sich die großen Meeresströmungen treffen. Nicht verrottender, schwimmender Plastikmüll. Es geht schon lange nicht mehr nur darum, keinen neuen hinzuzufügen. Wir müssen ihn auch wieder einsammeln. Kaum einer von uns wird dahin segeln, wo sich die Meeresströme treffen, aber wir können den Müll da wieder einsammeln, wo wir gerade sind.

108. GRUND

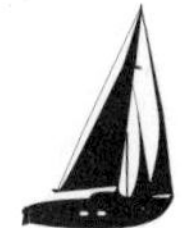

Weil Boote auch nur Menschen sind

Wir saßen gemütlich im Café. Mein Freund Ralf fragte mich, was ich noch vorhätte. Ich wollte zum Boot und antwortete: »Ich fahr zu Néfertiti. Mal nach dem Rechten sehen.« Er grinste mich verschmitzt an, wie er es immer macht, wenn er eine Idee hat und kurz davor steht, sie auszusprechen: »Klaus, du sagst nie: Ich fahre *zur Néfertiti*. Du sagst immer *zu Néfertiti*. Als würde es sich um einen Menschen handeln.« Ich musste einen Moment darüber nachdenken, aber er hatte Recht. Alles andere fühlte sich irgendwie nicht richtig an. *Zur Néfertiti*? In den folgenden Monaten versuchte ich das zu ändern. Schließlich bin ich Drehbuchautor, und der sollte sich schon grammatikalisch richtig ausdrücken können.

Viele Segler reden mit ihrem Boot, wenn es hart auf hart kommt. Manche haben sogar Kosenamen für ihr Boot: »Komm schon, altes Mädchen. Das stehst du durch!«

Vielleicht hängt es damit zusammen, dass man sich auf das Meer hinaustraut. Dass man sein Leben diesem Stück Bootsbaukunst anvertraut und weiß, dass man ohne dieses Stück Kunststoff oder Stahl oder Holz hier draußen nicht lange überleben würde. Aber vielleicht gibt es ja auch Leute, die mit ihren Autos sprechen.

Wenn Segler an ihr Boot denken, tun sie das mit Liebe. Dieses Wort ist nicht zu stark. Obwohl ich beim besten Willen keine Ahnung habe, warum man für ein Stückchen Stahl so ein starkes Gefühl entwickeln kann.

So. Genug für heute geschrieben. Ich habe mein heutiges Soll für dieses Buchmanuskript erfüllt und werde die Sonne nutzen, um noch einmal zu Néfertiti hinauszufahren, und wenn sich noch jemand außer Ralf über das »zu« wundert: Boote sind eben auch nur Menschen …

109. GRUND

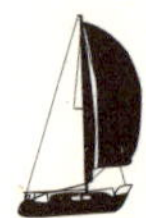

Weil man auch am Steg segeln kann

Stegsegler haben einen schlechten Ruf: Alte Herren mit den spannendsten Geschichten, die ihnen niemand glaubt, denn man sieht sie allenfalls bei bestem Wetter segeln. Stegsegler eben! Aber wie so oft, ich glaube, die Wahrheit ist doch etwas komplizierter …

Mit dem wiegenden Schritt des Seemanns schritt ich den Steg entlang. Es waren 5 Windstärken angesagt, und wir würden trotzdem auslaufen. Ich war jung und wollte Heldentaten vollbringen.

»Geht ihr raus?« Unser Stegnachbar war ein älterer Herr, der bei Kaffee und Zeitung im Cockpit seines Bootes saß.

»Klar!«

»Morgen soll es auf 3–4 Bft abflauen. Wartet doch einen Tag.« 3–4 Windstärken sind ideal zum Segeln, aber uns stand der Sinn nach Abenteuern. Der alte Herr zuckte mit den Schultern, und ich dachte mit jugendlicher Überheblichkeit:

Du alter Stegsegler, du!

Viele Jahre später fand ich mein Boot, Néfertiti. In der Verkaufsannonce stand: »Kein Boot für Marina-Camper!« Das gefiel mir. Kam es doch meinem Selbstbild vom kernigen Segler entgegen, der bei jedem Wind und Wetter draußen ist. Ein Stegsegler war ich bestimmt nicht.

Innerhalb einer Woche hatte mich Néfertiti bekehrt!

Ich hatte sie in Holland gekauft. In Strijensas, einem kleinen Hafen am Hollands Diep. Boote die dort aus dem Winterlager kamen, durften eine Woche frei liegen. Mit unserem begrenzten Budget nahmen wir das gerne in Anspruch. Wir nutzten die Zeit, um das Boot in aller Ruhe seeklar zu machen und um Ima einzugewöhnen, die noch nie vorher gesegelt war. Die genau genommen Angst vor der See hatte.

Ich erinnere mich noch genau an den Moment, als ich plötzlich gewahr wurde, dass wir nichts anderes taten, als zu Marina-campen. Klar machten wir letzte Arbeiten am Boot, aber die hätten wir auch an einem Tag erledigen können. Wir unternahmen Wanderungen und Fahrradtouren in die Umgebung, kochten lecker und genossen es einfach, auf dem Boot zu sein … Es waren glückliche Tage.

Ich glaube, das Herabblicken auf Stegsegler passiert vor allem Charterseglern und Mitseglern: Nicht weil sie chartern oder mitsegeln, sondern weil ihre Tage auf dem Boot gezählt sind. Und jeder einzelne will genutzt sein. Deshalb fährt man bei jedem Wetter hinaus. Auch wenn man sich die Seele aus dem Leib kotzt und man hundert Mal denkt: Wäre ich doch bloß im Hafen geblieben … Wenn man plötzlich ein eigenes Boot hat und theoretisch 365 Tage im Jahr auf dem Boot sein könnte, ändert sich das.

Als Néfertiti später in Hamburg war, gewann das Stegsegeln noch eine völlig neue Qualität. Dazu muss ich etwas weiter ausholen:

Ägypten. Der Arabische Frühling war gescheitert. Die alten Kräfte, das Militär, waren zurück an der Macht. Willkürlich wurden Menschen verhaftet, gefoltert und verschwanden. Schlimmer als zu Mubaraks Zeiten. In dieser Zeit waren Ima (sie ist Ägypterin) und meine Schwester Ute (ihres Zeichens Kamerafrau) in Kairo, um einen Film über die Spuren der ägyptischen Revolution zu drehen (Egyptian Jeanne d'Arc).

In Ägypten unterliegt Filmen der Zensur, und die beiden gingen ein enormes Risiko ein. Ich war in Hamburg und konnte nur hoffen. Die Sorgen um die beiden drückten mich nieder, als ich beschloss, zum Boot hinauszufahren. Nur um mal nach dem Rechten zu sehen.

Kaum hatte ich das Schott aufgeschlossen und war den Niedergang hinuntergestiegen in die kleine Welt Néfertitis, fielen diese Sorgen von mir ab. Sie machten einer heiteren Gelassenheit Platz. Da begriff ich, dass das Boot ein Ort der Zuflucht für mich ist. Was auch immer passiert, was auch immer mich niederdrückt: Kaum bin ich an Bord, wird es kleiner und kleiner und verschwindet. Es ist fast magisch. Néfertiti ist mein Ort der Kraft, und dazu muss ich nicht die Leinen lösen und lossegeln. Stegsegeln reicht vollkommen!

Heiligenhafen. Die Sonne scheint, aber der Wind heult in den Wanten. Es kachelt ordentlich. Ima und ich haben beschlossen, heute im Hafen zu bleiben. Ich sitze mit einem Buch im Cockpit und trinke Tee. Ein junger Mann bleibt am Steg stehen und betrachtet die schönen Linien Néfertitis. Wir kommen ins Gespräch.

»Ich warte nur noch auf die anderen, dann wollen wir raus!« Stolz schwingt mit in seiner Stimme. Er wird etwas wagen, um sich zu beweisen, und fühlt sich toll.

»Wo soll es denn hingehen?«

»Nach Laboe.«

»Da müsst ihr gegenan.«

»Klar!«

»Es weht ganz schön da draußen.«

»Aber WIR segeln …« Ich kann förmlich hören, wie er denkt … und ihr nicht, ihr Stegsegler! Ich muss innerlich schmunzeln und er fügt noch an: »Oh, da kommen meine Leute.« Ich denke mir: Du wirst auch noch ruhiger werden. Laut sage ich: »Na dann viel Spaß.« Kaum habe ich es ausgesprochen, erinnere ich mich plötzlich daran, dass das genau die Worte waren, mit denen mich damals der alte Herr auch verabschiedet hatte.

110. GRUND

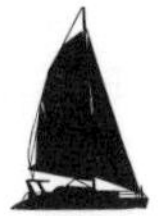

Weil sich Segler überall erkennen, auch in der Sauna

Busbahnhof Zürich. Der Bus rollt durch die Schranke auf das Gelände. Wir haben unseren Parkplatz noch nicht gefunden, da leuchtet mir schon Renés Elbsegler entgegen. Elbsegler und Prinz Heinrich Mützen sind die traditionellen Kopfbedeckungen der Segler.

Natürlich gibt sich nicht jeder Segler so leicht zu erkennen. Im voll besetzten Café braucht man allerdings nur das Wort »Segeln« fallen zu lassen, oder »Boot«, da werden Segler aufmerksam. Man muss nur so laut sprechen, dass es auch am Nachbartisch verstanden werden kann. Schon wendet sich der Herr am Nachbartisch herum: »Du segelst?« (Segler duzen sich!) Auf diese Weise habe ich mehr als nur einen lieben Segelfreund kennengelernt.

Man erkennt Segler (und Segler in spe) aber nicht nur an ihren Worten, sondern auch an ihrem Blick. Ein Spaziergang an einer Wasserfläche entlang, beispielsweise an der Elbe: Vor uns schlendert ein Pärchen. Während er von der Arbeit redet, geht ihr Blick immer wieder zum Wasser hin. Eine kleine Jolle kreuzt dort gegen den Wind. Quert das Fahrwasser und läuft auf unser Ufer zu. Kommt dicht ans Ufer heran, wird gleich sein Wendemanöver fahren. Die junge Frau bleibt stehen. Er ist noch ein paar Schritte weitergegangen und wendet sich jetzt ihr zu: »Kommst du?«

»Ja. Gleich.« Sie bleibt allerdings stehen, während er langsam weitergeht, und sieht zu, wie die Jolle in den Wind dreht und die Segel auf die andere Seite nimmt. Ein gelungenes Manöver. Die beiden an Bord verstehen ihr Handwerk. Er dreht sich zu ihr um und verdreht die Augen gen Himmel. Sie ruft: »Bin schon da!« Reißt sich von dem Anblick los und eilt dem jungen Mann nach. Greift nach seiner Hand, als sie ihn eingeholt hat. Eine Seglerin und ein Nicht-Segler.

Selbst in der Sauna kann man einen Segler erkennen. Die Bräune erstreckt sich nur über Kopf, Hals und Arme.

»Seglerbräune?« Mein Gegenüber lacht.

»Nee. Wandererbräune.« Na ja. Fast.

111. GRUND: EPILOG

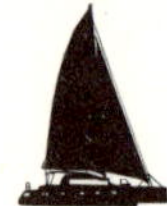

Weil man nur einmal lebt

Warum hast du dir dieses Buch gekauft? Spürst du die Sehnsucht nach dem Meer? Träumst du von der grenzenlosen Freiheit? Vom Einssein mit der Natur? Oder hungerst du »nur« nach etwas Spaß auf dem Wasser?

Ich glaube, dass Sehnsüchte und Gefühle Wegweiser unseres Lebens sind. Man fühlt sich nicht grundlos zu etwas hingezogen. Aber die Motive von uns Menschen sind so unterschiedlich. Für viele ist Segeln ein Synonym für Befreiung. Alles hinter sich lassen, auf dem Boot leben. Frei und unbestimmt. Wenn du mehr suchst als Spaß auf dem Wasser, solltest du alle deine Bequemlichkeiten und Ängste anschauen und als solche erkennen:

Nicht die Angst vor dem Sturm oder der Familienalltag, die dich an Land festhalten. Diese Dinge wirst du in den Griff kriegen, sobald du eine Entscheidung getroffen hast. Ich meine die, die dich deinen Traum träumen lassen.

Manches ändert sich, wenn man an Bord kommt, aber man wird kein völlig neuer Mensch. Wenn deine Wohnung ein Chaos ist, wird dein Boot es wahrscheinlich auch sein. Wenn du im Landleben Schwierigkeiten hast, Realitäten anzuerkennen, wird das an Bord auch so sein.

Natürlich kann man sich ändern, aber nur durch innere Arbeit. Segeln kann dir dabei helfen, aber durch den Kauf eines Segelbootes alleine, wirst du kein anderer Mensch.

Deshalb schau genau hin, ob dein Traum eine Flucht ist. Dir selbst wirst du nicht entfliehen können. Das ist die einzige Warnung, die ich geben möchte. Aber willst du die Welt sehen? In der Natur leben? Andere Menschen kennenlernen? Dich selbst kennenlernen? …

Worauf wartest du noch? Du hast dieses Buch gekauft. Dafür gibt es einen Grund. Das Leben ist kurz, und du lebst nur einmal. Am Ende deines Lebens wirst du feststellen, dass es immer nur eine Währung gegeben hat: Zeit. Nutze die, die dir verbleibt. Lebe deinen Traum!

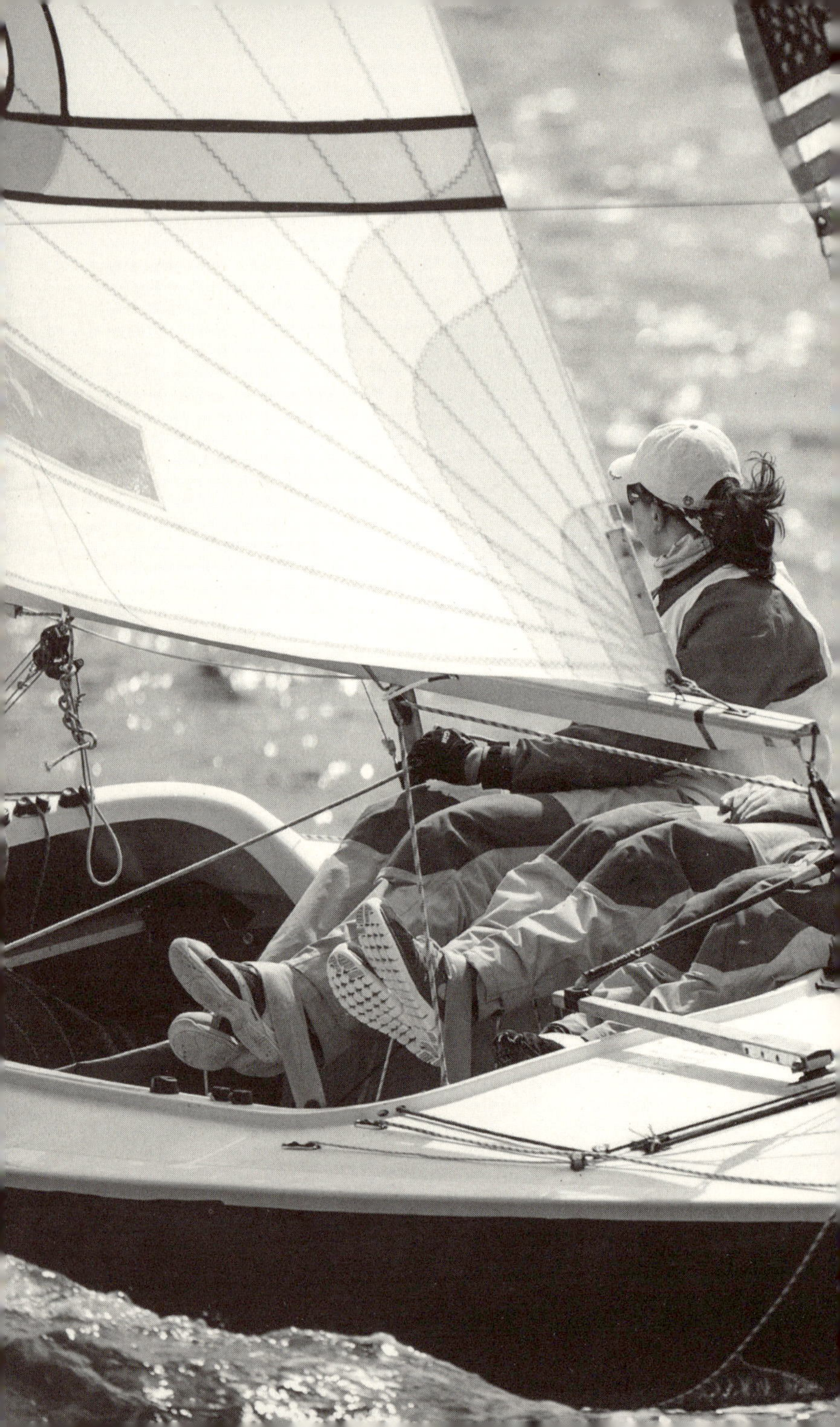

BONUSKAPITEL

DAS MEER UND DIE FRAUEN

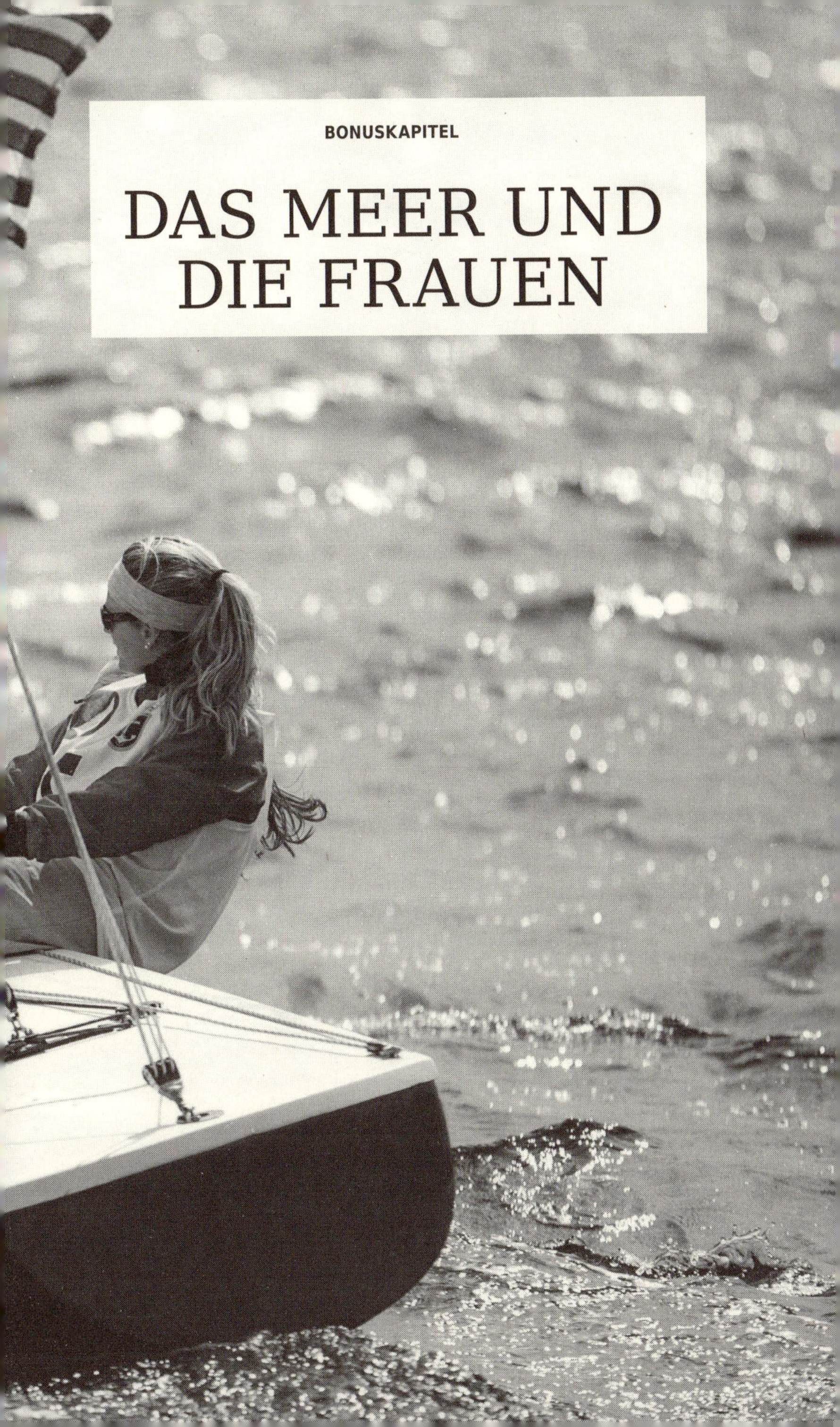

BONUSGRUND 1

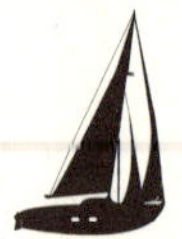

Weil man nie zu alt ist, seinen Traum zu verwirklichen

»I wanted to do it, I always wanted to do it, so I decided to do it.«

Mary Harper hat unzählige Segler inspiriert. Mich auch. 1993 setzte sie in St. Johns die Segel, um den Atlantik zu überqueren. Nicht auf der Barfußroute, sondern von West nach Ost, durch die Seegebiete, wo die Tiefdruckgebiete entstehen, die über Nordeuropa hinwegziehen. Damals war sie 78 Jahre alt und ihre Yacht Kuan Yin II maß gerade mal 30 Fuß. Das war kein leichtsinniges Unterfangen. Sie war topfit und bestens vorbereitet.

Mary Harper stand ihr Leben lang auf eigenen Füßen. Verheiratet mit Harry Harper, dem Vice President von Reader's Digest, führte sie einen Sportladen für Frauen. Obwohl sie als Kind gesegelt hatte, wendete sie sich dem Einhandsegeln erst nach dem Tod ihres Mannes zu. Es war ihre Art, seinen Tod zu verarbeiten und sich einen neuen Lebensinhalt zu geben.

Sie absolvierte Kurse für Navigation und Hochseesegeln und übte Segeln auf den Bras d'Or Lakes in Nova Scotia, wo sie ein Sommerhaus besaß. Das Grundstück schenkte sie später einer Stiftung, mit der Auflage, dass dort ein Naturschutzgebiet entstehen sollte. So geschah es und heute trägt das Naturschutzgebiet ihren Namen.

Christer Arakangas lief gleichzeitig mit der mutigen alten Dame aus. Er hatte sich gemeinsam mit Mary Harper in St. Johns auf die Atlantiküberquerung vorbereitet und hielt Funkkontakt, solange sie in UKW-Reichweite segelten. Schon am ersten Tag nahm der Wind auf Sturmstärke zu. Die Wellen erreichten Höhen von 3 bis 5 Metern. Eine besonders hohe Welle erfasste die Kuan Yin II. Mary Harper verlor das Gleichgewicht und fiel so unglücklich, dass sie sich eine Rippe brach. Angeschlagen, aber nicht entmutigt brach sie die Atlantiküberquerung ab.

Gegen den Widerstand ihrer besorgten Kinder unternahm die entschiedene alte Dame im folgenden Jahr einen zweiten Versuch. Wie erwartet kam sie wieder in schweres Wetter. Eine Sturmnacht war schlimmer als alle anderen. Sie wusste nicht, ob sie die Nacht überleben würde. So sagte sie zu einem Reporter, als sie nach 25 Tagen Crookhaven in Irland erreichte: »One storm was pretty scary, and the boat shook all over. But I survived the night … There is no point in worrying when you're this old.«

Die Fahrt machte Mary Harper nicht nur in Seglerkreisen bekannt. Sie war damals der älteste Mensch, der den Atlantik überquert hatte. Aber einen Rekord hatte sie nicht im Sinn, als sie aufbrach: »I did it, because I wanted to.« Nach der Atlantiküberquerung setzte Mary Harper ihre Einhandtörns fort, bis weit über 80. Sie sagte einmal, sobald sie Segel setze, habe sie das Gefühl, die ganze Welt gehöre ihr, um damit zu spielen. Sie fühle sich dann wie ein freier Geist. »Like a free spirit.«

BONUSGRUND 2

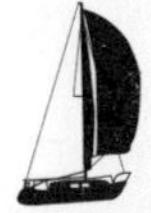

Weil wir unsere Komfortzone verlassen müssen, um zu wachsen

Hinter uns verdunkelt sich der ohnehin graue Himmel. Ima und ich befinden uns auf dem Heimweg von unserem zweiten Törn. Wir stehen in der Elbmündung. Hier fühlt sich die Elbe noch an, wie auf dem Meer, so weit sind die Ufer auseinander. Erst bei Brunsbüttel werden sie sich annähern und die Elbe sich anfühlen wie ein richtiger Fluss mit schützenden Ufern zu beiden Seiten. Néfertiti läuft im ersten Reff elbaufwärts. Fünf bis sieben Windstärken sind angesagt, aber momentan sind die Verhältnisse noch halbwegs handig. Viele gestandene Segler würden bei sechs Windstärken den sicheren Hafen nicht mehr verlassen, aber wir wollen nach Hause. Ima fragt:

»Haben wir noch Tee?« Ich greife nach der Thermoskanne, aber es ist nur noch ein letzter Rest darin.

»Ich mache neuen.« Steige in die Kajüte hinunter und setze Wasser auf. Während ich auf das Pfeifen des Wasserkessels warte, schiebt sich die dunkle Wand schnell heran. Wenig später steige ich zurück ins Cockpit und reiche Ima einen Becher dampfenden Tees. Da fängt es an zu regnen. Erst nur ein paar Tropfen, aber schnell werden es mehr. Das ist mein Stichwort. Die Pflicht ruft:

»Ich löse dich ab.«

»Nein, geh nach unten ins Trockene. Ich mache das schon.«

Das sind ja ganz neue Töne.

»Sicher?!«

»Absolut.«

Widerstrebend steige ich wieder nach unten und schließe das Schiebeluk. Bislang war es immer mein Part, bei unfreundlichem Wetter an der Pinne auszuharren. Ich freue mich über diese neue Kameradschaft, aber irgendwie fühlt es sich auch komisch an, Ima da draußen im Nassen zu wissen, während ich selbst trocken und warm in der Kajüte sitze und Tee schlürfe.

Auf See fahren wir bei solchem Wetter ein Steckbrett aus Plexiglas, durch das ich Ima an der Pinne beobachten kann. Konzentriert sitzt sie am Ruder, orientiert sich an den Tonnen und dreht sich gelegentlich um, um zu sehen, was hinter ihr passiert. Eine Bö fällt ein. Néfertiti krängt stärker, aber die Zeiten scheinen vorbei zu sein, in denen das Ima panisch gemacht hat. Irgendwann bemerkt sie, dass ich sie beobachte. Sie wirft mir eine Kusshand zu. Nun gut. Ich vertiefe mich in meinen Roman und überlasse Ima die Heldentaten. Der Regen prasselt auf das Deck und ich strecke mich behaglich auf meiner Koje aus. Ganz neue Schlechtwettererfahrung …

Nach einer Weile erhebe ich mich aus meiner gemütlichen Koje, um zu sehen, wie es Ima geht. Die Elbe zeigt Schaumkronen.

»Alles klar?«

Sie nickt nur. Sieht ganz konzentriert auf die nächste Tonne.

»Brauchst du was? Einen heißen Tee?«

»Nix. Danke.« Das Segelboot, das hundert Meter hinter uns segelt, verschwindet in einer weiteren Regenfahne. Alarmiert schiebe ich das Luk auf, um mich zu orientieren. Aber nach vorne haben wir noch einigermaßen Sicht.

»Welche Nummer hatte die letzte Tonne?«

»42.« Ich trage unsere Position auf der Seekarte ein. Nach zweieinhalb Stunden hat Ima Brunsbüttel passiert und eine halbe Stunde später löse ich sie an der Pinne ab. Da hat der Regen nachgelassen und wenig später wird sogar die Sonne zwischen den schnell ziehenden Wolken hervorschauen.

BONUSGRUND 3

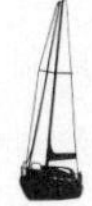

Weil eine Frau nichts anderes wollte, als zu segeln

»Courage is not having the energy to go on,
it's going on when you do not have the energy.«

Ellen MacArthur war erst vier Jahre alt, als sie zum ersten Mal zusammen mit einer Tante den Fuß auf ein Segelboot setzte. Noch heute erinnert sie sich an das wunderbare Gefühl, das sich ihrer bemächtigte, als sie in die niedrige Kajüte hinunterblickte. Alles schmeckte nach Abenteuer und Verheißung. Segel wurden gesetzt und das kleine Boot strebte der See zu.

»Ich empfand so ein unvergleichliches Gefühl von Freiheit!«

Das Erlebnis prägte sie tief. Fortan bewegte sie die Sehnsucht nach der See. Das Mädchen ließ es allerdings nicht mit dem Träumen bewenden. Als Zehnjährige fing sie an, Geld für ein kleines Segelboot zu sparen. Weil sie kein Taschengeld bekam, sparte sie an ihrem Schulessen. Acht Jahre lang aß sie Kartoffelbrei und Bohnen, das billigste Gericht, um den Rest ihres Essensgeldes zu sparen. Sie stapelte Münze auf Münze, bis wieder ein Pfund voll war. Dann strich sie eines der hundert Kästchen durch, die sie auf ein Blatt Papier gezeichnet hatte und warf das Pfund in die Spardose. Mit 13 kaufte sie ihre erste kleine Jolle. Nicht immer konnte sie damit segeln. Mitunter stand das Boot nur im Garten und Ellen saß an Bord und träumte davon, die Welt zu umsegeln. Sie las alles, was sie über das Segeln lesen konnte.

Als sie 17 war, behauptete jemand in der Schule, sie sei zu dumm, um Tierärztin zu werden. Kurzerhand verließ sie die Schule, um ihre Segelausbildung anzufangen. Als Erstes segelte sie in ihrem kleinen Kajütboot einhand um Großbritannien herum.

Aber in ihrem Innersten war Ellen MacArthur eine Regattaseglerin. Also suchte sie nach Sponsoren. Keine vier Jahre später saß sie in einem Meeting mit einem möglichen Sponsor. Sie wollte an der Vendée Globe teilnehmen, der wichtigsten Einhand-um-die-Welt-Regatta. Die junge Frau war so dicht vor der Erfüllung all ihrer Träume. Sie überzeugte den Sponsor und er sagte Ja.

Sie bauten ein Monohull. Kingfisher. Ellen MacArthur segelte allem Gerede zum Trotz von Anfang an ganz vorne mit, führte zeitweise. Am Ende wurde die 24-Jährige Zweite und stellte einen Geschwindigkeitsweltrekord für Frauen auf. Ein neuer Star war geboren.

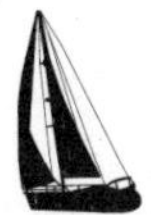

Weil Frauen auch schon im 19. Jahrhundert zur See fuhren

Jahrhundertelang wurde die Geschichte der Seefahrt als ein Kampf zwischen Mann und See geschrieben. Männer, die die Welt entdeckten. Männer, die zur See fuhren. Der Platz der Frau war zu Hause. Auf die Rückkehr des Mannes wartend. Folgt man dieser Geschichtsschreibung, waren Frauen auf See vornehmlich als Meerjungfrauen anzutreffen, die den ehrlichen Skipper entweder auf die Klippen locken wollten wie bei *Odysseus* oder als Galionsfiguren Schiff und Besatzung Glück brachten. Aber zahlreiche Briefe und Tagebücher von Frauen erzählen eine andere Geschichte.

So belegen DNA-Analysen, dass Frauen an den Beutezügen der Wikinger beteiligt waren. Als Kriegerinnen. Die Besiedlung Polynesiens wäre nicht möglich gewesen, hätten sich Frauen nicht auf die See hinaus begeben. Dabei war es im 19. Jahrhundert keinesfalls so, dass die Frauen automatisch versorgt gewesen wären, wenn ihre Männer auf See gingen. Sie mussten die Familien ernähren, solange ihr Ehemann auf See war. Wenn er denn zurückkehrte. So gab es in allen Hafenstädten Frauen, die um ihre und ihrer Kinder Existenz kämpften. Als Netzeknüpferinnen, Wäscherinnen, Näherinnen. Manche trieben Handel oder führten Wirtshäuser. Immer mit dem Vorurteil belastet, dass Frauen das nicht könnten.

Reisen um die Welt kosteten damals viel Zeit. Das hatte lange Trennungen der Ehepartner zur Folge. Bei Handelsschiffen konnte man wenigstens ungefähr schätzen, wie lange eine Fahrt dauern sollte. Die Dauer der Einsätze von Kriegsschiffen war nie vorherzusagen. Befehle konnten sich jederzeit ändern. So kam es vor, dass Kommandanten und Offiziere mitunter ihre Frauen mitnahmen, obwohl das durch die

Regularien verboten war. Die Frau teilte sich dann mit ihrem Mann eine Ration. Frauen durften sich allerdings an Bord selten frei bewegen. Kam es zu Gefechten, versorgten sie die Verwundeten. Während der Napoleonischen Kriege berichtet Captain W. N. Glascock sogar von einer Geburt an Bord. Nach zwölf Stunden, in denen das Kind nicht kommen wollte und die werdende Mutter immer erschöpfter wurde, ließ er eine Breitseite als Salut abfeuern. Der Schock soll der Natur nachgeholfen haben und ein gesunder Junge wurde geboren.

Doch auch Handelsschiffsreisen konnten ein Jahr oder länger dauern. Besonders traf das auf Walfangschiffe zu, die üblicherweise 3-5 Jahre unterwegs waren, bevor sie wieder in ihren Heimathafen einliefen. Deshalb lebten Frau und Familie des Kommandanten oft an Bord. So sind die Reisen Daniel Tabors gut dokumentiert, weil die Tagebücher seiner Frau Sarah Parker Tabor und seiner ältesten Tochter Asenath erhalten blieben.

Auf See galt es als unschicklich, wenn sich die Frau des Kommandanten mit der Mannschaft einließ. Also blieben sie meist in der Heckkabine unter sich und versuchten, sich soweit wie möglich nützlich zu machen. Sie nähten Kleidung, lasen und schrieben Tagebuch. Auf den meisten Walfängern und Handelsschiffen hatte der Kapitän im 19. Jahrhundert einen Steward angeheuert, der kochte und putzte. Kapitänsfrauen mussten sich also damit normalerweise nicht abgeben.

Mary Patten beschäftigte sich auf See anders. Die Zwanzigjährige war frisch verheiratet mit Joshua Patten, dem Kommandanten der Neptun's Car. Er nahm sie mit zu einer Reise nach Kalifornien rund Kap Hoorn. Das ist auch heute noch eines der gefährlichsten Seegebiete der Erde, aber damals gab es keine Wetterwarnungen. Die Rundung des Kaps, insbesondere von Ost nach West, war ein lebensgefährliches Unterfangen.

Joshua führte Mary in die Eigenheiten des Schiffs ein, erklärte die Bedeutung und Funktion aller Leinen und Segel, das Stauen der Ladung. Als er merkte, dass Mary sich für Schiff und Seefahrt interessierte und eine schnelle Auffassungsgabe besaß, lehrte er sie auch Meteorologie und Navigation.

Noch im Atlantik wurde der Erster Offizier, der auch für die Navigation verantwortlich war, schlafend auf seiner Wache erwischt. Eines der schlimmsten Vergehen, denen sich ein Seemann schuldig machen konnte. Zur Strafe wurde er in Eisen gelegt. Es stellte sich heraus, dass der Zweiter Offizier, der die Aufgaben des Bestraften übernehmen sollte, überfordert war und zudem kaum Ahnung von Navigation besaß. Also übernahm der Kapitän die meisten Wachen selbst. Schließlich konnte man sich keine Umwege leisten, denn die Ladung sollte fristgerecht abgeliefert werden. Als er unter der Last zusammenbrach, rief der bestrafte Erster Offizier zur Meuterei auf. Mary stellte sich den Meuterern entgegen und behauptete, dass sie in der Lage wäre, das Schiff nicht nur sicher in irgendeinen Hafen zu führen, sondern sogar fristgerecht in den Bestimmungshafen nach Kalifornien. Obwohl Kap Hoorn noch vor ihnen lag, ließ sich die Mannschaft überzeugen. Mary Patten führte das Schiff um Kap Hoorn und brachte es nach 136 Tagen auf See termingerecht in den Bestimmungshafen.

BONUSGRUND 5

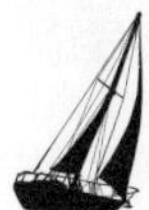

Weil auch Frau ihr Herz an ein Boot verlieren kann

Wir lagen eingeweht in dem kleinen Hafen Schleimünde. Ima, ihre Schwester Amany und ich. Der Wind pfiff im Mast. Da Amany zum ersten Mal auf einem Segelboot war, hatten wir auf den Starkwindtörn nach Mommark verzichtet und waren in Schleimünde geblieben. Jetzt zogen graue Wolken schnell über uns hinweg und wir hatten von unserem Liegeplatz aus einen atemberaubenden Blick auf die Schlei.

Ein kleines liebevoll restauriertes Folkeboot kam abends nach einem harten Törn herein und machte neben uns fest. Ima hatte schnell Kontakt gefunden zu dem sympathischen Pärchen an Bord und saß bald in deren Cockpit. Für Nichtsegler: Ein Folkeboot ist ein wunderschönes altes, aber recht kleines Segelboot, mit einer engen Kajüte, in der man so gerade die Höhe hat, um zu sitzen.

»Klaus, komm mal! Das musst du dir ansehen.« Dörthe und Ulf hatten ein ebenso einfaches wie geniales System gefunden, wie sie mit wenigen Handgriffen die beiden Salonkojen in eine große Liegewiese verwandeln konnten. Genau nach so einer Idee hatten wir schon lange gesucht. Im Gespräch stellte sich heraus, dass Dörthe die treibende seglerische Kraft der beiden war. Sie war die Skipperin und hatte ihren Partner zum Segeln verführt. »Früher hatten wir ein größeres Boot.« Jetzt wurde Ima neugierig.

»Du hast die Toilette gegen eine Pütz eingetauscht?!«

»Ja«, sagte Dörthe aus vollem Herzen, »ich habe mich in das Folkeboot verliebt.«

BONUSGRUND 6

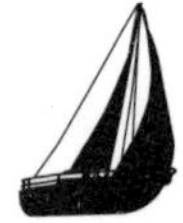

Weil es mancher Frau genauso gehen könnte

Der Abend dämmerte bereits, als wir nach Onsevig in Dänemark einliefen. Ein winziger, gemütlicher Hafen im Grünen. Meine Schwester und ich wollten gerade Leinen und Fender ausbringen, da fragte mein Vater mich, was er noch nie gefragt hatte:

»Willst du anlegen?« Es herrschte Windstille. Perfekte Bedingungen. Trotzdem zögerte ich kurz, bevor ich antwortete:

»Ja.« Sofort bemächtigte sich eine gewaltige Aufregung meiner. Mein erstes Anlegemanöver mit einer richtigen Yacht. Ich wollte an einer Stelle längsseits anlegen, aber mein Vater wies auf eine freie Box vor uns.

»Nimm die Box vor uns.«

»Aber die ist zu eng!«

»Das reicht dicke.«

»Meinst du wirklich?!«

»Ja.« Also steuerte ich langsam und genau mittig die Box an. Mit einem satten Plopp blieben wir zwischen den Pfählen stecken. Die Box war zu klein. Mein Vater hatte sich geirrt, aber ich habe mich zutiefst geschämt. Das Gefühl brannte heiß in meiner Brust. Ich scheute zurück und überließ meinem Vater die Pinne. Wir machten an der Stelle längsseits fest, die ich ursprünglich ausgeguckt hatte. In der alten Rollenverteilung. Nach diesem Erlebnis habe ich nie wieder versucht, ein Anlegemanöver mit dem Boot meines Vaters zu fahren.

Ich legte mir einige Begründungen zurecht: Mein Vater ist außergewöhnlich gut darin, sein Boot unter Motor zu manövrieren. Er kommt in jede Lücke rein und wieder raus.

Wir waren ein eingespieltes Team, wenn ich und meine Schwester, falls sie denn dabei war, die Leinenarbeit übernahmen und er am Ruder stand. Jeder wusste blind, was er zu tun hatte. Das funktionierte so gut, dass wir uns kaum einmal beim Hafenkino blamiert haben. Ich war sogar stolz auf unsere gekonnten Hafenmanöver, die fast ohne Worte auskamen. Mein Vater hatte elf, zwölf Jahre seines Lebens dafür geopfert, dieses Boot zu bauen. Es war sein Schatz. Seine Zuflucht. Ich wusste das und hätte es nicht ertragen können, wenn ich etwas kaputt gemacht hätte.

Segeln war auch so schön.

Mein Vater traute mir Anlegemanöver zu. Er hätte mich jederzeit machen lassen, aber ich selbst wusste nicht, ob ich das kann. Ich habe ihn auf all unseren Törns nie wieder danach gefragt.

Der wirklich bemerkenswerte Teil dieser Geschichte kommt aber erst jetzt. Der Teil, der für alle in solcher Situation wertvoll ist, der Teil, wegen dem ich diese Geschichte erzähle: Jahrzehnte später habe ich Néfertiti gekauft. Mein erstes Anlegemanöver mit Néfertiti war mein zweites Anlegemanöver mit einem Dickschiff überhaupt. Zugegebenermaßen hatte ich Jollenerfahrung, aber bei Motormanövern war ich ein absoluter Anfänger.

Dieses Anlegemanöver gelang auf Anhieb und ich merkte plötzlich, dass es mir Spaß machte, Hafenmanöver zu fahren! Dass ich bald so gut darin war wie mein Vater. Genauso wird es dir auch ergehen. Wir, die wir so erfahren wirken, kochen auch alle nur mit Wasser! Heute weiß ich aber noch mehr: Dass mein Vater so gut darin war, sein Boot im Hafen zu manövrieren, hing auch damit zusammen, dass er es jedes Mal übte! Rückblickend würde ich sagen, der eigentliche Grund, warum ich die Verantwortung nicht früher angenommen habe, war Gewohnheit.

BONUSGRUND 7

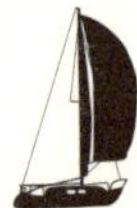

Weil ein Mädchen nicht segeln durfte und zur Pionierin wurde

»Sailing is just a way to be myself and being with myself.«

Laura Dekker wurde in Whangarei auf Neuseeland geboren. Ihre Eltern befanden sich damals auf einer Weltumsegelung. Drei Jahre später wurde Lauras Schwester Kim geboren. Mit zwei Kindern wurde die 12 m-Yacht zu klein, und die Familie segelte zurück in die Niederlande.

Lauras Kinderzeichnungen handeln von Booten und Wasser. Ihre ersten fünf Lebensjahre hat sie anders als ihre Schulkameraden auf einer Blauwasseryacht verbracht. Das hat sie geprägt. Während ihre holländischen Schulkameraden auf dem Spielplatz spielten, war sie immer am und auf dem Wasser zu finden. Sie spielte mit selbstgebauten Booten. Mit sechs Jahren wurde ihr ein Optimist geschenkt. Da hatten sich die Eltern getrennt und Laura sich entschieden, bei ihrem Vater zu leben. Mit dem Optimist segelte sie fast jeden Tag. Sommer und Winter. Mit acht bekam sie eine Mirror von einem Freund des Vaters geschenkt. Sie segelte jetzt Regatten in der Jugendklasse und als sie das Gefühl hatte, dort keine adäquate Konkurrenz mehr zu finden, weil sie so oft gewann, segelte sie gegen die Erwachsenen.

Laura ging es wie vielen Seglern. Sie wollte sich vergrößern. Sie wünschte sich ein kleines Kajütsegelboot. Da war sie zehn Jahre alt. Im Hafen lag eine Hurley 700, die wenig bewegt wurde. Laura bat den Eigner das Boot ausleihen zu dürfen. Der willigte ein! So unternahm sie als Zehnjährige ihren ersten größeren Segeltörn einhand. Sie segelte über die Binnenkanäle zum Ijsselmeer und hinaus ins Wattenmeer der Nordsee. In ihrem Buch *Solo um die Welt* schreibt sie, dass sie damals schon sicher wusste, dass sie um die Welt segeln wollte.

Mit elf kaufte sie ihr erstes eigenes Segelboot, ebenfalls eine Hurley 700. Das heißt, ihr Vater schoss das Geld vor, aber wollte die Hälfte des Betrages von seiner Tochter zurück. Laura trug Zeitungen aus, putzte und arbeitete an Wochenenden in einem Wassersportgeschäft, um ihr Boot abzubezahlen. Sie machte sogar Straßenshows mit einem Einrad.

Mit 13 Jahren segelte sie allein über den Kanal nach England. Das Einklarieren war kein Problem, aber einige Tage später stand die Polizei vor ihrem Boot. Die Eltern einer Freundin hatten ihren Einhandtörn für unverantwortlich gehalten und die Behörden eingeschaltet. Lauras Vater musste anreisen und dann passierte etwas Seltsames. Die Polizei gab ihm gewissermaßen die Verantwortung zurück. Laura und ihr Vater hatten viel mehr »wertvolle« Zeit miteinander verbracht als normale Familien, in denen der Vater morgens das Haus verlässt und abends müde von der Arbeit heimkommt. Er wusste, was seine Tochter konnte, und kannte als Weltumsegler auch die See genau. Er vertraute seiner Tochter und erlaubte ihr, alleine zurückzusegeln. Zu dem Zeitpunkt träumte Laura schon lange von ihrer Weltumsegelung. Die Nordseeüberquerung war für sie eine Art Generalprobe. Sie hatte ein seetüchtiges Boot und das Knowhow.

Zwischen Laura und der Erfüllung ihres Traumes lag nur noch ein Hindernis: die Schulpflicht. Zwar hatten ihr Vater und sie dieses Problem grundsätzlich mit der Weltschule gelöst, aber die niederländischen Behörden akzeptierten das nicht. Acht Prozesse lang kämpften Vater und Tochter für Lauras Recht, um die Welt zu segeln. Die Presse kriegte Wind von Lauras Plänen und attackierte das Unternehmen als verantwortungslos. Dabei übersahen sie vollkommen, dass Laura kein Teenager war, der mal eben auf die Idee gekommen war, um die Welt zu segeln. Laura war eine Seglerin, die trotz ihrer jungen Jahre auf mehr Hochseeerfahrung zurückblicken konnte als mancher Erwachsener, der zu seiner ersten Atlantiküberquerung aufbricht. Ihr Buch, das sie in einem Alter geschrieben hat, in dem ihre Altersgenossen sich noch mit Schulaufsätzen herumplagten, erzählt vor allem von einem: ihrer überbordenden Liebe zur See und zum Segeln!

Laura ist nach ihrer Weltumsegelung noch ein weiteres halbes Mal um die Welt gesegelt. Nach Neuseeland, wo sie geboren wurde. Sie hat jahrelang auf ihrer Yacht Guppy gelebt. Inzwischen ist die junge Frau verheiratet und lebt in Neuseeland. Das Projekt der Laura Dekker World Sailing Foundation will ihr Boot Guppy via Crowdfunding nach Europa zurückbringen. Diese Foundation hat das Ziel, Jugendlichen das Langzeitsegeln nahezubringen. Laura Dekker möchte in Neuseeland ein neues größeres Schiff kaufen, das bis zu zwölf Schülern ermöglichen soll, zu segeln und gleichzeitig an Bord zur Schule zu gehen.

BONUSGRUND 8

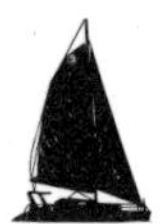

Weil in alten Shanties auch Seefrauen besungen wurden

Come all you maids both near and far
And listen to my ditty.
'Twas near Gravesend there lived a maid,
She was both neat and pretty.

Her true love he was pressed away
And drowned in some foreign sea,
Which caused this fair maid for to say,
»I'll be a rambling sailor.«

In her jacket blue and trousers white,
Just like a sailor neat and tight,
The sea, it was the heart's delight,
Of the female rambling sailor.

From stem to stem she freely goes,
She braves all dangers, fears no foes.
But soon you shall hear of the overthrow
Of the female rambling sailor.

No never did her courage fail,
'Twas stormy winds and wintry gales,
This fair maiden did prevail,
This female rambling sailor.

From stem to stem she freely went
Where oft times she'd been many.
Her hand did slip and down she fell,
She calmly bad [sic] this world farewell.

When her lilywhite breast in view it came,
It appeared to be a woman's frame.
Rebecca Young, it was the name
Of the female rambling sailor.

May the willows wave around her grave
And round the laurels planted,
May the roses sweet bloom at her feet,
Of the one who was undaunted.

Come all you maids both near and far
And listen to my story.
Her body's anchored in the deep,
Let's hope her soul's in glory.

On the River Thames she's known so well,
No man there could her excel,
One tear let fall as the last farewell
To the female rambling sailor.

In her jacket blue and trousers white,
Just like a sailor neat and tight,
The sea, it was the heart's delight,
Of the female rambling sailor.

(um 1830)

BONUSGRUND 9

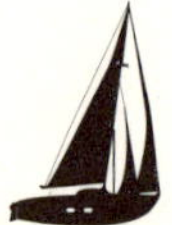

Weil eine Einzelne das Schicksal der Welt ändern möchte

»Giving up is not an option!«

Ellen MacArthur wollte den Weltrekord für die schnellste Nonstop-Weltumsegelung brechen. In einem TED-Talk erzählt sie von den schlimmsten Momenten dieser Weltrekordfahrt. In den südlichen Breiten kam sie in die Fänge eines Orkans, der mit bis zu 80 Knoten wütete. Schon ab 64 Knoten spricht man von einem Orkan. Sie wusste, dass ihr Boot dem nicht standhalten konnte. Also war ihre einzige Chance, so schnell zu segeln, dass sie dem Orkantief davonsegelte. Allerdings hatte sie bei den Probefahrten erlebt, wie ihr Boot in nur fünf Sekunden abgehoben und sich überschlagen hatte. Kieloben treibend waren sie von fremder Hilfe abhängig gewesen. Sie gab sich keinen Illusionen hin. Wenn ihr Trimaran kenterte, würden Hilfsschiffe vier Tage brauchen, sie zu erreichen. Aber dann würde in ihrem Seegebiet der Orkan herrschen. Sie prügelte das Schiff weiter und nach drei Tagen, in denen sie kaum geschlafen hatte, klarte der Himmel auf. Sie war dem Orkantief davongesegelt. Eindrucksvoll erzählt sie davon, wie sich ihre Wahrnehmung änderte. Wie aus den angsteinflößenden Wellenmonstern wunderschöne mondbeschienene Meereslandschaften wurden. Sie kehrte als neue Weltrekordhalterin im Triumph zurück. 71 Tage hatte sie gebraucht. Die Queen verlieh ihr den Titel »Dame«.

Tatsächlich hat diese Fahrt Ellen MacArthurs Leben verändert, in eine unerwartet neue Bahn gelenkt. Anders als sie selbst gedacht hat, denn eigentlich war der Weltrekord das ideale Fundament einer weiteren professionellen Segelkarriere. Gefragt nach dem Wichtigsten, das sie auf dieser Fahrt gelernt habe, antwortet Dame Ellen MacArthur:

»Endlichkeit.« Damit meint sie nicht die eigene.

»Man packt für drei Monate ein. Was aufgebraucht wird, gibt es nicht mehr.« Diesel, Lebensmittel, Ausrüstung. Nach ihrer Ankunft wurde Ellen MacArthur bewusst, dass genau das Gleiche auch für unseren Planeten gilt. Die Ressourcen der Erde sind begrenzt. Trotzdem verbrauchen wir Menschen diese Ressourcen seit der Industriellen Revolution immer schneller und schneller. Wenn nichts passiert, werden schon die jetzigen Kinder die Verknappung spüren. Ellen MacArthur gab den Wettkampfsport auf, um sich dieser Mission zu widmen.

Der schwerste Moment war, als sie die Foundation gründete, aber noch keine Lösungen vorschlagen konnte. Die Herangehensweise, immer weniger Rohstoffe zu verbrauchen, verschiebt das Problem nur. Inzwischen hat sie einen Ansatz gefunden: die lineare Weltwirtschaft in eine zirkulare zu verwandeln. Nicht nur die einzelnen Rohstoffe von Produkten zu recyceln, sondern ganze Produkte schon mit Augenmerk auf die Wiederverwertbarkeit zu entwickeln. Sie berichtet von Firmen wie Renault, die es vormachen. In einem eigenen Werk werden Motoren aus gebrauchten Teilen neu zusammengesetzt. Diese Motoren seien billiger in der Herstellung, aber leisteten das Gleiche und bekämen auch die gleiche Gewährleistung wie »neue«.

Dame Ellen MacArthur verfolgt ihre Umweltschutzmission mit derselben Entschlossenheit, mit der sie Weltrekordseglerin wurde. »Aber diesmal ist es viel, viel wichtiger. Nicht nur für mich, sondern für die Menschheit!«

BONUSGRUND 10

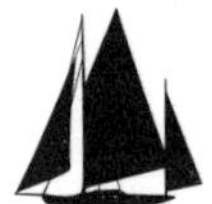

Weil Frauen den Ruf des Abenteuers vernehmen können

»What I did was completely different.
Ellen is a professional racer; I was an adventurer.«

Naomi James, die junge Neuseeländerin, verließ die elterliche Schaffarm und reiste abenteuerhungrig nach Europa. An Bord eines Passagierschiffs. Lange plagte sie die Seekrankheit. Im Sommer 1975 fuhr sie mit einem Mofa kreuz und quer durch Europa. Während sie auf eine Fähre wartete, spazierte sie den Kai in St. Malo entlang. Dabei lernte sie ihren Mann Rob James kennen. Rob, der Segelprofi, brachte Naomi das Segeln bei. In ihr keimte bald der Wunsch, um die Welt zu segeln. In ihrer Hochzeitsnacht erzählte sie ihm davon. Da hatte sie gerade mal sechs Wochen Segelerfahrung. Er unterstützte sie.

Chay Blyth, ein bekannter Segler, prägte den wunderschönen Satz »The sailor is an artist and his medium is the wind«. Er war Robs Boss und unterstützte Naomi. Er lieh ihr die 16,15 m lange Yacht Spirit of Cutty Sark, welche für einen Sponsor in Express Crusader umgetauft wurde. Sie verließ Dartmouth in Devon am 9. September 1977. »Es wurde gerade hell, und ich kämpfte mit mir, ob ich aufstehen und versuchen sollte, selber zu steuern, als ich das betäubende Röhren einer herannahenden See hörte. Crusader wurde herumgewirbelt und stand auf dem Kopf! Eine Lawine von Gegenständen und Krimskrams ergoß sich über mich, als sie untertauchte. Ich riss die Arme hoch, um das Gesicht zu schützen. Nach einer langen und quälenden Pause torkelte das Schiff wieder hoch …« So beschreibt Naomi James in ihrem Buch *Ich und der Ozean* den Knockdown in den südlichen Breiten.

Naomi kehrte nach 272 Tagen am 8. Juni 1978 zurück. Sie segelte als erste Frau via Kap Hoorn um die Welt. Mit der Fahrt brach sie Sir Francis Chichesters Rekord für Einhand-Weltumsegelungen um zwei Tage. Unterwegs verlor sie beinahe den Mast, der durch Materialermüdung vor der Kenterung schon geschwächt war, aber wie durch ein Wunder hielt. Eigentlich wollte sie nonstop segeln, aber zwei Reparaturen, die auf See nicht durchgeführt werden konnten, verhinderten dies.

Ich stelle mir vor, wie diese Frau in den Siebzigerjahren segelte. In Zeiten ohne High Tech, GPS und Satellitenkommunikation. Sie brach zu einem Abenteuer auf. Als Frau war sie in eine Männerdomäne eingebrochen und kehrte als Gewinnerin zurück, ähnlich wie die anderen Heldinnen dieses Kapitels. In der Vorbereitung dieser Neuauflage hatten mich viele Fragen beschäftigt: Segeln Frauen anders als Männer? Haben sie einen anderen Ehrgeiz? Bringen Frauen andere Qualitäten mit an Bord? Das sind Fragen, die kontrovers diskutiert werden und komplexe Antworten erfordern. In einem Segelforum hatte ich die Frage gestellt: Gibt es so etwas wie Frauensegeln überhaupt? Die meisten hielten die Frage für nicht mehr zeitgemäß, auch seien Wind und Wellen für Mann und Frau gleich. Aber auf zwanzig Kommentatoren kam im Schnitt eine Kommentatorin. Auf meinen Törns beobachte ich mehr Männer am Ruder als Frauen. Insbesondere bei den Hafenmanövern. Nehmen sich Frauen zurück, oder spiegelt das nur den unterschiedlichen Erfahrungsstand der Crews? Brauchen wir Frauensegelkurse, damit mehr Frauen sich ausprobieren und Zutrauen zu ihren Segelfähigkeiten aufbauen können? Haben sich die Zeiten seit Naomi geändert? Oder verhindern Vorurteile noch immer, dass wir Seglerinnen akzeptieren, von ihnen lernen und uns von ihnen inspirieren lassen?

BONUSGRUND 11

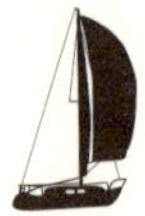

Weil es den Geist der Freiheit gibt

»I feel like a free spirit.« Die Worte Mary Harpers, der achtzigjährigen Dame, die solo über den Atlantik segelte, klingen immer noch in meinem Kopf nach. Der Geist der Freiheit. Mary spricht mir damit aus dem Herzen. Empfinde ich es nicht genauso? Dieses Gefühl der Leichtigkeit und Freiheit, wenn sich die Segel in einer leichten Brise über unseren Köpfen wölben?

Wann habe ich dieses Gefühl zum ersten Mal empfunden? Wann hat es mich in seinen Bann gezogen? Ich muss acht oder neun Jahre alt gewesen sein. Meine Großmutter hatte die ganze Familie zu einem Motorboottörn auf den holländischen Kanälen eingeladen. Unser Ziel war der Biesbosch, eine sumpfartige Waldlandschaft, durchzogen von Kanälen, die mir in meiner kindlichen Vorstellung ein riesiger Dschungel zu sein schien. Wir hatten an einem ausgewiesenen Ankerplatz inmitten der wilden Natur geankert.

Morgens in der ersten Dämmerung haben meine Schwester und ich uns an Deck geschlichen. Wir wollten niemanden wecken und haben leise das Beiboot genommen. Morgennebel waberte über der Wasseroberfläche. Eine wundervolle Stimmung lag über der ganzen Szenerie. Fast lautlos glitt das Boot über das Wasser. Wir paddelten am schilfumstandenen Ufer entlang und folgten einem schmalen Wasserarm in den Dschungel. Die Äste hingen tief über der Wasseroberfläche. Tiefer und tiefer mussten wir uns bücken. Irgendwann kamen auch wir beiden Kinder nicht mehr darunter hindurch. Was für ein Abenteuer! Schließlich kehrten wir um. Es waren höchstens zwei Stunden, aber wir kehrten reich beschenkt zurück. Beide. Wir hatten das Gefühl, gemeinsam von der Freiheit gekostet zu haben, und haben diese Momente nie wieder vergessen.

111 GRÜNDE, DAS RUDERN ZU LIEBEN

RÜCKWÄRTS VORAUS – VON OLYMPIAMEDAILLEN UND FREIZEITSPASS
EINE LIEBESERKLÄRUNG AN DIE GROSSARTIGSTE SPORTART DER WELT

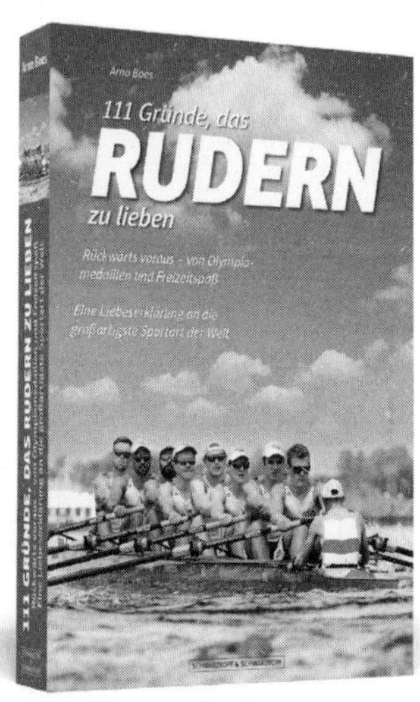

111 GRÜNDE, DAS RUDERN ZU LIEBEN
RÜCKWÄRTS VORAUS – VON OLYMPIAMEDAILLEN UND FREIZEITSPASS
EINE LIEBESERKLÄRUNG AN DIE GROSSARTIGSTE SPORTART DER WELT
Von Arno Boes
288 Seiten, Taschenbuch
ISBN 978-3-942665-58-2 | Preis 9,99 €

Rot ist Grün und Backbord ist Steuerbord! Spätestens nach dem Lesen dieses Buches verwechseln Sie das nicht mehr und wollen gleich ins Boot steigen! Was ist ein Riemen, was ein Skull? Warum heißt der Deutschland-Achter so? Was hatte die monegassische Fürstin Gracia Patricia mit Rudern zu tun? Und warum sitzen die Ruderer eigentlich mit dem Rücken in Fahrtrichtung?

All diese Fragen beantwortet Arno Boes in diesem Buch. Rudern hat eine lange und traditionsreiche Geschichte: Von der simplen Fortbewegungsart auf dem Wasser wurde es zu einer weltweit betriebenen Sportart.

Und dabei bietet Rudern nicht nur was für ambitionierte Leistungssportler, sondern eignet sich ganz besonders für die Freizeit- und Fitnessjünger, die bis ins hohe Alter Sport treiben möchten. Also: Fertigmachen zum Einsteigen, alles vorwärts – los!

WWW.SCHWARZKOPF-SCHWARZKOPF.DE

111 GRÜNDE, WANDERN ZU GEHEN

EINE LIEBESERKLÄRUNG AN DIE BESTE FREIZEITBESCHÄFTIGUNG DER WELT
JETZT MIT ELF BONUSGRÜNDEN UND ZWEI FARBIGEN BILDTEILEN

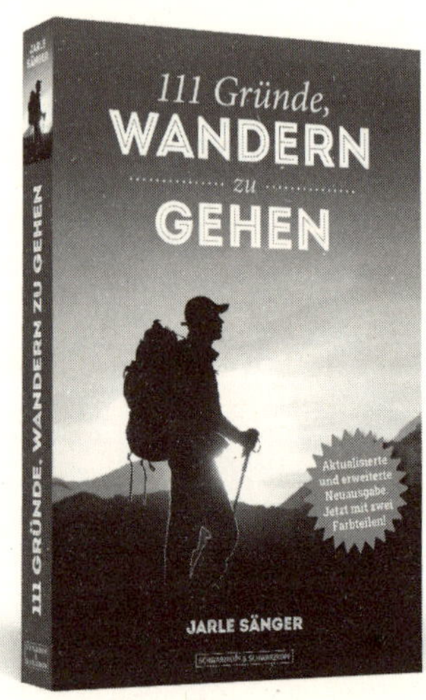

111 GRÜNDE, WANDERN ZU GEHEN
AKTUALISIERTE UND ERWEITERTE NEUAUSGABE
Von Jarle Sänger
ca. 300 Seiten, plus zwei Farbteile á 16 Seiten
Premium-Paperback
ISBN 978-3-86265-720-9 | Preis 14,99 €

Was ist es, was die Menschen immer wieder hinaus in die unberührte Natur und auf die Wanderwege treibt? Was Menschen sich die Füße wund laufen und an ihre Grenzen gehen lässt? In 111 GRÜNDE, WANDERN ZU GEHEN durchleuchtet Jarle Sänger mal tiefgründig, mal humorvoll die Faszination des Wanderns aus seiner ganz eigenen Perspektive.

Aus seinen Wandererfahrungen und seinen Kenntnissen als freischaffender Journalist in der Wanderbranche sind 111 kleine Geschichten mit viel Hintergrundwissen entstanden. Darin verbergen sich zahlreiche nützliche Tipps, die sowohl erfahrene als auch frischgebackene Wanderer ansprechen.

Wer nach der Lektüre selbst einmal (wieder) die Wanderschuhe schnürt, der weiß, was ihn erwartet: Schönes, Emotionales, Neues, Kurioses, Witziges, Spannendes – vor allem aber Zeit für sich selbst.

WWW.SCHWARZKOPF-SCHWARZKOPF.DE

11 GRÜNDE, DAS BOGENSCHIESSEN ZU LIEBEN

EINE LIEBESERKLÄRUNG AN DIE GROSSARTIGSTE SPORTART DER WELT
DAS IDEALE GESCHENKBUCH FÜR ALLE BOGENSCHÜTZEN!

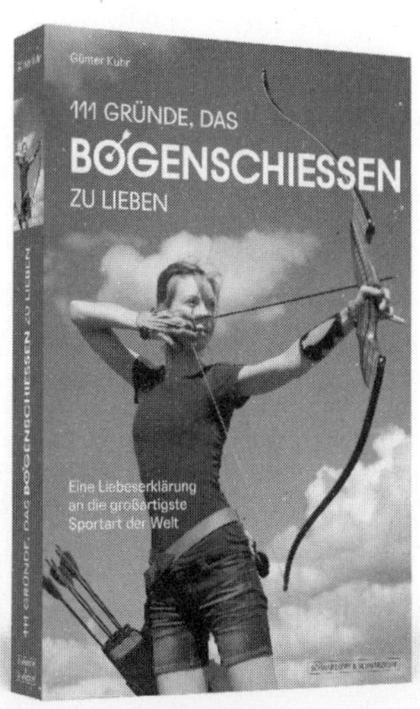

111 GRÜNDE, DAS BOGENSCHIESSEN ZU LIEBEN
EINE LIEBESERKLÄRUNG
AN DIE GROSSARTIGSTE SPORTART DER WELT
Von Günter Kuhr
224 Seiten, Taschenbuch
ISBN 978-3-942665-57-5 | Preis 9,99 €

Bogenschießen ist in den letzten Jahren eine Art Trendsport geworden. Immer mehr Menschen entdecken die Faszination und Ästhetik, die von diesem Sport ausgehen: die Ruhe, der Einklang mit Material und Umgebung sowie die Suche nach dem perfekten Schuss.

Günter Kuhr erzählt 111 Geschichten über die stilvolle Sportart mit ihren facettenreichen Disziplinen, die vom japanischen Bogenschießen, dem Bogenreiten, dem Bogenlaufen, dem traditionellen Bogenschießen bis hin zum olympischen und paralympischen Sport reichen. Das Buch nimmt die Leser mit auf den Bogenplatz und verrät die Geheimnisse rund um das Gebrumm der Sehne, die fliegenden Pfeile und die mentalen Spiele.

Aber Vorsicht! Dieser Sport kann süchtig machen. Schon das Lesen dieses Buches kann das unwiderrufliche Verlangen nach Pfeil und Bogen auslösen und festigen.

WWW.SCHWARZKOPF-SCHWARZKOPF.DE

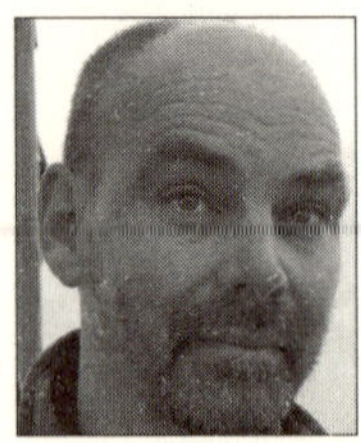

KLAUS FREUND, * 1964 in Bonn, litt als Kind so schwer an Asthma, dass er in einem Internat an der Nordsee aufwuchs. Das Meer heilte ihn. Seither treibt ihn die Liebe zum Meer um: Mit einer Jolle erkundete er das Watt. Sammelte jahrelang Erfahrungen auf Jachten. Schließlich erstand er ein eigenes Boot, das er bis heute segelt. Klaus Freund lebt als Drehbuchautor und Dramaturg in Hamburg.

Klaus Freund
111 GRÜNDE, SEGELN ZU GEHEN
Eine Liebeserklärung an Wind und Wellen
Erweiterte Neuausgabe mit elf Bonusgründen und zwei Farbteilen

ISBN 978-3-942665-69-8

VERLAG
Schwarzkopf & Schwarzkopf Media GmbH
Kastanienallee 32, 10435 Berlin
Telefon: 030 – 44 33 63 00
Fax: 030 – 44 33 63 044

INTERNET | E-MAIL
www.schwarzkopf-schwarzkopf.de
www.facebook.com/schwarzkopfverlag
info@schwarzkopf-schwarzkopf.de